U0906347

恒河的源头位于喜马拉雅山的冰川中

阿勒格嫩河和帕吉勒河均为恒河水量较大的源头河流，图为两河的交汇处

瓦拉纳西

位于印度北方邦东南部，坐落在恒河中游新月形曲流段左岸，享有“印度之光”的美誉，是印度恒河沿岸最大的历史名城。当清晨的阳光穿透河面上的雾霭，岸边已是人头攒动，很多朝圣者向棕色、混浊的河水里拥去，只为朝拜恒河。

湿婆神雕像

湿婆神，又称毁灭之神，兼具生殖与毁灭、创造与破坏双重性格。湿婆神终年在喜马拉雅山上的吉婆娑山修炼苦行，通过最严格的苦行和最彻底的沉思，获得最深奥的知识和神奇力量。他的故事散见于各种文献中。

帕斯帕提纳神庙

世界上著名的宗教圣地之一，供奉湿婆神。1500 年来，前来帕斯帕提纳神庙朝拜的信徒络绎不绝。

每当有大型宗教节日，便会有无数朝圣者赶到恒河沐浴

恒河岸边的瑜伽士

瑜伽体现的是一种天人合一、物我相通、心性极其纯一的超高境界。

大壶节

又称为圣水沐浴节，是世界上最大的印度教集会，也是世界上参加人数最多的节日之一。此图是十二年一度的大壶节盛况。

恒河岸边的祭祀仪式

印度新娘手抓一把大米，意在祈求神灵庇护

朝圣者步履不停

印度火葬

火葬、洗澡、洗衣服、生活垃圾、工业废水等都是恒河被污染的原因

恒河鳄

世界上最大的鳄鱼之一，被认为是恒河女神的坐骑，是至今存活最古老的鳄鱼，在 20 世纪 70 年代险些灭绝。

恒河豚

世界上仅存的四种淡水豚之一。它保留着原始鲸类动物的特征，因此受到动物学家的特别关注。恒河豚是恒河健康的指向标，是恒河的象征。

印度牛

在印度，随处可见四处溜达的牛。印度人敬牛如敬神，牛在这里的地位非常高。

印度雾霾

由于污染加剧，印度的环境受到破坏，出现雾霾天气。此图是大雾里的恒河以及恒河岸边人们的身影。

［英］马凯——著
朱晔 姜睿——译

恒河三千年

River of Life,
River of Death

中国画报出版社 · 北京

图书在版编目（CIP）数据

恒河三千年 / （英）马凯著 ；朱晔，姜睿译. -- 北京 ：中国画报出版社，2022.1

书名原文：RIVER OF LIFE,RIVER OF DEATH

ISBN 978-7-5146-2064-1

Ⅰ. ①恒… Ⅱ. ①马… ②朱… ③姜… Ⅲ. ①恒河－流域－概况 Ⅳ. ①K935.04

中国版本图书馆CIP数据核字(2021)第238927号

著作权合同登记号：01-2021-6967

恒河三千年

［英］马凯 著 朱晔 姜睿 译

出 版 人：于九涛
责任编辑：程新蕾
责任印制：焦 洋
营销编辑：孙小雨

出版发行：中国画报出版社
地 址：中国北京市海淀区车公庄西路33号 邮编：100048
发 行 部：010-88417438 010-68414683（传真）
总编室兼传真：010-88417359 版权部：010-88417359

开 本：16开（787mm×1092mm）
印 张：25
字 数：270千字
版 次：2022年1月第1版 2022年1月第1次印刷
印 刷：三河市兴博印务有限公司
书 号：ISBN 978-7-5146-2064-1
定 价：98.00元

感谢菲利普和玛丽，

从罗瑟河到尼罗河，

是他们教会我热爱河流。

目 录
Contents

前言

我爱河流。

——埃里克·纽比，《慢船下恒河》（1966）

人类文明诞生于河岸。

——世界自然基金会[1]

① 人和淡水，http://wwf.panda.org/about_our_earth/about_freshwater/people_freshwater/（2016 年 9 月 21 日查询）。

本书的写作完全出于偶然。2012 年的雨季，我们全家搬到德里才两天，我在车门里发现了一本地图册，里面有个令人既费解又着迷的符号：在印度北部中心的亚穆纳河旁边，画着一个红色的圆圈，圆圈里有个小小的帆船图案——这是游艇码头或者游船俱乐部的全球通用标志。我热爱船只，可我很难相信在这条河里能驾船航行。这条河不仅远离海洋，而且众所周知受到了严重的污染——虽然流经现代化的德里，但是这里的人几乎都不在意。

可以说，我的想法是正确的。我碰到的人都没有听说过德里有游船。不过，一张印在《印度斯坦时报》上的老照片展现了 20 世纪 70 年代亚穆纳河上周末游船的盛况，这又勾起了我的兴趣。几个月后，我终于找到了地图上标志的那个地点，通往那里的道路位于德里南部奥卡哈工业园区中，但是道路的名字仍然是“游船俱乐部路”。我在那儿惊讶地发现了一幢保存完好的建筑和花园，就叫作“国防服务公司游船俱乐部”。在草坪的另一头，临河的架子上整齐地摆放着许多小划艇。这样的景象真是令人唏嘘不已。这些小船显然已经被弃置了。管理员证实了我的想法。

造成这一切的原因赫然呈现在俱乐部的门前：一条曾经的河流已经变成了臭气熏天、浮沫翻滚、漆黑肮脏的河沟。亚穆纳河是恒河的大支流之一，在印度的神话与绘画中，在历史的记忆深处，它常常被描绘成自然的天堂。那里莲花盛开，鱼群穿梭，乌龟徜徉。牧牛神克里希那在岸边欢快地吹着牧笛，身旁围拢着一群牧女，心怀仰慕地追随着她们的主人。可如今，这位蓝色皮肤的天神一定会对这里避之不及。在亚穆纳河抵达德里之前，几乎所有的河水都被改道用以灌溉或满足首都的城市用水。这条河向下流经马图拉，流向阿格拉和泰姬陵，也就是 17 世纪莫卧儿帝国的沙贾汗国王为了纪念爱妻穆塔兹而建造的著名陵庙。到了旱季，河道中流淌着的都是德里 2500 万居民的生活废水和工业污水。奥卡哈河位于德里的下游，这段河道尤其污秽。残存的河水拍打着堤坝，卷起一堆堆巨大的泡沫。黎明时分，这些白色的浮沫显得突兀而离奇，映照着橙色的晨曦，像轻盈的冰山，在乌黑油腻的河面上随意漂浮。情况最糟的时候，奥卡哈河流域的河水中充斥着人类的排泄物，其粪便大肠杆菌的数量几乎达到印度洗浴用水标准所规定的最大值的 50 万倍。

我在想，如果这些污物流入恒河，恒河会变成什么样？即便像我这样刚来印度不久的英国人也知道，恒河是一条神圣的河流，在历史与文学中久享盛誉。她比亚穆纳河更为出名，在印度当地的语言中被称为 Ganga。时至今日，她在印度的宗教、社会、经济与政治生活中都占据着极其重要的位置。她是印度的母神，拥有独特净化作用的圣水可以救赎众生，数以亿计的印度人将她的圣水封存在瓶罐中以备祭拜时使用。印度人希望在恒河岸边焚烧遗体，再将骨灰虔诚地抛撒到河水中。就连印度 1947 年脱离英国独立后的第一位总理、世俗领袖贾瓦哈拉尔·尼赫鲁也曾要求将自己的一部分骨灰撒入恒河，并称“印度悠久文化与文明的象征，变幻不定，长流不息，却永远是那一条恒河”。

印度总理纳伦德拉·莫迪带领印度人民党在 2014 年大选中获得压倒

性胜利，他特意选择恒河边的古城瓦拉纳西（旧称贝拿勒斯）作为自己的选区。他盛赞这条河为自己的母亲——Ma Ganga——同时承诺立即组织清理河道污水，并将相关部门重新命名为“水利资源、河流发展与恒河复兴部”。

恒河的重要性早已跨越了其在印度的流域。我撰写此书时，刚从斯里兰卡回来。在科伦坡参观了一座佛教寺院，那里面不仅有佛祖的塑像，还摆放着许多印度教神灵的塑像，例如象鼻神和毗湿奴等。那座寺院的名字竟然就是 Gangaramaya[①]。我询问了寺院中的一位高僧，他说这名字就是为了纪念寺院以北 3000 千米外的那条大河。“这里曾经有一个湖泊，”他说，“湖水就来自恒河。”

甚至在遥远的英国，恒河的精神力量也依然存在。在我进行研究时，偶然读到一则颇为有趣的故事：1964 年，一个英国村庄举行庆典，隆重地将恒河水倒入村子的水井中。当时菲利普王子暨爱丁堡公爵也出席了该庆典，意在推动英国和印度两国的邦交，并庆祝这口古井落成百年。这口井位于英国雷丁附近的斯托克罗，19 世纪时由一位慷慨的印度大君委托挖掘并维护。这是印度对英国的援建项目，因为当时有位联合省（联合省广阔的区域涵盖了今天印度人口最多的邦——北方邦）的英国官员，名叫爱德华·安德森·里德，据说他去贝拿勒斯大君的宫中赴宴时，曾提及当时英国奇尔特恩丘陵地区正在遭受旱灾的蹂躏——当地一个男孩因为喝了家中最后一滴水而遭到母亲毒打。听闻此事，大君决定出资为当地修建一口深井，这口井至今仍被称作“大君井”。

① 音译冈嘎拉马寺，名字的前半部分为印度语的“恒河”。——译者注

我在印度和南亚各地穿梭，为《金融时报》追踪新闻故事，从选举到工业自动化，从气候变化到宗教冲突，等等。在这个过程中，我渐渐地意识到，现代印度的故事极其复杂，却也令人兴奋，要想讲好这些故事，可以写一写恒河，从她的源头一直写到入海口。见识了坎普尔的工业废水，瓦拉纳西的生活污水，还有巴特那与加尔各答的垃圾场之后，我很想知道，这条在印度文化、历史和宗教上如此重要的河流为什么会被如此怠慢与糟践？我还想知道，这条印度最伟大的河流到底发生了什么，又需要怎么做才能拯救她？

究竟为何恒河会受到那么多印度民众的崇拜，却又同时受到这些人的践踏？为什么印度国民和政府竟然允许他们心中的圣河因筑坝灌溉而遭受过度开发，有时甚至会完全枯竭，还被人类的生活与工业污染物毒害？难道印度人真的坚信恒河纯洁得不会被玷污吗？这条河还有救吗？

我想在这本书中说明的是，印度人正在用污染扼杀恒河，而反过来，恒河也在扼杀印度人。不过事情还有希望。在写这本书的过程中，我逐渐理解了印度的问题，同时也了解到印度的许多优势。就像当初欧洲人和美国人拯救了泰晤士河、莱茵河与芝加哥河那样，我相信印度人同样也可以拯救恒河。

和越来越多具有忧患意识的印度人一样，我也意识到，虔诚的印度人有一个非常荒谬的想法，那就是他们在心里把现实中污秽的河水与精神上永恒的纯净分割开来，假装认为物质世界不会也无法影响到精神世界。正如一位明智的圣人在论及亚穆纳河时所说的，那所谓“真正的女神”指的是河流本身，而非某些遥不可及的象征意义。而恒河作为一条真实的河流，为这个世界上为数众多的人口提供了生活和灌溉用水，正因如此，才会被作为自然神灵而得到广泛崇拜，并最终演化成印度神灵中完美的女神形象。

我并非印度教教徒，也许永远无法像数亿印度人那样狂热地崇拜恒河。但我热爱所有的河流，所以我也爱恒河——也许不止于此，我希望能够深入理解她——我也关心她的未来。外国人，特别是那些有环保意识的外国人很容易遭人诟病，被批评为虚情假意，是在给发展中国家添乱："你们曾经在追求经济发展的过程中破坏了自己的自然环境，如今却要阻止我们开发我们的自然环境。""泰晤士河也曾污秽不堪，你们却说对我们国家的河流污染感到震惊。"我在东南亚地区时就听到过这些指责，不过在印度却很少有人怨恨西方媒体对他们圣河的负面报道。我想这是因为这个问题确凿无疑，人尽皆知。

本书的顺序大体上是沿河顺流而下。我从喜马拉雅山山脚下的恒河源头开始，一直写到孟加拉湾的入海口。有些朋友认为这样的写作方式太过悲观，因为毫无疑问，河流从纯净的高山融雪出发，会渐渐变得混浊污秽，越往下游，经过的城市越多，污染就越严重。但我的想法有所不同。我当然喜欢恒河上游清新的空气与洁净的河水，喜欢自由航行的河段，喜欢将两岸喧嚣浮华的现代都市留在身后，最终抵达广阔的海洋，以及随之可能发生的各种情况。况且，恒河根本不是越往下游就变得越脏，她有着众多的支流，其中较为瞩目的是发源于中国西藏的布拉马普特拉河，它们为恒河注入了多样的特质和丰沛的水量。

在接下来的章节中，我们将追随恒河，一路向下，沿途体验古代印度和现代印度中或悲壮或辉煌或神秘的故事，还有故事中各具特色的人物——朝圣者、政治家、企业家、科学家、农民、艺术家和探险家，直到最后抵达孟加拉湾恒河三角洲的红树林。

第一章

序章

杀死母神

恒河亡，则印度亡。恒河兴，则印度兴。五万万民生绝非小事。

——印度圣人斯瓦米·切达南达·萨拉斯瓦蒂

恒河是印度的一条河流，也是民心至爱。她夹裹缠绕着种族的记忆，希冀与恐惧，胜利的欢歌，还有每一次的成败。她是印度悠久文化与文明的象征，变幻不定，长流不息，但永远是那一条恒河。她让我想起喜马拉雅山上白雪覆盖的山巅与深谷——那是我热爱的地方；也让我想起山下富饶辽阔的平原——那是我生活和工作的地方。她在晨曦中微笑舞蹈，在夜幕降临时变得阴郁而神秘，冬季狭窄、缓慢而优雅，雨季里又咆哮着奔流不止。她有着大海一样的宽广胸怀，也有着大海一般的破坏力。对我而言，恒河是印度的象征，承载着过往的记忆，她一路奔流至今，还将流淌着奔向未来的大海。

——贾瓦哈拉尔·尼赫鲁

当我说到 Ma Ganga（恒河母亲）在呼唤我时，那些文字就会自然而然地从心底涌上来。那些也许都不是文字，而是我内心深处流淌着的心灵的溪流。

——纳伦德拉·莫迪

在喜马拉雅山区海拔将近 4000 米的地方，印度人阿莫德·潘瓦尔正在往溪水中投放祭品。他是一名客栈老板，也是虔诚的印度教教徒。他的祭品有杏仁、葡萄干和一个椰子。溪流中的冰雪融水来自名为高穆克（意为“牛嘴”）的冰穴。这就是恒河的源头。融水从冰川脚下奔流而下，而那个冰穴看起来确实很像张开的牛嘴巴。溪流夹裹着潘瓦尔的祭品，沿着山谷奔腾而下，一直流向北印度平原。

就在刚刚，马特峰的雪顶和 3 座帕吉勒提山峰还都在夕阳的照耀下闪闪发光，但黄昏很快就降临了。一块房屋大小的冰块从冰川上崩落，笔直落入溪流中，掀起一阵巨浪。我急忙跑过河岸的灰色石滩，小心躲避。我是从根戈德里出发，一路沿着高海拔地区徒步而来的，潘瓦尔是我的向导。他并不惊慌，继续奉上祭品，还脱光衣服，让自己浸没在漂浮着冰碴儿的融水中。我们用塑料瓶装满圣水，放进背包准备带回家。我们在下山的路上才遇见一所与世隔绝的隐修所。我们在那儿喝了些甜茶，在小屋里度过了 10 月山中寒冷的一夜。

高穆克是印度最重要的圣地之一，加上与印度圣物——“牛”——相关的联想，更增加了它的神圣感。事实上，整条河流都是神圣的，它在印度北部蜿蜒 2500 千米，从雪豹出没的山脉一直流到有食人猛虎的孟加拉湾的红树林沼泽。这一片冰川就是它的发源地：冰层下汩汩涌出的溪水既未受到水坝的阻截，也未遭受垃圾的污染，就这样一路流向恒河。

从地图上看，恒河赫然横亘在印度北部，是一条自西向东奔流的大河。她的宗教和社会意义远远超越了恒河平原。自人类文明出现曙光之时起，恒河水就不断从喜马拉雅山区带来肥沃的泥沙，哺育滋养着生活在恒河平原的人口。千年以来，恒河平原一直是地球上最为富庶丰饶、人口密度最大的地区之一。也正因如此，历史上无论是中亚的突厥铁骑，还是东印度公司的英国商团，都对印度环伺觊觎，意图入侵、占领和劫掠这里。对于生活在恒河两岸的沙地与泥地上的农民和渔民而言，恒河被他们奉为衣食父母。还不止于此，用梵文学者戴安娜·艾克的话来说，恒河是“圣水的原型”，其精神力量充溢在各种水路、池塘和水井中，穿越南亚地区，一直向远方延伸。

恒河女神盛名远扬，一部分源于如今散居各地的印度契约劳工。他们曾是恒河平原上的农民，从加尔各答搭乘渡船顺流而下抵达毛里求斯和西印度群岛，在当地的甘蔗种植园里劳作。（20 世纪 70 年代，我的家人曾在南美北部海岸边的前英属圭亚那群岛居住过几年，当地大约一半的人口都来自印度。）在任印度总理后不到一年，莫迪曾到位于毛里求斯的一处印度教圣地祈祷。他郑重地将 Ganga jal——恒河之水——倒入了这个名叫“印度庙”的火山坑形成的湖泊（在法语中也称为“大盆地”）。在南亚地区，不仅是印度教教徒才崇拜恒河及其所谓的魔力，就连穆斯林的莫卧儿王朝皇帝阿克巴也喜欢汲取“不死神水”用于饮用和烹饪。也正是在恒河岸边，佛陀乔达摩·悉达多创立并开始传播佛教。

数千年前，早期南亚文明的中心逐步从印度河流域（主要位于今天的巴基斯坦）东移至恒河流域。尽管早期的梵文典籍中大多提及的是印度河，而非恒河，但过去 3000 年来，整个世界对于印度的所有想象主要还是来自恒河。古罗马诗人奥维德和维吉尔都提及过这条河流。来自阿拉伯、中国和欧洲的朝圣者与探险家都描绘过它的雄奇壮美，以及两岸的繁华都市。现在，巴特那只是印度并不起眼的比哈尔邦首府，前身却是辉煌雄伟的“华氏城”。公元前 6 世纪建城，全盛时期曾是全世界最大的城市之一，被历史学家称为“印度的罗马城”。

恒河远非世界上最长的河流，这一荣誉当属尼罗河。但恒河是人类历史上最为重要的河流之一，因为它的水量极其丰沛，雨季时，河水中夹带着肥沃的泥沙，支撑着大约 7 亿人口的日常生活。“恒河生，印度生。恒河亡，印度亡。”印度科学家与环保卫士凡达纳·希瓦这样说过。整个恒河流域的覆盖面积超过 100 万平方千米，许多地方的沉积物厚度超过 1 千米。这里不仅拥有全球最大的地下水储备，而且肥沃的土地上也生产出大量的稻米、小麦和其他农作物。印度北部的人口异常密集，就像邻国孟加拉国一样，该国占据了濒临孟加拉湾的恒河三角洲的大部分地区。而且这一地区的居民数量仍在不断增长。2016 年，印度人口大约为 13 亿，超过全球总人口的六分之一。联合国预测在 2050 年后，印度人口将达到 17 亿，印度会超越中国成为世界上人口最多的国家。对于印度将近一半的人口以及孟加拉国的 1.6 亿人口而言，恒河都是至关重要的生命之河，就连尼泊尔的灌溉用水都来自恒河的几条重要支流。

根据印度官方计算，恒河从发源地到入海口的总长度为 2525 千米。当然，河流长度的测量是非常复杂的。一条河流“真正的”发源地总是充满争议，对于支流的计算也众说纷纭。不过，有些印度学者认为恒河的长度在亚洲排第20位，而在全球只能排到第41位。相比最长的7条大河而言，它的长度还不及它们的一半。在长度上，许多不为外界所熟知的河流都能轻易超越恒河，如流经中国、哈萨克斯坦、俄罗斯的额尔齐斯河，流经巴西和秘鲁的普鲁斯河，俄罗斯的勒拿河，以及加拿大的马更些河。就连恒河自己的主要支流布拉马普特拉河——发源于中国青藏高原，上游段被称为雅鲁藏布江，随后一直流向阿萨姆平原，在孟加拉国的恒河三角洲地区汇入恒河时，长度也比恒河本身还要长500千米。

恒河的源头位于喜马拉雅山南坡。印度神话认定恒河的发源地在高穆克冰穴。冰穴位于根戈德里圣地附近，地下消融的冰川奔涌而出，形成了帕吉勒提河。地理学家则认为附近的阿拉克南达河才是真正的源头。它从同样的山隙间流淌而出，一直往东奔流而去。阿拉克南达河比高穆克河更长，不过两者很快就汇集形成了恒河。湍急的河水拍打冲刷着山脚下陡峭的峡谷，流经瑞诗凯诗——披头士乐队在20世纪60年代曾来这里静修，而今，这里却是成群的游客乘坐充气船进行白水漂流的地方——一直流向辽阔平原上的印度圣城赫尔德瓦尔。在这里既不能食肉，也不能饮酒。

恒河从赫尔德瓦尔出发，在印度北部蜿蜒流淌，最终奔向大海。但从此地起，恒河就已经被大规模开发，用以水力发电或者灌溉。在6月雨季来临之前的春季枯水期，当它流经北方邦的工业城市坎普尔的时候，就已经干涸殆尽了。

只有在阿拉哈巴德市，当亚穆纳河汇入后，恒河才能重获生机，而亚穆纳河自身也受到德里及其卫星城市的严重污染，全靠水质更为洁净的昌巴尔河的汇入作为补充。从这一段开始，恒河将流经广阔平原上众多主要城市——北方邦的瓦拉纳西和比哈尔邦的巴特那，并承受几十亿升的人类废物和工业污水。其中一部分来自干流两岸的城镇与乡村，另一部分则来自拉姆根加河这些已经受到污染的支流的污水。干流流经贾坎德邦的东北边缘，又穿过西孟加拉邦，最后流入孟加拉国，在此被命名为帕德玛河。也正是在此地，帕德玛河与雄伟的布拉马普特拉河合流，共同抵达孟加拉湾。而这些支流最终形成了一片错综复杂、变幻莫测的三角洲地带。恒河的一段流域受到法拉卡大坝的拦截与分流，经过一个急转弯后转向南方进入西孟加拉邦地带，然后继续沿着几个世纪以前曾被普遍认定的主河道，沿着胡格利河继续顺流而下穿过加尔各答。1690 年，东印度公司的乔布·查诺克正是在这里建立了贸易站，并最终将其发展成为英属印度的首府。

当然，就地质和水文而言，这里属于同一片三角洲。印度和后来的孟加拉国之间的国际边界线是在印度 1947 年独立之后才划分的。1971 年，巴基斯坦说孟加拉语的人口脱离了国家，建立了独立的孟加拉国（国名的意思即“孟加拉人之地”）。千百年来，在如今繁华的加尔各答和达卡以南地区，蜿蜒入海的恒河水带着泥沙不断冲刷着孟加拉湾，在这些错综复杂的岛屿、沼泽和水道中，逐步形成了一大片随着潮汐涨落生生不息的红树林，这也是世界上最大的一片红树林。边界旁的两国都将这里认定为国家公园加以保护，名为桑德班斯，意思是“美丽的森林”。恒河就是在这里最终投向大海的怀抱，再也不用供养流域里的万千生灵。其中不仅包括数以亿计的人类，还有栖息在河道和两岸的众多野生动物——淡水豚、鳄鱼、鸟类、老虎，还有鹿等。

欧洲的河流大多宁静平缓，而几个世纪以来为人们熟知的恒河形象其实只是瓦拉纳西那一段宽阔的河道而已。必须说明的是，恒河的大部分河段非常不稳定，经常变化。在一个季节中，它的干流河床可能移动数百米甚至数千米。在过去的几十年甚至几百年间，恒河曾经偏离更远的距离。恒河的大部分支流包括亚穆纳河和布拉马普特拉河在内，也都很不稳定。其中一个原因是每年降水主要集中在西南季风带来的雨季，三四个月内带来全年绝大部分的淡水。到了旱季，印度的河流大多萎缩，水量只有丰水期的几分之一。到了雨季尾声，河水迅速涨起，变成危险的急流，有时候甚至会狂暴地冲刷过乡间，将田野变作形状不定的岛屿，摧毁村庄，淹没大片地处低洼的农田。

恒河容易横向泛滥的另外一个原因是它进入大海之前逐渐下降的高度。它从陡峭的喜马拉雅山山脚下涌出，由于重力的作用，在它到达地势较低，近乎平坦的印度北部平原的途中，一直充满着各种改道或者绕弯的地方。赫尔德瓦尔的海拔不过 305 米，但从这里往下，在抵达桑德班斯入海口之前，恒河还将奔流 2000 千米。在坎普尔，海拔只有 122 米。到了巴特那，距离入海口还有 1000 千米的距离，海拔已经低到 61 米了。至于加尔各答和达卡的海拔，都不过区区数米而已。

人们想象中的大河，例如伦敦的泰晤士河、开罗的尼罗河，或是华盛顿特区的波托马克河，大多平稳可靠，随着季节更替而有规律地涨落变化。所以恒河的这些特点确实与众不同，但这无损于恒河对于人类文明以及南亚生态系统的重要意义。正像所有那些享誉全球的伟大河流一样，无论是在过去，还是现在，无论是对于农业发展、工业的建立，还是城市的发展，恒河始终有着极其重要的地位。

河流并不仅仅提供水和食物。长久以来，沿河发展起来的贸易一直是各国发展繁荣的主要助力。许多大城市，如加尔各答、伦敦、纽约和广州都是河港，不仅以前主要用于通航，时至今日还是如此。我最近了解到，就连英国南部我家乡附近的罗瑟河早在罗马时期，也曾有商船往来穿梭，载满英国生产的铁矿，跨越英吉利海峡，出口到欧洲大陆。直到第二次世界大战结束后，这里还有船只往来，将煤炭运送到内陆各地。事实上，尽管恒河对于印度的意义深远，但这条反复无常的河流及其支流在通航能力上实在差强人意，所以在现代印度社会未能得到应有的重视。在这一点上，亚穆纳河尤为突出。这一条穿过印度首都的大河曾被一位作家描写成“德里市中令人羞耻的、散发着恶臭的秘密”。不过，流经赫尔德瓦尔、瓦拉纳西或加尔各答的恒河在人们心中绝不是一种羞耻，也不是一条被忽视的河，在他们心中，恒河是拯救苍生的女神、民众的衣食父母，有时也是一条贸易路线。尽管孟加拉湾的三角洲地区有着险象环生的浅滩与风暴，但英国人当年依然将殖民地首府建在恒河入海口处，因为这里让他们找到了攫取印度财富的入口，还因为这里是连接印度次大陆通往西方（即阿拉伯世界与欧洲）、北方（即中国和中亚地区）和东方（即东南亚的海洋国家）各条贸易线的枢纽。

人们心中的恒河是一条充满传奇色彩与悠久历史的神奇河流。它在梵文典籍中的修饰语包括“永恒纯净”、“愚昧暗夜中的一束明光”和“喜马拉雅王的女儿”等。一首圣诗将其称作“不朽之玉液琼浆”。千年来，恒河用丰沛的河水与肥沃的泥沙哺育了地球上人口密度最大的地区，如今却面临着严峻的威胁。即便有些河段的水流没有被改道用以灌溉或者水力发电，但也已经受到污水的污染或者杀虫剂、工业废料、致癌重金属和细菌污染的毒害，甚至产生了连现代抗生素都无法对抗的致命传染病。我在旱季中期写下这些句子的时候，正巧在《印度教教徒报》上读到一篇封面故事，标题就是："伟大的恒河会干涸吗？"无论是官方的测量结果，还是学术研究报告，或者是民众亲眼所见，结论都一样，令每一位关注人类健康或环境保护的人士忧心不已。

过去几十年里，印度历届政府在恒河治理问题上出现了许多失误，发生了很多丑闻，也浪费了很多资金。2014 年，印度总理莫迪再次发起运动，力求清理河水，为子孙后代而拯救恒河。但在此后的两年多时间里，并未见到明显的进展，让很多满怀期待的民众倍感失望，致使民怨沸腾。这无疑将是一项耗时费力、漫长曲折的大工程。但以往欧洲和美国的例子表明，清理河流并非"不可能完成的任务"。

我们的故事就从牛嘴的高山开始，潘瓦尔在这里把祭品奉献给河水女神，也正是在这里，河水从喜马拉雅山山脚下的冰穴中汩汩涌出，源源不断地流淌出来。

第二章

牛嘴

喜马拉雅源头

我们被巨大的山峰环绕着，峰顶被白雪覆盖，几乎没有动植物生长……这真是无比神奇的景致。

——J. A. 霍奇森上尉，第一位描述恒河源头的欧洲人，1817 年

因为冰川消融，再过 20 年或 25 年，恒河也将断流消失。看看这里有多热吧！

——斯瓦米·桑德兰德，瑜伽士、登山家，2013 年

在这里，你能听见山脉在活动。当你沿着险峻的山路小心翼翼地前行，爬过那些山路被冲毁后留下的深沟，时不时会被落石与小型滑坡的声响吓一跳。这里也是地震频发地区：在过去几百万年间，印度板块逐渐从冈瓦那大陆分离出来，漂过大洋，与欧亚大陆不断挤压。抵达高穆克的旅程并不需要登山家那样的专业技巧或设备，但这一路的壮美地貌足以说明，为什么印度人一直对这里的高山群峰心怀敬畏。而正是这些群山孕育了他们的圣河。正因如此，和每年夏天前来这里朝圣的成千上万名虔诚的教徒一样，我的向导潘瓦尔也要在恒河的源头进行祭拜。

J. A. 霍奇森上尉是一名英国测量员，也是孟加拉步兵团的一名士兵。他是 1817 年见到并描述了高穆克地区的第一位欧洲人。他将其称为“无比神奇的景致”，此言不虚。但他凭经验也能知道，喜马拉雅地区固然雄奇壮美，但同样也非常脆弱。当他经过洛睿娜瀑布时——如今是一座因环保原因而被废弃 10 年的水电站——曾写道，这景象“既庄严，又狂野，咆哮的水流声震耳欲聋”。高山的两侧都是险峻的绝壁，他无法通过观察北极星来确认自己的方位（“总是被高山遮挡着”）。当探险队在根戈德里扎营的时候，他们在一连串的地震里侥幸逃生，强烈的震动将山顶的巨石抛下，砸进河床，“发出难以描述的可怕巨响，令我永生难忘”。

当他们即将抵达高穆克的时候，听见寒冷的高山荒原间传来“雪崩发出的雷鸣般的轰响”，“一些人很容易把这里想象成恶魔横行的地方”。

他们在根戈德里遇见的两位婆罗门都不了解河流上游的情况，也从没听说过有像牛嘴一样的石头或地方。直到 5 月 31 日，他们才终于到达了冰川脚下：

这真是无比神奇的景致——巴吉拉蒂河（或称为恒河），从雄伟的雪床下一处低矮的拱形洞口汩汩流出——河流从这里发源，在冰雪与岩石丛中忽左忽右地蜿蜒流淌着。但是到了“出口”，却出现了一大块完全垂直的冰雪。从河床到顶端的积雪厚度不少于 90 米，可能是多年形成的。每层雪都有几十厘米到几米厚，像是不同年份的积雪堆积而成……我想象不出还有其他什么地方比这个神奇的“出口”更适合被命名为“牛嘴”了。拱形积雪的高度刚刚够溪流从它下面涌出。因为不断有大块大块的积雪从我们身旁落下，所以只能赶紧测量溪流的大小……我们相信（我也有充分的理由认定）这就是著名的恒河初入人世的样子，我们吹响号角向它致敬，然后继续跋涉前行……

我们没有号角用以向恒河致敬，只能默默地观赏雄壮的冰川——这一侧断裂的岩壁呈现出并不透明的蓝色，其中混杂着泥土与石块——我站在汩汩流水的地方，小心翼翼地探查冰穴底端。我注意到面前的冰墙上有些奇形怪状的孔洞，溪流的边缘散落着许多石块，还有冰堆顶端也叠放着一些石块。过了一会儿——当冰川淌下融水，四下里都是冰层开裂或者剥落发出的声响，在喜马拉雅山区日渐浓重的暮色中，我们离开了山谷。

恒河也被称为恒河女神或恒河母亲，有很多传说——故事里有天地、神灵、国王和圣人，讲述了恒河是如何从“牛嘴”里喷涌而出，形成河流的。对于外国人来说，这些印度故事可能相当陌生，而且五花八门、版本众多。根据梵文学者戴安娜·艾克复述的吠陀神话，巨蛇弗栗多盘踞在天庭，牢牢监守着永生不老之水。诸神之王因陀罗战胜弗栗多后，把花蜜般的圣水从天堂释放出来，滋养大地。而从矮人变为巨人的印度神灵毗湿奴三步跨越了人界、空界与天界，由此掌控了天、空、地三界，然后用脚趾刺穿天际，放出了圣水：

通过这个口子，恒河流入了天界。它首先抵达因陀罗的天界，遇到了永恒不变的北极星之主陀鲁婆。然后她横跨天际，化身“银河”一直流到月亮，再流淌到正位于须弥山上空的梵天的领地……这条河后来分岔成四条支流，分别流向四个莲瓣状的大陆。其中一条名为阿拉克南达河的支流，最终流入婆罗多（印度），成了恒河。

关于恒河的起源，还有一个佛教版本——7 世纪时，中国高僧玄奘曾经访问印度，很可能沿河而上去过北卡什县。根据玄奘的记载，恒河与印度河、奥克苏斯河和黄河一样，都发源于“芳香山”以南、“大雪山”（即喜马拉雅山）以北的阿纳婆达多湖。“岸边以金、银装点，以青金石与水晶装饰。湖底尽是金沙，湖水纯净清澈，宛若明镜。一位八地菩萨以坚毅的意志力化身作娜迦王，在湖底建立居所，为南赡部洲（也就是人界）供水。”在这个故事里，恒河的发源地就是“牛嘴”，也就是湖泊东岸的银牛之口。

数个世纪里，恒河源头对于探险家而言始终是一个谜。无论是印度人还是外国人，大多坚信神话里的说法，即恒河之水是从中国西藏的冈仁波齐山或者玛旁雍措湖起源，然后穿过雪域群山，通过地下水路，一路向南流到印度的。可事实上，相比发源于中国西藏高海拔地区的其他一些亚洲大河来说，恒河源头的海拔不仅低得多，也远非人迹罕至的孤寒绝境。詹姆斯·贝利·弗雷泽是一位苏格兰旅行家和风景画家，也是第一位到达根戈德里的欧洲人。他于 1815 年抵达根戈德里，比霍奇森还早两年。“我们此时就在雄伟的喜马拉雅山的中心地带，这是世界上最高耸，可能也是最险峻的山脉。”弗雷泽写道，“这里就是那条圣河公认的源头，也是万千子民崇拜的对象，给印度带去肥沃、丰收与富饶。在这圣山深处，我们抵达了印度宗教中最神圣的圣地。”他的日志中有一幅精美的区域地图，章节标题也令人一窥当时殖民旅行家在喜马拉雅山区最初的体验：“终年不化的积雪——苦难的人们——月光下的美景——麻烦的苦力——关于疲劳和寒风的抱怨——我胸口感到压迫、呼吸困难、全身无力——苦寒难耐……”他也大方承认，尽管自己可能是第一位看到根戈德里的欧洲人，但他丝毫不以为傲，因为这条路原本是开放给虔诚坚强的朝圣者的，而他一路上也没有遇到什么艰难险阻。弗雷泽还了解到，真正的源头其实在上游几千米处，根据当地祭司的说法，是不足 8 千米，可因为没有路，他认为无法到达：“在这之外，河水很可能主要来自冰雪融水，冰雪一直延伸到两座山峰之间的山谷中。”当祭司被问及有关恒河水是从一个牛嘴状的石头中流出来的故事时，他大笑着说，朝圣者们也常常问这个问题。但是祭司对弗雷泽保证，河水不过就是冰雪融水而已。

还有一个最为奇异、令人浮想联翩的神话故事，向导潘瓦尔只是为我简要概述了一番，但10亿印度人应该对此非常熟悉——关于湿婆神如何制服了凶猛的河水。据说湿婆神将恒河水控制在自己的发卷中，然后一股股地放出用来滋养土地。有一位名叫萨加尔的国王举行过一次皇家典礼，将一匹马放到野外，听任它在大地上自由驰骋一整年，并宣称这匹马跑过的地方皆为王土。后来这匹马失去了踪影，萨加尔派遣他的儿子们——共有6万之众——将它找回。他们最终发现这匹马被人盗走，藏在著名的苦行僧卡皮尔·穆尼的静修处。就在他专心冥想的时候，他们怒气冲冲地闯了进去。卡皮尔·穆尼非常愤怒，用炽烈的眼神将国王的儿子们烧为灰烬。萨加尔又派了他的孙子安舒曼前去哀求卡皮尔·穆尼，他回答说，只有恒河之水才能让那6万人起死回生，而恒河并没有流到人间。安舒曼的后代帕吉勒提后来也成了一名苦行僧，在喜马拉雅山上修行，并最终等到河水从天而降。他说服湿婆神控制水流，以免破坏大地。湿婆神用长发控制并减缓了恒河汹涌奔流的河水，并用发卷将大河分为三条，也就是今天从喜马拉雅山脚下流出的三条源流——帕吉勒提河、阿拉克南达河和曼达基尼河。印度人将此三条河流都视为圣河。湿婆神和帕吉勒提也得到了人们的纪念，比如湿婆峰的名字和形状都会让人想到湿婆和他的男性生殖器——从恒河最上游就可以看到这座山峰。满怀爱国情结的英国人霍奇森曾按照不列颠群岛四国守护神的名字，把那四座山峰依次命名为圣乔治峰、圣帕特里克峰、圣安德鲁峰和圣大卫峰，不过并没有得到沿用。

从高穆克汩汩涌出的溪流最初被称作帕吉勒提河，名字来自国王帕吉勒提。它与阿拉克南达河合流后，在戴瓦帕雅嘎成为恒河。在我之前，有许多人都到过高穆克。10多年前，旅行作家伊利亚·托亚诺在冰川旁宿营时，宣称曾经见到了印度诸神的幻象。他还仔细描述了自己因高原反应产生的头痛，清晰可见的气候变化带来的影响，以及奔腾不息的河水发出的咆哮声，让人联想到湿婆神正在与恒河女神热烈地共舞。“他搅动起涡流，用洁白的泡沫为自己加冕，也为世界振声，直到河流的咆哮最终融入无穷无尽的声响与音调……冰川的正面闪耀着青绿色，宛如一块褪了色的紫水晶。冰面上覆盖着岩石的碎屑，在多变的压力作用下微微隆起。”研究期间，艾克曾在某一年的 5 月走到了根戈德里道路的尽头，但是没有走到冰川。能够到达那儿的朝圣者也不多，而那些从高穆克回来的朝圣者说，他们在那儿见到了一位冻死的苦行僧，想必是冬天冻死在那里的。

2013 年 10 月，我第一次尝试走到冰川，险些没能成功。不过并不是因为天气寒冷，而是因为 6 月的时候，奔腾的洪水沿着阿拉克南达河和帕吉勒提河四处肆虐，导致大部分夏季朝圣的山路都无法通行。暴雨倾泻而下，引发了数以千计的山体滑坡事故，原本在陡峭山腰上蜿蜒蛇行的险峻山路，悉数遭到毁损。就连从德拉敦机场到根戈德里道路尽头一共 250 千米的路程，我也足足花了两天时间才开车到达。从朝圣者小镇再往后的 20 千米，只能靠徒步和攀爬才能抵达高穆克，也就是冰川后退以前公认的河流发源地。

阿拉克南达河流域山区的情况更为严重。6 月 15 日至 17 日，凯达尔纳特的寺院附近暴发了好几次山洪。摧毁了人们沿着阿拉克南达河及其支流曼达基尼河的旧河道修建起的客栈和商店，卷走了成百上千名朝圣者。外界很少会想起这场灾难的罹难人数，但根据政府公布的数据，有 5748 人之多。尽管军队用直升机转移撤离了数万名被困的朝圣者，但仍然有许多人失踪。当地人坚称，官方数据只是真实死亡人数的五分之一。虽然还是有一些旅行者和坚强的朝圣者在冬季来临之前抵达了恒河上游的圣地，但不可否认的是，当地的道路、桥梁和建筑物都遭到了大规模的毁坏。这一场可怖的灾难被称为“喜马拉雅海啸”。

有不少摄影和摄像作品描绘过这样的画面——汹涌的洪水冲刷着湿婆神在瑞诗凯诗冥想的神像。这一幕生动反映了恒河上游河水泛滥时的暴虐景象。神像就建在河岸上，洪水不断上涨，山上冲刷而下的污泥和石块夹裹在水中，乌黑的河水淹没了神像的肩膀。湿婆神像的神情平静祥和，随后就被洪水冲走了。当我们在山间跋涉时，河水暴虐的证据随处可见。冬季来临之前，当地人赶着羊群下山，慢慢地走向帕吉勒提峡谷。我们与这些羊群一起，先走过成片的稻田，然后穿过苹果园与松树林。山腰上散落着许多落石，成百上千棵树木被连根拔起，横卧在河床上，显然是被凶猛的急流冲刷到此的。当地首府北卡什县曾有一座横跨河流两岸的桥梁，也被洪水冲毁，消失不见了。一台被洪水冲走的推土机，此刻被废弃在峡谷的河边，但河水已经恢复了平和宁静的模样。

北卡什县是个灾难频发的地区。潘瓦尔和其他当地人对我提起过1978年的大洪水和1991年的地震，还有2003年瓦鲁那瓦特山发生的山体滑坡，这些都给这个小镇带来了重创。不过，最令潘瓦尔难过的还是2013年的那场灾难。他是农民的儿子，11岁那年的夏天就开始在客栈工作，慢慢学会了些英语。我们认识的时候，他已经30岁了，在镇上出租经营着几间小客栈，感觉人生开始有了一些成就感，就在一年前，他还建起了自己的客栈，共有16间客房，距恒河仅50米远。那年夏天，他的客栈也和当地其他客栈一样，挤满了前往根戈德里的朝圣者。但就在6月15日，洪水来了，恒河的水位迅速上升，而且突然改道。在我们沿着山路从北卡什县缓慢驶向根戈德里的路上，他指给我看了那幢房子。如今已经被废弃在路边，岌岌可危地矗立在新形成的河岸上，毗邻的学校也在洪水的淫威之下倾塌了。好在客栈的住客们侥幸逃脱了厄运，但在旁边不远处一座静修所里的人们则遭遇了不幸。突然袭来的洪水卷走了全部20条生命。至于潘瓦尔能否拯救自己的客栈，他自己也没有把握。他引用了恒河的环保口号，略带愤世嫉俗的口吻说："人们以前总说'救救恒河'，不过今年，他们说的却是'救救恒河里的我们'。"

因为道路被封锁，数以万计的朝圣者无法前往根戈德里，沿途一线的生意非常惨淡，这对神职人员和客栈老板们都产生了影响。昌丹·辛格·拉瓦特在恒河上游的山溪旁经营着一间简陋的小茶馆，他说："洪水暴发前，生意可好了。我们忙得都没时间聊天。"可是现在，他有了大把的空闲时间，却失去了收入来源。"过一天算一天吧。"沿路继续前行，我遇到一群人正在为一个救助项目装箱运送苹果，帮助当地妇女通过制作果酱和酸辣酱来实现就业。"如今这里没有游客，也没有朝圣者。"当地一个救助组织的项目经理戈帕尔·塔皮里亚告诉我。

不过，潘瓦尔的遭遇却让我更加关心洪灾的原因。每年6月雨季之初，山里的暴雨总会引发洪水。"我有一个朋友住在山上，他说通常是先下雨，然后才下雪。可是这次一连下了三天的雨，而且雨量很大。这可能与全球变暖有关。"这一点很有道理，在科学上也是毋庸置疑的：喜马拉雅山山脚下的恒河上游河段已经受到了气候变化的影响。2015年，欧洲和尼泊尔的研究者曾经发表一份地质学研究报告。报告指出，1961 年至 2007 年，珠穆朗玛峰周边的冰川体积缩小了 15% ~ 20%，而“在整个 21 世纪，珠穆朗玛峰地区的冰川将会持续大幅减少”，那么到 2100 年以前，可能会缩小 70%，甚至 99%。山区的洪水正好体现了气候学家预测的问题，此外，雨季降水变得更加集中而多变，印度次大陆北部的平均气温也在急剧上升。就在喜马拉雅洪水发生的四个月后，气旋风暴斐林袭击了印度东部沿海地区，那是印度洋有记载以来最为严重的风灾之一。印度林业局的高级官员阿努普・马利克到根戈德里评估灾害损失时，与潘瓦尔对山洪暴发的解释是一致的。“通常喜马拉雅山上游的降雨量不会很大，”他对我说，“可今年的雨量非常大。人们认为其中一个原因是气候变化。去年北卡什县的降雨量就已经很大了。”他说那些山洪让河床变得更加不稳定，将山林冲毁，将树木连根拔起，令下游湿地因淤泥而阻塞，迫使野生动物四散奔逃，“大自然发怒了”。

我在 2012 年搬到印度后不久，曾在马苏里的一个山间避暑小镇参加一次山林文学节，那时才意识到南亚地区受气候变化的影响异常之大。那时，全球变暖的趋势为在北冰洋的冰封海域进行的原油开发和航运带去了好消息。但是在印度的喜马拉雅山区，气候变化给人类、环境和经济带来了巨大的灾难。我们在马苏里见到很多勇攀高峰或者在山间工作的登山家、向导和博物学家，他们的故事让我们进一步明确了全球变暖的事实，打消了所有的怀疑。“我们在野外工作中看到许多奇怪的事情正在悄悄发生。”环保组织世界自然基金会的生物学家拉杰希・查克拉博蒂说。他先是兴奋地与我们分享了在喜马拉雅山脉东侧发现的 350 多种动植物，这是他在 2008 年以前辛勤工作 20 多年所取得的成果。随后，查克拉博蒂却表达了对冰川后退的担忧，他还惊讶地发现杜鹃花在 2 月而不是 4 月就早早开花了。还有很多人和他想法一致。当时已经四次登顶珠峰的印度登山家洛夫·拉杰·辛格·达哈姆沙克图也发现，由于冬季严寒天气和降雪量的减少，以及其他季节出现的极端天气，他在北阿坎德邦高地家中的苹果收成也减少了。“温度肯定在升高。我亲眼见到冰川后退的速度非常快。”他说，“溪流与瀑布的水量都在降低。很久以前，人们还去河边钓鱼，但现在，这些河流都干涸了。”托亚诺在他关于恒河的书中，也细致描绘过这样的景象。他写道：“好像人类忘记关上了冰柜的门，任凭冰雪融化”。

印度人口众多，而且科学家们也曾预言，气候变化在北部印度人口密集地区将显得尤其强烈，而恒河正是沿着喜马拉雅山脉的南侧流过这里的。因此印度人很可能成为全球气候变化最大的受害者。根据英国和印度科学家近期发布的报告，随着印度即将取代中国成为世界第一人口大国，印度的温度将会在未来几十年内大幅升高。与此同时，雨季的暴雨也会变得更为猛烈、更难以预测。科学家的上述结论表明，如果全球依然持续排放大量的温室气体，那么到 2080 年时，北部印度的平均气温预计会升高 2.9 ~ 5 摄氏度，对人类短短的一生而言可谓是个剧烈的变化了。他们在 2012 年还曾预测洪水可能会越发肆虐，降雨量也将剧烈波动，气旋灾害也可能会更加严重。此后不久，恒河上游就暴发了自然灾害，可怕的预言随即得到印证。

2015 年 5 月，在印度雨季来到前最热的季节，当地日间气温逼近 50 摄氏度。有报道说，大约 2000 人死于热射病、脱水症以及其他与高温相关的病症。都市的建筑物与道路会吸收并储存热量，由此造成“热岛效应”，令情况更加恶化。根据威瑞思克·梅波克洛夫风险分析公司的计算，在未来 30 年里，受高温威胁的天数还会持续增加，而劳动生产力则会降低。德里每年“非常炎热”的天数将会翻两番——从 14 天增加到 57 天。印度科学与环境中心气候变化项目经理阿朱那·斯里尼迪也注意到，由于人类活动造成全球变暖，2014 年已经成为有历史记录以来最为炎热的一年，而且还触发了其他极端天气事件。“今年 3 月是大约 50 年里最为潮湿的一个 3 月，克什米尔地区在 6 个月里已经发生了两次大洪水。这些都属于极端天气事件。”在 2016 年年初，印度北部和西部接连遭遇了严重的干旱，年中时，雨季如期到来，却带来了汹涌的洪水，导致恒河水位暴涨至历史最高点。就全球范围而言，2016 年预计会成为有历史记录以来最热的年份。

智库布鲁金斯学会会长斯特罗布·塔尔博特曾在克林顿政府任职。他认为气候变化是一个严峻的安全问题。“这个问题并非存在于将来时的条件句中，而是一个现在时的问题。”拉杰·纳格曾任亚洲开发银行总干事，他也说过，发达国家与发展中国家在彼此推诿争论不休的同时，不应该忽视气候变化在内的各种环境问题：

在过去 40 年里，亚洲的珊瑚礁已经消失了 40%；在过去 50 年里，中国的红树林消失了 70%；而在过去 20 年里，东南亚地区的森林面积减少了 13%……就气旋、洪水和地震的数量而言，气候变化的效应真实可见、有目共睹。亚洲是一个自然灾害多发的地区。我们认为这里有很大一部分

都与气候变化有关，当然也有其他的因素。

近年来，在喜马拉雅山区所发生的一些损失惨痛的灾害与天气和气候直接相关，包括2014年初秋在尼泊尔西部安纳普尔纳峰地区突然发生的严重雪灾，令徒步客与向导们措手不及，最终造成38人死亡。地震的危害则更为严重。2015年4月25日在喜马拉雅山区发生的7.8级地震造成尼泊尔和印度北部8000多人丧生。这也提醒人们，这座世界上最高的山峰依然在地质作用下不断变化生长。数百万年来，印度板块始终在向北移动，持续不断地撞击着亚欧大陆。

当我或驾车或徒步，沿着恒河逆流而上去探访它的源头时，首先注意到的就是这里山石嶙峋、险峰错落的地貌景观，而且它并不稳定，始终在变化。这里的岩石脆弱而易碎，修建在几近垂直的陡峭山脊上的道路也很不稳固。当你步行或者宿营时，常常会遭遇落石，让人忍不住抬头张望落石声来自何方：也许是一群喜马拉雅山羊，或者只不过是常年风雨侵蚀的结果。19世纪早期，有一位英国总督曾这样描述他前往赫尔德瓦尔的经历："在我所能记住的所有其他国家里，当你走到山脉的主峰之前，总会先遇到一连串较为低矮的山丘。可是在这里，高山猛然拔地而起，山势突兀陡峭，只能沿着特定的山隘才能爬上去。"

长久以来，这里严峻的自然条件也吸引着印度教的圣人与隐士们，他们渴望在此践行印度宗教中历史悠久的禁欲主义与自我弃绝的严苛修行。我在冰川旁的普杰巴斯静修所里遇到过一位缄默的圣人。有不少像他这样的人会立誓止语，花半年的时间在山顶静修冥想。据说在根戈德里地区生活着大约150名这样的圣人。他们也留意到了气候的变化以及印度人口增长给环境造成的压力。其中最为年长的当属桑德兰德大师，他出生于1926年，1948年从安得拉邦来到根戈德里。我见到他的时候，他已经87岁了。他是瑜伽士、圣人、摄影师、登山者，也是登山家的伙伴——他与征服珠峰的埃德蒙·希拉里爵士和丹增·诺尔盖都是好友。这位胡须花白的大师告诉我，自1982年至今，高穆克冰川已经后退了3千米，而这里的冬季也变得越来越暖和。“每年10月，这里的群山就已经被白雪覆盖了。可现在完全没有。”他盘腿坐在静修所里，穿着一件羊皮外套御寒，对我说，“我们这里以前的积雪有1.2米深，现在，根戈德里的积雪只有半米了。”老人家还谴责朝圣者往河里丢垃圾，还有些印度教导师贪恋钱财，而当地人则只顾建造客栈，却从不考虑排污系统。“终有一天，大自然会把我们终结，凯达尔纳特就是一个例子。”他最后还总结说，“因为冰川消融，再过20年或25年，恒河也将断流消失。看看这里有多热吧！之前我们都会坐得离火很近……我日日夜夜地想着恒河与喜马拉雅山。哦，恒河，救救我们吧，我们都是坏人！”

这些圣人的小屋和冥想所坐落在狭窄的峡谷中，奔腾的恒河冲刷着岩石，蚀刻出亨利·摩尔抽象风格的雕刻作品。“这些石头的色泽与质地都很像打发的生蛋白。”一位美国旅行家曾经这样写道，“不过它们却坚硬如骨。”在桑德兰德旁边，另一位自称禁欲修行的大师阿尼尔·苏鲁克也在痛心疾首地声讨当地的居民和商业机构；不过他也怀疑其他一些圣人的可信度。“作为一名圣人，我必须指出，现在这些圣人并没有发挥应有的作用。那些居住在平原地区、德里和其他地方的圣人都没有尽到自己的责任。”他说，他出生在海得拉巴的军官家庭，自幼随着父母迁居各地，是10多年前来到根戈德里的。“他们在世俗社会过着正常生活，他们的职责就是完成心的修行，但并不是智的修行。这不是我的观点。事实就是如此。每个人的生活方式都在变化——圣人们也过上了西方式的奢侈生活。他们对神不再是全心全意的了。”

我问他神是否会发怒。他微笑着说：“不，不是这样的。神是一种有节制的力量。”不过这位圣人也说，神的力量会通过洪水与疾病来警告我们，现在的做法是错误的。他戴着橘色的羊毛帽，穿着粉色的滑雪服，脚上盖着羽绒被以抵御秋夜的寒气。他相信，住着众多虔诚圣人的地方——显然根戈德里就是一例——会得到神的庇护而免受灭顶之灾，而突然暴发的山洪却冲毁了临近的凯达尔纳特。“我们这里有4500人，无一人丧生，因为这里有很多虔诚的圣人，他们在山洞或静修所里修行积福。”我又问他人们该怎么做才能拯救恒河。“别再打扰她。”他即刻回答我说，“什么也不要做。这是很难的。恒河让他们挣了数亿卢比……应该远离恒河两岸——政府说是200米（建筑物到河岸边的限制距离），我觉得应该是500米。没有必要用金钱，只需要意志力就够了。为了‘拯救’恒河也花了不少经费。可人们并不想拯救她。恒河不是金钱的问题，这一点你得想清楚。”

水土流失，乱砍滥伐，冰川消融，都让人们对印度和恒河的命运感到绝望，不啻末日将至。据测算，如果把在东部接近终点时汇入恒河的布拉马普特拉河计算在内的话，那么恒河70%的水量来自喜马拉雅山的冰川融雪。随着全球变暖和冰雪消融，水量一开始会猛增，但当冰川减少并最终消失时，恒河水量也会逐渐减少。

很多人对加瓦尔山区的雄奇壮美充满感情，恒河正是在这里丰盈壮大起来的。尽管灾难尚未降临，但其中一些人已经在开始担忧现代文明的肆意入侵。圣人们会在这里将泥浆、牛粪和粟粒混合后涂满全身，然后以所谓的“绿色姿势”静坐九天九夜。在这期间，粟粒会发芽，圣人们的周身便会呈现出绿色，与环境融为一体。山林里有紫啸鸫在高歌，让人想起克利须那神丢失魔笛的故事。据说他在山涧旁睡着了，一个小男孩偷走了他的乐器，于是他将小偷变作了一只小鸟。不过偷走笛子玩耍的孩子变作鸟儿后，依然记得克利须那神的一些曲调片段，于是“他桀骜不驯地不停鸣叫，演唱着神灵的乐曲，中间偶尔停下来（正如紫啸鸫那样），只因他忘记了曲调”。

不过这山里还有攀缘跋涉的成千上万粗心的朝圣者，有光着脚把山坡都踩秃了的采药人，还有追踪猎豹、麝鹿和黑熊的偷猎者。美国作家斯蒂芬·奥尔特在该地区度过了童年时代。在他看来，在北卡什县往上的甘戈纳尼地区那些被旅行者与朝圣者追捧的温泉，“可能是喜马拉雅山区最令人伤心的地方……不过就是烟雾蒸腾、恶臭弥漫的小水沟而已”。我也很赞同他的说法。在根戈德里通往恒河源头的其中一条徒步路线上，他发现有商贩在兜售“麝香露腺囊”，但其实只不过是在山羊的阴囊里塞满了锯末，再洒上廉价香水罢了。《吠陀经》和印度史诗对这里描写道“摄人心魄的壮美地貌，想象中才有的自然庇护所”，还说“这未被玷污的世界让人感到神灵正隐匿在侧，默默冥想”，可现实的场景与这些美誉实在相去甚远。

当我去根戈德里的时候，寺院上游的河岸上散落着许多垃圾，夏季山洪之后，许多店铺依然大门紧闭，尚未开张，附近也没有见到塞满锯末的山羊阴囊。我在镇上的最后一站是一座供奉恒河女神的寺院，这里的住持、梵学家巴格斯瓦尔·塞米瓦尔告诉我，这座寺庙是在 18 世纪由一位尼泊尔国王出资修建的，后来一位来自斋浦尔的王侯又对寺庙进行了扩建。朝圣者们将祭品供奉在恒河女神的神像前，“那是一个小型的女神金像，白银底座上的浮雕是女神的‘摩羯’，也就是她的坐骑——恒河鳄鱼，她的手中捧着慷慨吉祥的象征物——水壶和莲花”。

寺庙里还有其他一些神像，有的是关于恒河女神降临大地的传说——湿婆神和帕吉勒提，有的是关于恒河传说中的支流萨拉斯瓦蒂河和实际的支流亚穆纳河，还有的是关于难近母女神和安纳普尔纳峰。塞米瓦尔告诉我，在神像运送到下游姆卡瓦过冬之前，通常每年都有 35 万朝圣者前来朝拜。但是那年因为山体滑坡导致道路堵塞，到此朝圣的人数还不足往年的一半。因为离源头如此之近，寺庙的司库拉贾尼卡塔·塞米瓦尔（他们都来自同一个婆罗门家族）还让我几乎相信了一个之前常有所闻的说法——恒河之水具有近乎神奇的纯净特质。“恒河水永远不会被破坏或污染。”他说，“就算 10 年后再打开水瓶，水质还是一样的。”拉贾尼卡塔曾为电影演唱过加瓦尔地区的传统歌曲，还为凯达尔纳特洪水的死难者专门录制过一首歌。他深信神灵降怒，是因为人们破坏了环境，还为牟利而亵渎了印度教。“神灵是来报复的，报复那些做错事的人。”他说，“神灵说：‘如果你们不能自律自控，那我就会来控制你们。’太多人到这里来，已经变得非常商业化了。我们已经超出了自然的限度，所以神灵给我们降下神谕：‘如果你们还不明白，那我将惩罚你们，亲自来保护它。’”

黄昏时分，我看着祭司走出寺院，为庄严隆重的“灯火祭”做准备。寺院钟声回响，四下点起艳丽的彩灯，有蓝色，也有洋红色，用来朝拜这条流经印度汇入大海的河流。在祭典的尾声，演唱了诗人佳干纳特在16世纪所作的恒河赞美诗。

哦！恒河母亲，您的河水，
这世上最丰沛的恩宠，
这世上最活泼的湿婆神的宝藏，
是经文的精髓，
是诸神的完美，
愿您的河水，永生不老的神酿，
抚慰我们烦忧的灵魂。

我听说了很多关于喜马拉雅山区环境脆弱的情况，也见到了一些珍稀的鸟类和动物，包括巨大的髭兀鹰（也叫胡秃鹫），成群的岩羊，还有蛇类。我甚至在山路上看到过雪豹的足迹。我也开始理解印度教、印度与恒河之间紧密依存的关系。

每次跨越恒河或者支流小溪的时候，我的向导潘瓦尔都会默默祈祷，并抚摸桥梁。

在山谷中长途跋涉的时候，我俩进行了一些颇有收获的争论。但是在我们的辩论中，我只有一次觉得自己占了上风。当时我们刚从冰川上下来，夜已经很深了。在短暂驻足仰望澄澈的夜空时，潘瓦尔指给我看璀璨星海中有一条细细的云朵。我大笑着说，那可不是云朵，那是银河。“不对，”他说，“我是向导，那些就是云朵。”“不对，”我反驳他说，“我是水手，那些就是星星。”我把自己观鸟用的望远镜递给他，好让他亲眼看看我们所在的这个星系中数不胜数的星辰。只有这一次，他无话可说。

现在我该离开了，一路缓慢下山，前往印度北部熙熙攘攘的平原大地。我经过了穆卡瓦和哈席尔（19 世纪时，英国人弗雷德里克·威尔逊，或称拉贾·威尔逊从英国军队逃出后来到这个遥远的地方，成为一名木材、皮毛和麝香商人，并与一名当地姑娘结婚），再次路过北卡什县；途经恒河上雄伟的特赫里大坝；在瑞诗凯诗沿河而下；然后到达德拉敦，还有恒河平原上那些伟大的圣城。

第三章

圣水

何须奢侈供奉，
何须艰辛苦修？
崇拜恒河女神，
快乐与丰饶尽可乞求，
她将引领你升入天庭，
终获拯救。

——《帕德玛往事书》

沐浴完毕，倍感洁净：不仅身体清洁，而且精神纯净。

——《罗摩传》

2 月中旬时，印度北部地区仍然非常寒冷。夜晚的德里城中，所谓的“保安”随处可见——通常只不过是为富人守门的老头儿罢了，他们用废弃的塑料或掉落的树枝燃起火堆，围拢在散发着毒气的火堆旁取暖。就连富人们的屋舍也无法有效抵御寒冬，他们全身裹着毛毯，依偎在家里的电暖气旁。同样是在 2 月，阿拉哈巴德一段的恒河也十分寒冷（十分混浊），足以让人想起詹姆斯·乔伊斯笔下都柏林旁那一片“鼻涕青，使人睾丸紧缩”的海。不过，当一亿人都来此参加一项据说是 144 年来最为吉祥神圣的活动时，来自周围的压力是很难抵御的，于是我也跳进河里，把自己浸没在冰冷混浊的恒河水中，也算是参与了这个星球上最令人叹为观止的盛况之一。印度大壶节有时也被认为是人类最大规模的密集聚会。每隔 12 年，印度会在 4 个不同的临河城市举行整整一个月纪念圣水的庆典活动，吸引着全印度乃至全世界的印度教朝圣者和圣人们。

河流交汇处往往被视作最为神圣的地方。阿拉哈巴德——2013 年大壶节的举办地——是亚穆纳河与已经看不到的萨拉斯瓦蒂河（一条已经断流消失的古河流，可能曾经在此西面流过）共同汇入恒河的地方。大壶节的第一天，僧侣们乘坐着银色马车，圣人们将灰泥涂满赤裸的身体，挥舞着三叉戟，带领着数以百万计的狂热的男男女女，成群结队地扑入河中清洗自己的罪孽。这场景让我想起盛大的中世纪集会——商业与宗教混杂交错，喧嚣热烈。你上一刻还在与来自孟买的生意人交谈，下一刻就和迷醉的瑜伽士聊起天来。“就像一场精神博览会。”一位现代印度的精神领袖——斯里・斯里・拉维香卡这样说道。

某些形式的沐浴节可以一直追溯到几个世纪以前，在印度教神话中也有源可查。在今天人们普遍接受的故事版本中，神灵与恶魔争抢一壶花蜜，结果壶里的花蜜洒到了 4 个恒河流经的地点——阿拉哈巴德、赫尔德瓦尔、纳西克和乌贾因——如今这 4 座城市轮流主办这场节日庆典，每一次的吉祥和重要程度不尽相同。根据英国与印度大学一个社会科学团体的报道，“每年的沐浴节都十分盛大。到了第 12 个年头，也就是 2013 年时，节日的规模简直超乎想象。这就是大壶节”。（他们还总结说，尽管沐浴节对于朝圣者而言是一场喧嚣的磨难，但他们还是非常乐于参与，“参加恒河沐浴确实可以增进人们的身心健康”。）根据大壶节上发放的关于大壶的印度语 - 英语双语说明，神灵与恶魔争斗了整整 12 天——相当于人间的 12 年。“天上的恒星每 144 年就会完整地轮转一次。”说明书上明确写道，“因此这一年的摩诃大壶节格外重要，经过连续 12 次大壶节，恒星又回到了原位。这个世界有 12 个星座，每天都有两套 12 个行星时。恒河沐浴也是 12 年一次，摩诃大壶节要经过 12 乘以 12，也就是 144 年才有一次。”

印度的很多事情都颇为复杂，特别是关于印度教及其 3.3 亿之众的神灵的事情，大壶节的历史也不例外。公元前 302 年前后，曾有位叫麦加斯梯尼的希腊使节造访印度，他可能是第一位谈到这个节日的外国人。他曾提及北印度地区的哲人会举办年度“大型聚会”。7 世纪前往印度取经的中国高僧玄奘也给我们留下了一段书面记载，描述了在布勒亚格（今天的阿拉哈巴德）的一次活动，不过他似乎认为是 5 年一个周期，还记录了信奉佛教的戒日王主持的施舍救济的庆典。这位国王倾囊助人，甚至把自己佩戴的珠宝也施舍给了大家，不过在他的影响下，各国的贵族和国王也依样行事，最终，这位国王千金散尽还复来。“施舍地以东，两河汇流一处，数百人日日沐浴，”玄奘写道，“民俗如此，众人愿在此斋戒沐浴，以求天堂重生。”由于对佛教的信仰，玄奘本人并不赞同河流崇拜和太阳崇拜的做法，但他还是仔细观察了布勒亚格当地印度教圣人们的一些修行苦行的做法。例如，他们会在河流中央插一根竿子，在黄昏时爬上竿子，仅以单手单脚支撑身体，眼睛追随着太阳，目送它渐渐落下。

1000 多年后，一位名叫尼古拉·曼努西的意大利旅行家兼作家曾供职于莫卧儿朝廷，他也曾提及一个 5 年一次的盛会。根据梵文学者吉姆·马林森的说法，当时的情形可能是由于英国殖民当局怀疑印度人聚众（担心爆发霍乱或政治骚动），于是贤哲们决定创造或者加强一项传统，以确保大壶节的合理性不会遭受质疑。马林森认为，这就是为什么在早期记载中并没有出现花蜜洒落在 4 个沐浴圣地的故事。也正因如此，大壶节上各等级圣人们的营地和地位——那些圣人曾经也相互混战，从英国殖民时代确定下来后，基本没有变动过。

创造传统，这本身就是印度的一个伟大传统。马林森还提出，在瑜伽教中看似亘古不变的拜日式也许只有大约 100 年的历史，而且当初还是受到瑞典健身术、体操和英国军事训练的影响才发展起来的。我有一位朋友是英国广播公司的记者，几年前，他在广播节目中自谦地提起，当他在瓦拉纳西报道 2014 年大选的时候，曾经目睹并报道了恒河上一次古老的印度典礼——全身披着白袍的贤哲，轰鸣作响的螺号，还有袅袅香火。之后不久，一位收听了广播节目的年轻印度记者告诉他：“你知道吗，整个过程不过是 20 多年前瓦拉纳西一家豪华酒店的经理自己杜撰出来的。就是为了招揽更多的游客到城里去。”这位经验老到的 BBC 记者回答说：“我知道了。”可随后他就把这一段制作成了另一个报道。

不过，印度人对恒河圣水的敬畏与崇拜是毋庸置疑、绝无造作的。就在我抵达阿拉哈巴德参加大壶节的前几天，一场反常的暴雨淹没了河边沙洲上的营地，临时居住在此的圣人和朝圣者们为求避难纷纷逃回河岸，可是不久后，他们再次回到河流交汇处的临时居所。黎明时分，凉风吹拂河岸，斑鱼狗在水面盘旋，开始了新一天的捕鱼工作。朝圣者们走过潮湿的地面来到河岸边。此时岸边已经堆满了用来加固的沙包，防止因成千上万的人下河沐浴而破坏河岸。组织者还在水中搭起木头栅栏，以防绝大部分不会游泳的朝圣者们下水太深，被水流卷走。我遇到了一位叫 H. N. 特里帕蒂的老人，他仅穿着一条蓝色内裤，心满意足地将自己浸没在河水里。“我们相信，无论谁在这河水里浸泡过，都能变得纯净，因为这条河是永恒纯净的。”他对我解释说，“虽然它看起来不是很干净。就像脏水一样。”确实如此，后来我自己在汇流处下水的时候，发现水下的能见度不足 10 厘米。但是这一次，我没有感到任何污秽之处。当地媒体有报道称有些圣人因为害怕污染，只喝瓶装水，不过恒河里确实充满了泥沙。为了大壶节的顺利举行，政府还从上游的特赫里大坝开闸释放出更多水量，并关闭了坎普尔的一些皮革工厂。这些工厂通常每天都会把有毒废弃物排放进恒河。

出于显而易见的原因，人类长久以来崇拜大河神灵，并在沿河两岸或在汇流地附近建立聚居地。河流为我们提供饮用水、为我们灌溉土地并使其肥沃丰饶，还令我们得以溯流而上探索内陆，或顺流而下抵达海洋。从古埃及到古英国，河流与汇流地在许多文化中都被视为神圣之地。“河流汇聚之地常有神灵舞蹈。支流与干流汇聚之地皆为神圣。”历史学家彼得·阿克罗伊德在谈到英国的泰晤士河时这样说道，“因此，河流汇聚之处往往就成了举办神圣仪式的场所。”在为子嗣命名的庄严场合，基督教仪式不免令人想起耶稣在约旦河圣水中受洗的情节。但是印度人心中对河流，特别是对恒河的崇拜一直流传到现代，其深远的影响足以令每一位旁观者震惊不已。按较为保守的统计，在 2013 年大壶节期间的两个月里，下河沐浴的朝圣者人数超过了英国的总人口。

这样一个崇拜河流的民族最初起源于西面的印度河流域，在此后 1000 年里，似乎逐步东移到了萨拉斯瓦蒂河，并最终到达恒河流域。在原本丛林密布的恒河平原上，人们渐渐安居乐业，发展生产，并在这里建立了历史上不同的文明形态与众多王国。我们今天把它们分为印度教、佛教以及最终的伊斯兰教和基督教。“水利万物：它滋润着人类的梦想，渗透在生活的方方面面，支配着农业、宗教与战争。”爱丽丝·阿尔比尼娅在自己的一本历史探险游记《印度帝国》一书中也写到了恒河，“自从人类走出非洲大陆，印度河就吸引着饥渴的征服者们来到自己的岸边。”她在书中还绘制了崇拜河流的人们从今天的巴基斯坦出发一路向东迁徙的路线。她还发现，一个船居民族莫哈纳人如今依然生活在巴基斯坦小镇苏库尔附近的印度河流域。他们所使用的木船，以及驱动船只的船帆、船舵和篙，外形都与所出土的 5000 年前的摩亨佐·达罗都市文明的印章图案完全一样。她认为，莫哈纳人与史前河流崇拜有着直接的联系。阿尔比尼娅还想起，古代的梵文赞美诗集《梨俱吠陀》可以追溯到大约公元前1500年，主要讲述了旁遮普地区（如今被划分在巴基斯坦和印度两国）的故事，可其中仅提到过两次恒河，很少提到亚穆纳河，如今已踪迹全无的萨拉斯瓦蒂河也仅仅“出现在文本的末尾”。只有在好几个世纪之后，梵文典籍中恒河的地位才逐步提升，被誉为“涤荡罪孽的至高无上的女神，圣中之圣”。相比之下，印度河却失去了原本的地位，这令阿尔比尼娅倍感痛惜，她写道：“《梨俱吠陀》问世后几个世纪，整个文化中心向东迁移，进入了雨水丰沛、生活安逸的恒河流域。”

在伊斯兰教传入之前，以及在巴基斯坦作为伊斯兰国家建国更早之前，梵语的向东和向南的传播已经改变了雅利瓦尔塔，即“印度神圣的地貌”。旁遮普人被污蔑为野蛮人，说他们乱吃食物，举止无状。虔诚崇拜河流的人从印度河流域往东迁移，首先抵达神话中的萨拉斯瓦蒂河流域（基于人们的想象，这条河也自然向东流淌，在布勒亚格/阿拉哈巴德与恒河交汇），然后继续往东抵达恒河流域。萨拉斯瓦蒂是智慧女神，至今还有印度教教徒追随供奉着她，尤其是在孟加拉。在这里一年一度的庆典上，信众们首先在胡格利河（也是恒河的一条支流）岸边将萨拉斯瓦蒂的神像放入水中，然后你会看到数不胜数的神像漂浮在河面上顺流而下，漂向大海。学者斯蒂芬·达里安提出了一个很有说服力的结论：“恒河的形象与圣洁是从萨拉斯瓦蒂发展而来的——它是古老的雅利安河流的神话投射。”

不过，印度河已经基本被印度人遗忘了。在印巴冲突期间，它的下游河段与大部分印度人之间的联系也被切断了，想要获取签证也非常不易。

不过，根据阿尔比尼娅所述，19 世纪时，印度河边苏库尔萨杜贝拉寺的印度教祭司曾想在当地举办大壶节，宣称苏库尔就是大壶节最初的举办地点。阿德瓦尼是巴基斯坦境内信德省的印度教教徒，帮助创立了“印度河祈福节”（Sindhu Darshan）。这个一年一度的活动用以颂扬印度河和印度的传统。印度河从中国西藏的发源地流向巴基斯坦，而朝圣者们则从其他河流，尤其是恒河取来河水倒入其中。时任印度总理的印度人民党阿塔尔·比哈里·瓦杰帕伊主持了 2000 年的祈福节开幕典礼。他将印度河誉为 5000 年印度文明的统一象征。

这里必须说明一点，只有从殖民时代开始后，“印度”这个词才变成了一个广泛采用的宗教标签，而非地理标签。在此之前，“印度”与“印度斯坦”仅仅被用来描述印度河流域以东的民族和地区。“Indus”（印度河）一词是梵文“Sindhu”（信度）的另一种写法，意思是“大河”，正是从这个词起源，才有了后面的“印度斯坦”、“印度教教徒”以及“印度”和“印度人”这些词。

无论如何，在印度的众多河流中，恒河如今牢牢占据着印度教与印度精神的核心。对于上至印度总理，下至印度偏远南部的普通民众，乃至包括远在美国开汽车旅馆的每一位印度人而言，恒河既是一位女神，也是一位母亲。“印度文化多元而复杂，除了恒河母亲，人们很难在其他什么事情上异口同声、观念一致。”哈佛学者戴安娜·艾克这样说，“这条河流对于印度人有着极其重要的文化与宗教意义，无论他们居住在印度次大陆的哪个角落，无论他们各自信奉什么宗派，都是如此。”她还写道：

印度的沐浴节在沿恒河流经的各个地点，特别是在重要的心灵交汇点举行。人们以双手捧起河水，再洒入河中作为给祖先和神灵的供奉。他们还像在寺庙圣所中的做法一样，将鲜花与油灯放入河中作为供奉。在重大场合，他们还会泛舟渡河，拖曳着花环或长达百来米的纱丽来装点女神河，口中还吟唱着“Ganga Mataki Jai”，意为“恒河女神必胜”。庆典最后，来自印度各地的朝圣者们会以庄严的仪式将已故至亲的骨灰撒入恒河水中。当他们返回可能远在数百千米之外的家中时，仍会带着恒河水。也许未来的某日，他们会用恒河水滋润垂死之人的口唇。从源头到大海，整条恒河的水都是神圣的。

自3世纪以来，恒河在印度人出生、结婚和死亡等仪式中一如既往地扮演着核心角色。比哈尔的农民至今还会将一罐恒河水放在田地里以求丰收。而沿河而居的人们也还有这样的习俗——“新婚的妇女面朝恒河解开纱丽，乞求多子多福，丈夫长寿”。恒河也一如既往地护佑着她的信众。“她不像时母迦梨女神或难近母萨克蒂女神那样与阴曹地府有着密切的关系，也不像希腊女神那样阴森可怖。就算到了阴间，恒河仍然朝着天堂的方向流淌。”

恒河的形成是一段细节丰富、异彩纷呈的史诗，尽管有众多不同的版本，但大多数印度人都对其中的核心元素耳熟能详。每逢远道而来的外国游客到恒河边游览，特别是当他们来到恒河的发源地，或者在孟加拉湾恒河入海口的萨加尔岛上时，印度人都会饱含激情地为他们讲述这个故事，即前文所提到的圣人卡皮尔·穆尼的传说。在恒河的源头，曾有一位名叫萨加尔（名字的意思是“大海”）的强大国王，有 6 万个儿子。当他们一起寻找父亲丢失的马匹时，惊扰了一位冥想修炼的圣人，结果圣人以怒目将 6 万人全部烧成灰烬。那位萨加尔国王原本雄心勃勃地想要成为“转轮圣王”，也就是统治世界的万王之王，所以放一匹母马任其自由驰骋一年，并举办一场马祭，宣布马匹所到之处皆为王土。印度的神灵们和希腊神话中的诸神没有什么不一样，在与人类相处时也是心血来潮、喜怒无常，他们担心萨加尔的帝国会到达海岸边，甚至侵占他们在天庭的领地，于是挑起了萨加尔的儿子和圣人的冲突。他们把那匹马藏在圣人卡皮尔・穆尼的静修处，而他的庙宇如今就坐落在加尔各答以南恒河入海口的萨加尔岛上。根据一些务实的孟加拉人的说法，这只是一个因果论的神话故事，是为了解释一些现实问题而杜撰出来的。船长 J. J. 比斯瓦斯在加尔各答港务局工作，这是一个负责运营恒河入海口各种商业港口的政府组织。他告诉我，传说中那 6 万个儿子代表着帕吉勒提王国里的子民，他们不幸遭遇了旱灾与疾病，确实是恒河之水拯救了他们。“在现实生活中，没人能有 6 万个孩子，所以这些只可能是子民。”比斯瓦斯说，“他的子民爆发了黄疸病，找不到清水救急。于是帕吉勒提的儿子修建了一条运河，并虔诚祈祷能够引水成功。他差不多可以算是一位工程师了。”

印度的神灵数以百万计，关于恒河的神话故事版本也不胜枚举。有一位广播公司的记者为制作一期电台纪录节目，沿恒河顺流而下。在赫尔德瓦尔，一位祭司告诉他，恒河是毗湿奴脚指头上的汗水流到大地上形成的。当时毗湿奴正在观赏一位少女曼妙的舞姿，显然是过于兴奋了。居住在喜马拉雅山山脚下的作家斯蒂芬・奥尔特探勘过恒河的源头，他讲述了另一个版本的故事。据说诸神中有一位比较滑稽的信使，名叫那罗达。他在山间遇到一队男女。这些人都容貌姣好，可每个人都失去了身体的一部分——一只脚、一只眼睛或者一只胳膊。原来他们是音乐的精灵，因为听到了那罗达不够神圣的歌声而导致身体伤残。那罗达听后羞愧难当，询问应该如何补偿他们的损失。于是他们说，只有湿婆神奏出的完美天籁才能让他们康复。于是那罗达去恳求湿婆神，湿婆神同意演奏乐曲，但是要求只有在同样完美的听众——梵天和毗湿奴面前才能演奏。演奏会开始后，音乐精灵们都被治愈了。“毗湿奴听得太过入迷，居然开始融化。液体从他的脚趾上流淌下来，变成了恒河，正因如此，人们都相信恒河的水最为圣洁。”在帕吉勒提那个故事里还有一段支线剧情：当他成功地将恒河从天界释放出来，并说服湿婆神将它分流之后，有一位愤怒的圣人阻断了恒河。因为恒河流过了他的隐修处，打翻了他的锅碗瓢盆，惊扰了他的冥想修炼，这位名叫阇奴的圣人将整条河都吞进了腹中。

梵文史诗《摩诃婆罗多》和《罗摩衍那》中也有恒河的故事。前者是一部描绘班度和俱卢王子之间战争的恢宏叙事，这场大战之后，印度陷入所谓的黑暗时代，直到我们生活的今天。在故事开头，当时俱卢族 14 岁的少年国王尚未成婚，他未能成功猎到豹子与雄鹿，奔忙了一日来到河边。

“恒河女神！”福身王一见到她，就压低声音惊呼。她在鸿蒙时代自天界坠落人间。她像大海一般宽广，他几乎望不到对岸。他翻身下马，牵马走到河边，河水低语倾诉，浪花拍打着岸旁的绿苔。

他在马边跪下，俯下身来贴近那清澈的流水，痛饮起来，还用手臂拍打水面，让甘甜的河水打湿脸庞。就在这时，国王发现自己并不是一个人。

他转过身来看到了她：一个身影沐浴在金黄色的余晖中，她的皮肤好似柔软的纯金，脸庞与身姿美轮美奂，明眸灿若晨星，黑发宛如瀑布垂至腰际。她站在那儿望着他，令他周身上下血流加速，从未有一个女人令他有过如此的感觉。她也并不是全然陌生，当他还是小男孩时，她就拜访过他的梦境。

当然，这个女人就是恒河的化身。他跪拜在她面前，“以求满足一个年轻男人的饥渴”。于是她同意成为他的妻子，并提出了一个神秘的条件：他永远不能问她是谁，无论她的行为如何古怪也不能质疑提问。他接受了这个条件，两人一起回到了他在象城的家中——如今仍然是恒河干流旁的一个城市。此后不久，她就怀孕了。福身王发现，她每次生下一个男婴，都会将他投进河中。国王为此非常悲痛，但始终保持冷静，并未发作。直到第八个孩子出生后再次被她抱到河边时，国王怒吼着叫她停手，可她提醒他曾经发誓永不干涉，然后揭示了自己的女神身份——“天界与人间的河流”可以涤荡人性所有的罪孽，然后带着幸存的孩子消失不见了。不过她也许诺说，这孩子会在年满 16 岁时回到象山，终有一日会成为俱卢族的国王。这个孩子就是天誓。他自幼学习经文、政治与射箭，最后，恒河女神确实将他送回福身王的身边，福身王大喜过望，将他册立为王储。

可惜最终的结局并不幸福。这段传说中充满了爱情、婚姻、种姓与阶级之间复杂的恩怨纠葛，后来福身王来到另一条河边，正是恒河大的支流之一——亚穆纳河，在这里，他遇见另一位美女，也就是渔夫之王的女儿——贞信。她原本周身散发着鱼腥味，后来撑船送一位圣人渡河时被他强奸，结果乌黑的身体散发出“令人无法抗拒的美妙异香”。福身王见到她也不能自已，还发现她的父亲不仅粗鲁无礼，而且老奸巨猾，因为爱嚼槟榔叶，牙齿都变色了。国王向他求娶贞信，老渔夫答应了，但要求他必须保证贞信将来所生的儿子成为国王。福身王倍感痛苦，心灰意冷地离开了。不过他的儿子天誓发现了老国王郁郁寡欢的原因。他找到了老渔夫，并向诸神起誓，不仅自己会放弃继承王位，而且终身禁欲，不要子嗣，这样一来，便无人继承他作为战士和统治者的优秀品质。从此以后，天誓就成了毗湿摩，在不同的译本中也叫作“凶猛的人”，或者“立下可怕誓言的人”。他是班度族和俱卢族的叔祖父，在《摩诃婆罗多》中，两个敌对家族都对他十分尊敬，至今仍是印度电影中颇受欢迎的角色。就连印度版本的俄式 T-90 坦克也是以他的名字命名的。

《罗摩衍那》与《摩诃婆罗多》相似，也将读者带回到了那个天地初开、万物纯真的鸿蒙时代，人类的愚昧无知尚未玷污纯净丰沛的恒河水。在故事之初，神灵罗摩与他的朋友罗什曼那和圣人毗奢蜜多罗结伴同行，途中需要横渡一条大河：

当他们抵达恒河岸边时，已是正午时分。大河横亘在他们面前，宛如内陆海洋。他们伸手遮挡刺眼的阳光，使劲眺望对岸的情形。河水中天鹅徜徉，莲花盛开，数不胜数。如此景象引人入胜，他们决定留在河边，伴着水波低语，度过这一日余下的光阴。

他们在河中沐浴，在岸边休息。时而闭目养神，时而望着奇幻的水流出神。于是他们都做起白日美梦，这是他们当初在山间冥想修行时也未有过的情形。毋庸置疑，她令人敬畏，她充满魔力，她如此靠近，令身体感觉轻盈，仿佛灵魂即将飞升，得到解脱。傍晚时分，王子与圣人难耐渴望，再次踏入宁静温暖的河水中。沐浴完毕，倍感洁净：不仅身体清洁，而且精神纯净。

艾克发现，恒河女神是唯一一位被三大神灵——梵天、毗湿奴和湿婆神——都视为配偶的女神。她的河水中含有令人长生不老的花蜜，因此她有独特的神力拯救众生。有个行为卑劣的人，名叫瓦西卡，他不仅杀死神牛，踢打母亲，还沉溺于赌博。后来他在前往地狱的路上偶遇恒河，竟然也得到了救赎。瓦西卡在丛林中被猛虎所杀，灵魂受到审判，并运往冥界。他的尸体被秃鹫撕扯啄食。其中两只秃鹫为抢夺他脚上的一根骨头而争斗起来，结果那根骨头落入了恒河。他的灵魂竟然被降福，由一辆马车送到了天堂。“恒河，”艾克写道，“是流动的圣典真经，是水中的诸神，是印度传统智慧的大融合。总体来说，她就是流动的生命力——在世间万物中永恒流淌着的至高无上的能量。”

在阿拉哈巴德大壶节下河沐浴 3 年后，我决定去看看另一场著名的庆典——同样也是印度教教徒们在恒河与其他印度主要河流旁供奉神灵的活动。这次是在 2016 年 1 月，目的地是恒河入海口的萨加尔岛。这场一年一度的盛会名为“恒河萨加尔节”，数十万朝圣者会来到恒河汇入大海的吉祥之地举行沐浴活动，并去参观卡皮尔·穆尼的寺庙（就是那位以怒目将萨加尔 6 万个儿子烧成灰烬的圣人）。此外，还有数十位赤身裸体的圣人在身上涂抹灰泥，静坐在寺院外道路两旁的壁龛里，为信众们祈福祝祷。

陪同我前往的是一位名叫尤思娜·辛格的记者。她的家族来自恒河旁的瓦拉纳西一带，除了英语，她还会说孟加拉语和印地语。趁着朦胧的夜色，我们驾车从加尔各答出发往南行驶，途经成片的稻田、灰头土脸的棕榈树、破旧不堪的茅舍和烂尾的房屋。路旁可见水泥工厂与电信公司色彩鲜艳的广告，孩童们正在玩足球或者板球。我们还见识了对西孟加拉邦的首席部长玛玛塔·班纳吉所搞的个人崇拜的最新表现形式。这位穿人字拖、个性强势、脾气火暴的部长最喜欢的颜色是蓝色和白色。从加尔各答的桥梁、围墙和房屋，一直到萨加尔沿路的树木都被她忠实的支持者们刷成了蓝、白两色，完全压倒了其左翼竞争对手的红色图案。

我们开车行驶在新建的跨街拱桥上，上面还挂着 3.66 米高的班纳吉的大幅肖像。随后我们到达拥挤不堪的轮渡站，等着潮水涨起，搭乘轮渡前往萨加尔。此刻我心中所有浪漫的想象都已经化为泡影。我曾看着地图上绿色的岛屿图案，想象着一处无人居住的灵境圣地。可事实上，这就是个大客车停车场，既不自然，也不神圣。而在岛上神圣的沐浴沙滩上即将迎接我们的也是橘色的泛光灯，还有人一天 24 小时无休止地用扩音器大喊大叫。也许对于光线和声响的感受是我们这些外国人所特有的。我记得伊利亚·托亚诺在他的游记《恒河行》开头处有一段冷幽默似的描述：“当今精神生活中最为重要的乐器是扩音器，人们把音量调到最高，就好像整个世界的耳朵都聋了。”

这是新月吉日前的一晚。我们穿行在数以万计的朝圣者中，他们头顶着装满衣食的包袱，沿着竹廊拥向渡口。涨潮时分，河中充满混浊的河水，我们终于可以登船渡河了。在西方人的眼里，出发地与目的地一样令人失望，毫无浪漫可言。萨加尔码头有一个巨大的迎客拱门，门前立着两大移动运营商的广告牌，拱门上亮着一圈闪烁不定、色彩艳俗的 LED 灯泡，就像个露天游乐场：闪烁着刺眼的灯光，紫色的“卍”字饰以及“Om”这个词。接着，我们乘车前往卡皮尔·穆尼寺庙附近的圣地，最后在一家小旅馆里找到了床位，试图在遍地都是公共广播里发出的震耳欲聋的声响中合上眼。广播的内容包括寻人启事、人员调动，还有垃圾处理方面的内容：“请使用厕所，不要污染环境。”

噪声与人潮在这样的盛会实属常见。19 世纪的一位英国军官 G.F. 怀特中尉，也是一位业余艺术家，他对赫尔德瓦尔当地“蜂拥”的人潮和节日庆典的喧嚣感到十分震惊。“强烈的噪声简直无法形容。人们的叫嚷声与呼喊声混杂着马匹的嘶鸣声、大象的吼叫声、骆驼的低吼声和牛群的哞哞声，以及鸟叫声和野生动物尖厉响亮的吼叫声。还不止于此，还有人在敲锣打鼓，吹喇叭和螺号，摇动着铃铛，一刻不停。”

起初，我觉得萨加尔节更像是一场规模宏大、喧嚷嘈杂的人群控制演习，而非宗教典礼。可是到了第二天早晨，当成千上万的朝圣者——大多数是来自孟加拉邦、比哈尔邦和北方邦的贫苦农民——纷纷拥向沙滩时，打消了我的疑虑。和大壶节一样，这场盛会也是朝圣与亵圣的杂乱混合。各种团体的领袖带领着成群的追随者，有时还需两人拉起齐腰高的长绳以防有人走散。许多摊贩在叫卖油酥饼、坚果奶油蛋糕、辣椒酱、苹果和黄瓜。也有人售卖庆典用品，例如盛放恒河水的水瓶、用以献祭的彩色丝线、指环、椰子、施舍给乞丐的压扁的大米，以及装在专用塑料盒里的朱砂粉，还有人叫卖拐杖和廉价衬衫。从内陆远道而来的人对海产品也颇感新奇，有乌贼骨、海螺壳和牡蛎形状的护肤品（一位年轻女性的面前摆了一堆牡蛎壳，她说“砸碎后可以护肤”）。这里还能买到一些做工粗糙的寺庙纪念品，不过就是把寺庙的图片贴在纸盒上，再用黑色胶带将四周一圈固定成一个镜框。“这都是迷信。”一个男人低声用印地语对家人说。

一群从遥远的西边拉贾斯坦邦或哈里亚纳邦干旱地区前来朝圣的妇女在人群中格外惹眼。她们的脸完全被各种彩色丝巾遮住了，别人什么也看不见。就像在《坎特伯雷故事集》中的基督教朝圣者那样，这里的印度教教徒也来自不同的阶层、行业与地区，从胡须浓密的圣人和退休的教授，再到勉强糊口的农民和打零工的人都有。当清晨的阳光穿透河面上的雾霭，成群的村民蹲在地上，用报纸包着热气腾腾的土豆大口地吃着。有人裹着橘色的缠腰布，拍打着铃鼓。乞丐、瘸子和麻风病人也陆续来到市场里的沙土路边，人数越来越多。当我们沿路走向河边的时候，他们就开始叫嚷以图引起别人的注意。正要去做礼拜的虔诚信徒会抓起一把压扁的大米扔进乞丐面前的碗里。在各种店铺间的一个拥挤路口，两名男性乞丐为争抢最佳的乞讨位置而打了起来。还有一个疯女人四仰八叉地躺在地上，挥舞着胳膊不停地哀号。

岸边更是人海茫茫——这个比喻用在这里还真是妥帖——人海就要汇入孟加拉湾真正的大海了。数以万计的朝圣者向棕色、混浊的河水里涌去。活动主办方的官员告诉我们，这一年有 150 万 ~ 200 万人将来到这个小岛，只为朝拜恒河与圣贤。一只卷尾鸟——一种捕食昆虫的鸟，周身黑色，长着分叉的漂亮尾巴，正站在一根电线上，电线连接着一根高杆上固定的扩音喇叭。那鸟儿好像也无法理解这一年一度的喧嚷与混乱。

我们走近一位朝圣者，想问问他关于恒河的想法。当时他正和别人就一头瘦骨嶙峋的小牛讨价还价。“你抓住小牛的尾巴，给婆罗门一点钱，死后就能上天堂，”这个朝圣者解释说，“这就是积善。我们得跨过凄凉河。这头小牛能帮你过河，否则你就过不去。”这位朝圣者名叫克里希纳·南达·德拜，已经67岁了，是一位来自瓦拉纳西的退休的大学校长。他和7位家人一起，踏上往返共需10天的路程，乘特快列车、船，最后再乘出租车前来参加恒河萨加尔盛会。他有着一头棕红色的头发，穿着黑色的衬裤，大腹便便，胡子拉碴。德拜用英语告诉我，这是他第一次来参加这个活动。他还说，生活要分成两半，一半是工作与物质的时间，一半是退休与冥想的时间。他是5年前退休的。“这是我们最后的日子。我们要为体面的死亡和前往天堂做好准备。我们青壮年时太过看重物质享受，到了晚年应该更加虔诚。”他已经去过恒河上游的圣城赫尔德瓦尔，接下来要去东海岸的奥里萨邦的普里参加膜拜“宇宙之王”札格纳斯的节日。据说他神庙里的巨型马车无人能够阻挡，而且还会碾压路人。他的名字被借用到当代英语中，就是“重型卡车”的意思。

在同一片沙滩上，一旁是阳春白雪的潘迪一家，而挨着的就是一个下里巴人的家庭。他们来自贾坎德邦的一个村庄，那是印度最贫困的几个邦之一。荷丽卡·德维·马赫托将丈夫留在了家中。他们在那边的山里靠种植蔬菜与稻米勉强度日。 她和她的母亲以及两个孩子是第一次到萨加尔来。他们要来恳请神灵的救助。“我们的生活非常困难，”她用印地语说，但并没有详细解释究竟是什么困难，“我们吃了太多的苦。所以我们要来这里，想找到解决的办法。”她 16 岁的女儿鲁帕补充道：“我们是追随着内心的信仰来到这里的。”

我还很想与那个牵着小牛的男人聊聊——我注意到小牛嶙峋的背上还挂着一块洗碗巾——他还在游说途经的朝圣者们摸一摸这头神兽，以换取一点现金或者一块布。他叫凯达尔·潘德，45 岁，也来自贾坎德邦。他说他是两天前买下这头小牛的，花了 1500 卢比。等他离开这里时，打算把小牛再卖给原来的主人。我又问他人们愿意花多少钱握一握牛尾巴，他的回答很有哲理。“Yaba Shakti，taba shakti”，这是一句讨论虔诚与能力的梵文谚语，大致的意思可以翻译成“尽其所能”。有的人只付 1 个卢比，而有的人愿意花 20 卢比。他这样能挣钱吗？“我不知道，不过伟大的卡皮尔·穆尼（当地寺庙供奉的古代圣人）自有他的安排。”我猜他这么做一定不会亏本，因为在过去的 15 年里，每年这个节日他都会来这里买牛卖牛。

我们听到乐声，才发现沙滩上还建起了一个舞台。舞台前方有人踩着高跷随着鼓声舞蹈。穿着橘色长袍的包尔人音乐家——孟加拉的传统吟游歌手，正在观众的注视下，用孟加拉语吟唱着哀怨悱恻的曲调，用以伴奏的是艾克塔拉弦鼓，一种用葫芦做成的丝弦乐器。我问身边会说孟加拉语的同事，这乐曲非常优美，他们在唱些什么？她说是组织者的通知：“使用厕所，厕后洗手。若玷污女神，她会发怒。”

站在沙滩或者没及脚踝的河水中的几万人中，我似乎是唯一一个外国人，此外，在“国际克利须那觉悟会”的队伍里也有一些白人。他们在一个人的帮助下口中念念有词，在人群中穿行。那个人拿着一个话筒，肩上背着一个大扩音器和高音喇叭。还有些人是孟加拉的本地人。其中有一位来自索纳尔布尔的 46 岁小学老师，名叫珊塔娜・穆克吉。她穿着粉红色的衬衫，正在打电话。她说："最好的沐浴吉时是今晚 11 点 38 分到凌晨 3 点 38 分，那时候的河水对人身体非常有益。"起初，我以为如此精确的时间一定与潮汐起落有关，但后来发现这两个时间并不吻合。或许是来自占星历书：每年恒河萨加尔节都是在公历，而非农历的正月十四前后举办的，这与桑格拉提节，即春天的第一天正好吻合。

我们穿过人潮，向卡皮尔・穆尼庙走去。路上看到一辆三轮车拖着一个可移动的拍照棚（50 卢比、数码相机、光面纸打印），半截车轮都埋在了湿乎乎的沙子里。到了寺庙，有人催促着朝圣者快步走过门口，他们只能从门口看一眼帕吉勒提的橘色神像，两侧是湿婆神及其妻子雪山神女。经过门口时，朝圣者们朝门里投钱、镯子、米和其他供品。神坛上很快堆起了小山，凶神恶煞般的寺庙侍从会过来把供品都收走。

还有一排排几近赤身裸体的圣人——有些只穿着小小一块叫作"langotis"的缠腰布，坐在寺庙外的壁龛里。圣人们右手挥舞着装饰有孔雀羽毛的细长手杖，轻轻敲打信众的头顶来为他们祈福；然而他们的左手却在接受钞票和硬币作为酬劳。在角落里一个不起眼的位置，我们发现了一位在这类场合中极少出现的女性圣人。60 岁的卡鲁纳・吉里身穿橘色长袍，戴着眼镜，成为女圣人已经 20 年了。她的竹棚地板上有个小坑，里面点着一小堆柴火。由于竹棚正好位于一个高音喇叭下方，里面不停地用震耳欲聋的声音在广播着通告，我们几乎听不见她说话。"我觉得自己脱离了世俗的一切。"她抛下了几个女儿和家庭生活，把她们都留在了位于北孟加拉邦的提斯塔河畔（布拉马普特拉河的支流，基本上属于恒河的下游）的贾尔派古里。

绝大多数男性圣人都很忙，不愿意被好奇的外国人打扰生意。不过在一条暴土扬长的路旁安静的一角，我们找到了一位随和的娜迦族圣人，名叫纳雷什·吉里。他来自北方邦恒河旁的坎普尔，如今已经63岁了，成为圣人也有25年了（娜迦族圣人在传统上就是兼做禁欲修行的战士）。“我是个农民，我没结过婚。”他说，“当你看着恒河，你就会觉得，”他停顿了一下，“它能让你超越生死轮回的循环。于是我皈依宗教，成为一名圣人。是的，我要参加所有的大壶节。3个月后将在乌贾因举办。”和许多圣人一样，他也去过高穆克，也就是比根戈德里更高的山上，恒河之水发源的那片冰川。“我是娜迦族圣人，我去过许多地方，爬过高山，也进过冰穴。”因为他来自工业城市坎普尔，于是我便向他问起恒河的污染情况。“我非常担心河水的水质。”他回答说，“如果政府不作为，我们如何能清理河水呢？只有政府才做得到。”

第四章

如何建设超级大城市，同时拯救恒河

就像是一夜之间冒出来一个超大型难民营，居然还维系运转了两个月……这真是令人不可思议的物流工程。

——世界银行的奥诺·鲁尔评价大壶节期间“忽然冒出来的超大城市”

这说明印度可以做到。所有的村庄和城市都可以通电，都可以有自来水，都可以通公路。

——印度教信徒，巴加瓦提·萨拉瓦蒂

“只有政府才做得到。”那位圣人对我说。这句话说明了关系到恒河未来的一个关键问题。印度政府在民间素来以腐败无能著称，真的可以相信这样的政府能够组织实施拯救圣河的工程吗？不过这个想法并不像听起来那么奇怪。2014 年，印度以 7200 万美元的预算投资，成功将卫星发射进入火星轨道，证明自己可以用较低廉的成本进行外太空探索，也由此成为世界上第四个成功抵达火星开展科学研究的国家。在地球上的风险管理与项目实施方面，印度在过去能够有效应对，相信未来也可以做到。宝莱坞 2016 年出品的一部政治题材惊悚电影《空运》，就是根据真实事件改编的。描写的是 1990 年伊拉克入侵科威特后，当地 17 万来自印度的劳工是如何撤离获救的。这是世界上最大规模的救援行动之一。当时大多数劳工首先乘坐大巴抵达约旦，然后由印度国有航空公司派出成百上千次航班将他们从阿曼接回孟买。2016 年，德里市政府为了遏制空气污染进一步恶化，决定在首都实施汽车隔天禁行。预想中的骚乱并没有出现，大多数司机虽然一如既往地无视日常交通法规，却都能够遵守新实行的禁令。由于空气污染还有其他来源，首都的空气质量依然混沌肮脏，但政府借此证明，若为大众福祉所计，他们完全有能力采用激进手段达到目的。

大型宗教庆典也往往组织井然。在每年各地轮流主办的大壶节和“恒河萨加尔节”这些盛会上，无论是位于新德里的中央政府，还是像北方邦和西孟加拉邦这些地方政府，都定期展现了他们的组织能力。时任世界银行印度区负责人的奥诺·鲁尔就像我一样，也是2013年大壶节上与数百万印度人在河流交汇处沐浴的少数几个外国人之一。他把这个活动称为“一项不可思议的物流工程”。哈佛的研究者们则称为“忽然冒出来的超大城市”。在阿拉哈巴德的恒河沙岸上，北方邦——这里有超过2亿的居民，是印度最大的一个邦，也是最贫穷的邦之一，人口数量超过巴西——的官员与工人们在不到3个月的时间里，建成了可容纳200万人的帐篷城市，还配套提供了砾石道路、公共厕所、水电设施、食品店、垃圾回收站以及警力充分的警察局，等等。在举办大壶节的4个不同地点，当地组织者们每3年就要完成一次这样的工作。2016年轮到了中央邦南部的乌贾因。实际上，若不是乌贾因政府斥资6500万美元修建了一根50千米长的水管，将纳尔默达河的河水直接输送到干涸的希布拉河，乌贾因庆典是不可能办成的（希布拉河的河水流入昌巴尔河，最终流入亚穆纳河并汇入恒河）。

在这些快速建成的城市中，清水从水龙头中流出；厕所会定期消毒；训练有素的警员会小心地引导人群前往沐浴区域；夜晚也都有照明设施。无论是印度人，还是其他国家的人，都不免会想到几个重要的问题：怎么做到的？为什么这么做？或者可以这样说：为了短短几天的大规模盛会，政府可以如此高效地把基础设施都修建完成，那么他们为什么不能为那些人们长期居住的村庄和城镇做同样的事情？阿拉哈巴德大壶节期间，在沙岸旁建起的临时城市在雨季来临、河水暴涨前就会被拆除。鲁尔指出，那里“有水电、卫生设施以及固体垃圾处理设施——这一切恰恰是许多印度城市所缺乏的”。对于像他一样管理大型项目的人而言，“这就像是一夜之间冒出来的一个超大难民营，居然还维系运转了两个月，每日（进出）

的人数都以百万计。我这辈子都没见过这样的事情”。不过北方邦的政府却把这样的事情办成了。“如果我们能够把这样的办事能力用在日常事务上，会让北方邦有很大的改观。想到这个真是令人激动。”北方邦往往被视作印度所有痼疾的缩影，尤其是在公共卫生方面。只可惜大壶节只是定期举行的。

高级官员德维什·查图维迪当时是阿拉哈巴德一个部门的主管。他和近 10 万名工人共同完成了 2013 年庆典的组织工作。对于能完成如此“巨大的任务”，他感到非常自豪。他说当时完成的工作包括 14 家诊所和医院、960 千米长的输电线、2.5 万盏路灯、52 个供电站、20 万个电源连接、280 千米道路、5.5 千米的沿河沐浴区、18 座浮桥、690 千米长的水管、3.4 万个公厕、2 万名警察、1000 名反恐特工，以及 275 个可以提供面粉、大米、牛奶和煤气等基本生活用品的食品商店。如此成功高效，与政府在其他时间和其他地区乏善可陈的昏庸表现形成了强烈的对比。对此，查图维迪解释了两点：第一，节日组织者努力确保工作人员都必须对自己的行为与开销承担责任；第二，参与者都有很高的积极性。“他们觉得这是在切实帮助那些远道而来的朝圣者、圣人和先知。有一种使命感促使他们无论工作条件有多艰苦，都会格外努力地工作。”

简而言之，优秀的活动组织与高效的基础设施在印度是完全有可能实现的。“这件事告诉我们，事情是可以办成的。”巴加瓦提·萨拉瓦蒂是一位出生于美国加州的印度教信徒。她与一个静修所的其他成员一起在河岸边宿营，这个静修所的大本营就在恒河上游。她注意到，当地政府为了大壶节投入了大量的时间与人力，可谓“数量惊人”。“真是令人惊叹的体验。”她说，“这说明印度可以做到。所有的村庄和城市都可以通电，都可以有自来水，都可以通公路。只要有那种关注，那种重视，那种清晰的认识和投入就可以。”

大壶节的成功令人瞩目，有一本书《大壶节：转瞬即逝的超大城市》就是专门讲述这个主题的。书中包含了哈佛大学南亚研究院的跨学科研究成果。这本书于 2016 年初在孟买上市的时候，查图维迪谈到了 3 年前大壶节上他向我透露过的关于路灯和公厕的数据，此外还增加了一些其他有趣的细节。大壶节期间不仅要求上游城市暂时关闭所有排污的制革厂与工厂，而且还从特赫里大坝放出额外的水量，这样就能有充足的河水流向恒河，也把阿拉哈巴德当地的污水处理能力从原有的每天 8900 万升提高到 2.11 亿升。参与节日庆典组织工作的包括 4 个中央政府部门、28 个北方邦的地方部门，还有 13 个“传统体育馆”，也就是参加集会的圣人们所组成的行业协会。

无论是在印度，还是世界其他一些地方，集体宗教庆典中发生的踩踏事件长期以来都是致命的风险之一。1954 年，印度独立后第一次举办大型的大壶节，当时一头大象冲进沐浴区朝圣者的人群中，结果造成 500 人死亡的惨剧。查图维迪解释说，为了取代停止让人群前进的做法——这样非但不能阻止他们，反而会引发跌倒和踩踏——当局在较危险的拥挤区域设置迂回盘绕的通道来延缓人群到达河边的速度。有时候尽管他们距离河流交汇处仅有 500 米距离，但也会引导他们缓慢绕行五六千米之遥。“我们无法阻止人群的前进。我们只能引导管理他们。”查图维迪还颇为自得地说，20 多万走失的朝圣者最终都与家人或朋友重聚了。而一天 24 小时不间断的闭路电视摄像头可以确保整个大壶节期间没有犯罪行为，也没有拥挤踩踏的麻烦。最有意思的是，他还强调成本仅仅是每人每天 1 美元而已。

参加沐浴的哈佛学者、学生和校友们——共有 50 人来到大壶节，在阿拉哈巴德逗留了 10 天——个人兴趣不同，各有不同的体验，但大多数人都对盛会的组织管理留下了深刻的印象。风险资本家与投资银行家维克拉姆·甘地称大壶节的组织“令人叹为观止”。他还记得在哈佛代表团与印度官员的一次会谈中，一位学生忽然拿出一张地图，要求了解他们的“运营模式”是什么样子的。大家都一脸茫然地看着他。不过，甘地说，在实际操作中确实有这样一个成功实施的运营模式和一整套预算分配体系。

这基本上是第一次运用信息技术来协助大壶节的圆满举行。这也有助于研究者们展开相关的研究。据说 2013 年才是大壶节第二次建立网站，也是第一次普遍使用手机的大型盛会。该地区的电话使用数据表明，至少有 7200 万人参加了庆典——低于官方预计的最高 1.2 亿人，但高于警方提供的 4000 万 ~ 6000 万的计算结果。与此相比，1906 年的参加人数是 200 万 ~ 400 万人，1989 年约为 1500 万人。“大壶节是一场严峻的考验，各种可以预计的混乱情况都可能发生。”沙特奇·巴尔萨里这样说道。他是一位医生，也是急诊医学与灾害管理方面的专家。他向我解释了 14 家诊所中的医生是如何使用平板电脑来监控疾病并进行治疗的。“我们可以看到成百万上千万的人从印度各地远道而来，他们还携带着数以千万亿的细菌，这些细菌有大量的机会相互作用和传播。”所幸这些并未发生，至少情况并不太坏，没有发生值得关注的情况。

大壶节并不总是这么健康安全。1817 年那次的活动就被视为首次霍乱爆发的源头。印度教朝圣者和英国军人们又把疾病带回加尔各答和孟买，结果加速了瘟疫的蔓延，随着麦加朝圣的朝圣者们一路到了麦加、中国和地中海地区。在经过了 1824 年那个严寒的冬季后，这场严重的疫情才终于结束。巴尔萨里说他和同事们在整个庆典过程中都没有看到过苍蝇。他还给我看了一张照片，是大壶节上的恰巴提——在印度作为主食之一的薄饼——烙着印地语："在你吃恰巴提前，请确保已经用卫宝牌肥皂洗手。"

2016 年 1 月举办的"恒河萨加尔节"虽然规模比大壶节稍小，但也十分隆重，参加人数达到了 100 万以上。同样组织有序，主办方——西孟加拉邦政府——也同样受到腐败、无能和不可预测性等执政痼疾的困扰。可是为了准备"恒河萨加尔节"，西孟加拉邦政府不仅为了交通畅通重修了道路，还监督举办了一个"绿色"的庆典，即严禁朝圣者们往河里扔垃圾并强制使用厕所。对许多朝圣者而言，厕所是他们在家乡的村庄里享受不到的奢侈品。

拉尔·梅赫罗特拉是一位建筑师，也是哈佛大学城市规划学教授。他对大壶节采用的"模块式"建筑方法非常着迷。当地政府仅仅依靠 5 种基本材料就迅速高效地为数百万人建起临时性的超大城市：2.43 米长的竹竿、绳索和椰壳纤维、螺丝和钉子、金属瓦楞板，还有布料和塑料覆盖物。不过他对于这项壮举背后的动机也非常好奇，他对此的观点与查图维迪不谋而合。他认为每个参与者都专注一个单纯的目标，在工作中求同存异、埋头苦干，才能如此成功地完成任务。如果你参加过印度那种隆重热闹、持续多天的婚礼庆典，就可以更深地理解他的话，他将其称作"印度婚礼综合征”。其中的含义很可悲：在印度年复一年的日常运转中，这样高效的工作不可能天天做到。

就算无法完成清洁印度这样的大工程，人们的宗教热情也将有助于神圣恒河的清洁工作。在宗教热情的推动下，开展清洁工作是否有可能取得成功呢，想要了解这一点，我们必须从阿拉哈巴德出发，离开大壶节上暂时搭建起来的崭新的超大城市，沿着恒河顺流而下，前往世界上最古老也是最肮脏的城市之一——瓦拉纳西。

第五章

瓦拉纳西：印度的一日古都

恒河母亲正在尖叫着求救。她在说："我的儿子一定会赶来，把我从这肮脏的泥沼中拖出去……"也许神灵早已给我安排了许多任务要完成。

——纳伦德拉·莫迪于2014年大选获胜后在瓦拉纳西的讲话

国大党加上一头牛。

——莫迪政府的批评者阿伦·绍里耶

2014 年 4 月炎热的一天，数千名狂热的民众拥上瓦拉纳西的街头，只为一窥纳伦德拉·莫迪的真容。这位古吉拉特邦茶商的儿子如今已经跃升为印度民族主义政党印度人民党的领袖。印度即将迎来一场大选，而莫迪实际上已经抛弃了他的故乡古吉拉特（印度人民党在此的势力已经十分稳固），正在竞选瓦拉纳西的议员。这座城市在英语中也叫贝拿勒斯城。莫迪此举有两个理由：第一，瓦拉纳西位于北方邦中部。这是印度最大的一个邦，人口超过 2 亿人，与巴西总人口相当；第二，恒河旁的瓦拉纳西有着 5000 年悠久的历史与文化遗产，不仅是印度的文化中心，也是印度教的圣地，据说还是现存世界上最古老的城市。“他非常聪明，会彻底消除腐败问题。”32 岁的坦维尔·辛格这样说。他住在瓦拉纳西，做汽车配件销售生意。当地许多年轻人在初夏的热浪中成群结队、汗流浃背，口中不断呼喊着：“莫迪！莫迪！”还把挂着花环的印度英雄们的塑像放在敞篷货车的车顶上，像游行一样驶过大街小巷。

“瓦拉纳西是一个极其重要的历史、文化、教育与文明中心。”印度人民党官员纳温·科利说，“在 2014 年大选中，它逐渐成为政治首都……印度人民党认为，如果莫迪先生能够代表瓦拉纳西——北方邦和瓦拉纳西，会影响到印度腹地的很大一部分地区。”莫迪本人在庆祝获得提名的博客中承诺要清理污染严重的神圣恒河。恒河清理计划在瓦拉纳西深得民心，这个城市需要虔诚的印度教教徒前来朝圣。城市中有许多著名的河坛，也就是通向河水深处的阶梯，朝圣者们就是沿着这些阶梯走入河中沐浴的。“恒河在北方邦好几个地方的情况令人心碎。”莫迪在博客中写道：“我们不能再允许这种情况继续下去！当务之急就是清理恒河，让她恢复以往的光彩。”他还告诉瓦拉纳西的民众：“当我要来这个城市的时候，我想是印度人民党委派我来的。可当我到达这里以后，我觉得是恒河母亲召唤我来的。我觉得自己就像是一个孩子回到了母亲的身边。我要让卡西（瓦拉纳西）成为全世界的精神之都。”

从短期来看，莫迪的这番努力取得了丰厚的回报。他轻松拿下了该选区，印度人民党在北方邦 80 个议会席位中也获得了 71 个席位。莫迪也以压倒性的胜利赢得了执政权。在大选胜利后的第二个月，他也没有忘记恒河。“恒河母亲决定让我承担一些责任，”他在庆祝集会上对民众说，“她会继续引领我，而我也会把任务一件件完成。从恒河的发源地到入海口，恒河母亲正尖叫着求救。她在说：‘我的儿子一定会赶来，把我从这肮脏的泥沼中拖出去……’也许神灵早已给我安排了许多任务要完成。”然而，直到 2016 年年末——他提出拯救恒河这个神圣使命两年多后——我们依然不清楚莫迪究竟有没有能力实现他野心勃勃的承诺。瓦拉纳西的居民们对此感到失望。在提到莫迪通过电视直播，宣布计划清理该市著名的亚西河坛中成吨的淤泥时，市民们却都批评他在更为重要的污水处理问题上毫无进展。他们用一首哀伤的歌谣表达了自己的情绪：这样的面子工程就像是“给穿着肮脏纱丽的女人涂口红”。人们甚至认为，莫迪可能——就像他之前的许多著名的政客，如国大党总理拉吉夫・甘地一样——听任河流自生自灭。

瓦拉纳西结合了精神的高尚与现实的鄙陋。许多世纪以来，每个来到瓦拉纳西的人对此都深有体会并震惊不已，其中最为著名的当属马克·吐温，他曾尖刻地评价说，“贝拿勒斯比历史更古老，比传统更古老，甚至比传奇更古老，它看起来就像是比所有的历史、传统和传奇加起来还要古老一倍”。观察这个城市的最佳时机是在黎明时分。泛舟恒河，旭日初升，可以看到这个城市里 84 处（也可能更多）面朝东方的河坛陆续被晨曦照亮，还有那些残败不堪的庙宇、破旧的客栈、火化场，以及巨大的刷成粉红色的清水或污水泵站。我每次去那儿都会雇一条小船。那种独特的体验令人难以抗拒，四下里的景致令人陶醉，却又变幻无常。莫迪得到提名时，我正好也在当地，还在笔记本上匆忙记录下了清晨刚过 5 点时所见到的景象：年迈的老妇人在河中洗漱，身旁混浊的河水中漂浮着丢弃的花朵和塑料袋子，其中有一位正值盛年的妇人一直不停地咳嗽，还差点被我们鲁莽的船夫撞倒；还有一个男人盘腿坐着，目不转睛地盯着雾霭中升起的旭日；河岸旁有人在上瑜伽课，扩音器开得很响，你甚至能听见老师的呼吸声，随后又传来振聋发聩的说话声，那是他在指导学生；搭载朝圣者的船只都刷成了鲜艳的颜色，上面是“印度银行”“穆特胡特金融公司”“黑面包饼屋”的广告；有人在平滑的石头上拍打清洗衣服；一座坍塌的湿婆庙半截浸没在河水中，露出歪斜的塔尖。岸边堆放着用来焚烧尸体的木柴；野狗在争抢岸边的死人骸骨；有人从拉贾河坛下水游泳，不停地吐着水泡，看起来很像一头河马，弄出很大的动静；一队宗教巡游的人群正走下河来，领头的人手中握着一支闪闪发光的三叉戟；雨燕从头顶上飞速掠过，啄食着空中飞舞的昆虫；一只苍鹭飞过；穿着紫色纱丽的妇女正朝着太阳祈祷；

有人拿着一根蓝色的绳子，绳子的一端不知拴着什么，好像是在钓螃蟹（后来我才明白，他是在用一块磁铁打捞掉进河里的一些廉价珠宝）。

你可能也想看看另一侧旭日初升的景象，但你的目光很难离开这座水边的城市。所有的生活都在这里——游泳、祈祷、清洗、咏唱、饮食、火化。我之前来这里的时候，还看到过不同的人群（日本游客，以及一家人举着萨拉斯瓦蒂女神的神像在河中沐浴）、活着或死了的动物（牛抽动着鼻子在垃圾堆里钻来钻去，河水中一只猴子的尸体已然腐烂，被船锚绳索卡住，露出龇牙咧嘴的面容）、电池替代品广告（“Exide Invatubular”——北方邦时常停电，它用终极逆变器电池为您提供电力），以及更轻柔的声响（人群轻声的叫嚷和偶尔传来的寺院钟声）。作家鲁德亚德·吉卜林最爱印度的复杂多样，他曾在小说《吉姆》中这样写道：“喧闹的贝拿勒斯，地球上最古老的城市，当它在神灵前苏醒，夜以继日，喧哗四壁，好似巨浪拍岸。”

梵语学者戴安娜·艾克为这座城市写过书，她比其他外国人更了解瓦拉纳西，这座“辉煌灿烂的城市，在恒河西岸拔地而起……印度人把这里称作‘卡西’，即光辉的城市，也就是光之城”，在众多文明古都之中，这座城市显得很特殊，因为它的历史演进很少与政治挂钩。相比由穆斯林或英国入侵者所建造的那些大都市——德里、马德拉斯（金奈）、孟买和加尔各答，瓦拉纳西更为古老，要早 2000 多年之久。信奉伊斯兰教的莫卧儿王朝皇帝奥朗则布曾试图将它改名为穆哈马达巴德，可最终也没能如愿。尽管如此：

这里从未成为过重要的政治中心。在它漫长的历史中，帝王兴衰起落都不曾影响到人们对神圣古都的传颂。卡西据说是湿婆的住所，建城于创世之初。它对于印度教的重要性并非在于悠久历史中的重大事件；正相反，它的历史太过悠久，数个世纪以来无论世事沉浮，沧海桑田，它都能够安然度过，渐渐繁盛，这一切正源自它在印度教中的重要地位。

贝拿勒斯城和它同时代的城市相比，还有另一个重要的差异：它的城市生活体现了公元前 6 世纪以来一直连续不断的文化传统。如果我们能够想象一下，原本静默的雅典卫城和雅典集市依然保留着古希腊在知识、文化和习俗方面的传统，那么就可以感受到卡西顽强坚忍的城市生活。如今，北京、雅典与耶路撒冷的城市气质与古代相比已相去甚远，但是卡西没有变。

瓦拉纳西就是这样一个凝聚着印度文化精髓的城市，尤其是在印度教方面，当然也不仅限于这个方面。在这座城市中，任何一个印度教教徒死去都可以在从出生到重生的苦难轮回中得到解脱。大多数虔诚的印度教教徒都渴望能在这座圣城的河岸旁被火化，让自己的骨灰沉入恒河，让自己的肉身残骸随着恒河流过印度北部，最终汇入大海。他们相信自己的灵魂也会因此得到净化。坐落在圣河岸边的瓦拉纳西是终极圣地，或者说是人类世界与神灵世界的交界。正如印度河谷在印度西部的地位那样，瓦拉纳西丰沛的水量与“极乐森林”（曾经的确是恒河河谷中的一座森林）令它在久远的古代就已成为朝圣中心。人们来到这里膜拜地界的神灵和恶魔、树木与河流（妖魔鬼怪、罗刹、夜叉和龙族）——向其奉上血与肉，而今天类似的做法是在一些神像上涂抹朱砂。后来各种文化碰撞融合，形成了我们今天所称的印度教。

数个世纪以来，人们始终——至少对虔诚的印度教教徒而言如此——一分为二地看待瓦拉纳西与恒河精神上的纯洁与现实中的垃圾和未经处理的污水给城市及河流带来的污染。时至今日，无论是在赫尔德瓦尔、瓦拉纳西、巴特那，还是加尔各答，仍会有人告诉你，恒河女神是不会被人类的污秽所玷污的；事实上，她有着很强的净化能力，甚至可以净化污水，杀死细菌。“恒河就像是母亲”，这是许多瓦拉纳西居民的共识。20多年前凯利·阿利写过一篇关于瓦拉纳西城市污染的文章，其中就引用了这一说法，“孩子给弄脏了，恒河母亲会来收拾清洗。许多人都说，恒河母亲永远纯净”。

这类想法至今依然存在，只是没过去那么强烈了。无论是在瓦拉纳西，还是印度北部的其他地方，人口始终持续不断地增长，工业化程度也不断提高，而政府应对排污与垃圾处理的清洁工程在30多年间毫无成效，这一切让恒河变得更加肮脏污秽，臭气熏天，甚至让原本打算在河水中沐浴祈福的人也避之不及。“我大概是在10岁时学会了游泳。”马努基·沙阿是瓦拉纳西的一名医药工程师和企业家，也是一家重振城市基金会的主席。在我调查恒河污染问题时，他对我讲述了自己的故事。和瓦拉纳西的其他居民一样，他的游泳课是在一个显而易见的地方学的。“以前爸爸经常带我去。我是在恒河里学会游泳的。我们曾经划着船去河对岸，那边的河水更干净。然后我从船上跳入河里游泳。”我问他现在让自己的孩子们这么做吗？“不行，我的孩子从来没在恒河里游过泳。我儿子已经18岁了，女儿都20岁了。在寺庙里，他们会给你‘恒河水’，但我也不会拿。我可不想把恒河水放进自己的嘴里，几滴都不行。”他的这些观点在受过教育的人群中非常具有典型性。

戈文德·沙玛是一位 43 岁的商人，他告诉我，他家中三代人都在亚西河坛附近居住，这也是他当年上学的地方。可是亚西河后来变成了一条废水沟，那个河坛直到最近还堆满了污泥。“我是一个非常虔诚的信徒，”他说，“我经常向河流祈祷，可过去 5 年里，我再没有下河沐浴过……儿子曾经问我：‘你们以前在河里玩得那么愉快，可我们呢？’对此我无言以对。只觉得伤心和愧疚。”沙玛还说：“当总理莫迪先生开启‘清理恒河’运动的时候，我也曾倍感欢欣。”可是污水处理至今毫无进展，这令他非常沮丧。沙哈是瓦拉纳西圣地重建信托基金会的负责人，他觉得莫迪作为获胜的议会候选人来到这个城市，是“一缕希望的曙光”，他增强了居民们对河流污染问题的意识，改变了人们的观念——但目前的确尚未取得任何实质性成就。这座城市里只有四分之一的污水得到了非常基本的处理。“我对这个政府很有信心，我对莫迪先生也很有信心。我的期望很高，但也知道这需要时间。我的孩子们已经长大了，但是我希望我的孙辈可以在恒河里游泳。”

莫迪在清理恒河方面遇到了困难，阻力来自懒政和大多数印度教教徒。在大选后不到一年，一位已经退休的高等法院法官吉达尔·马尔维亚发起社会运动，抵制在该市修建废水处理厂，而当初也正是此人正式提名莫迪竞选瓦拉纳西国会席位的。他抵制的理由很简单：原本计划修建废水处理厂的一部分土地原本属于一个牛棚，为了区区一个废水处理厂而让神圣的牛儿无处安身，这个做法让他难以接受。（莫迪本人也很愿意照料好印度国内四处乱逛的牛，还曾许诺要为它们提供额外的兽医服务，甚至还有眼科医生。）

为了废水处理厂的事情争执不休了几个月后，圣人们和其他虔诚的印度教教徒开始走上瓦拉纳西街头游行示威，抗议阿拉哈巴德高等法院为减少污染而做出的裁决，即禁止将神像浸没在恒河水中。双方矛盾日益加剧，警察还曾经在驱散示威人群时使用了“警棍行动”——警察们挥舞着长棍冲进人群殴打群众。瓦拉纳西市市长、印度国大党的拉姆·戈帕尔·莫哈莱表示当时的情况很“微妙”。

不过人们的希望很快就破灭了，甚至连那些全心投入恒河拯救事业的人也觉得心灰意冷。在图尔西河坛有一座专门供奉神猴哈奴曼的桑卡德·莫陈庙，这是瓦拉纳西另一个重要的圣地，庙里接连几位高僧一直在努力“不让一滴污水”进入恒河，但是他们 40 多年来的努力至今毫无成效。作家皮尔斯·莫尔·埃德曾描写过他如何想尽办法拜访维尔·巴赫达·米什拉。米什拉不仅是寺庙的马汉特或称总祭司，还是一位水利工程师。他多年来一直努力游说政客、接洽记者，请他们支持恒河的事业，最终自己却变得心灰意冷、意兴阑珊。“他们告诉我，人们会被这条河上所发生的事情所打动。我现在不会再相信这些话了。我已经对你们这些人失去了信心。”他很快就把埃德打发走了。随后，他的助手希瓦安慰埃德对他解释了问题的原因：贪污腐败、官僚主义，以及早在 20 世纪 80 年代中期国大党总理拉吉夫·甘地提出的第一个“恒河行动计划”后的屡次失败。“开了那么多的恒河会议，可真正的恒河行动却少得可怜……那么多钱都被浪费了。如今她还是毒害缠身。恒河行动计划是彻底的失败。”

据说年迈的米什拉一生中曾罹患小儿麻痹症、肝炎、天花和黄疸病。他于 2013 年辞世，当时莫迪尚未执政。我在他去世后第二年才去这座寺庙并见到了他的儿子。他是一位电子工程学教授，也继承了父亲的衣钵成为一名马汉特。这个世界上的任何教派里应该没有几位高僧懂得污水处理技术，不过米什拉对恒河问题的关注说明他确实对活性污泥处理厂和粪便大肠杆菌略知一二。他是在晚间诵经活动结束后和我见面的。他告诉我，瓦拉纳西每天会制造出 3.5 亿升的废水，却只有能力处理 1 亿升（还只是不完全处理）。不过他仍然自豪地声称自己让莫迪认识到了这个重要的问题。“你坐着的这个位置，”他指着地上的毯子说，“莫迪在 12 月 20 日那天就坐在那儿。他是一个沉默的听众。无论我说什么，他都只是听着。我说：‘莫迪先生，您会对许多人讲话。如果您可以考虑一下，向人们说明这个（恒河）问题就好了。大多数人都还没有意识到这个。’”米什拉还告诉我，他会要求莫迪谨守诺言，还决心要成为“第一个对他说‘您是在桑卡德·莫陈庙里做出这个承诺’的人”“我们的目标是不让一滴污水进入恒河”。

莫迪也确实发表了关于恒河的演讲，不过他此后的作为令米什拉和其他人倍感失望。他们说，政府一如既往地忽视污水处理的基础规划与工程安排，当莫迪陪同日本首相安倍晋三访问瓦拉纳西后，当地政府还天真地想要模仿日本京都和当地鸭川的发展模式。曾经有一家印度杂志针对莫迪的“洁净印度”运动展开过调查，报告中把瓦拉纳西称为“神灵的茅坑”。米什拉在接受该杂志采访时说，政府注重修建大型商场、环城公路和地铁线路，却丝毫不重视排水系统，这种做法是大错特错的。“等他们忙完这些事情，贝拿勒斯也就死了。”他说。对于疏浚恒河以方便运煤船只通航以及修建水坝等做法，他也颇有微词，认为这些会“把一条充满生命力的河流变成 16 个连成一串的污水池”。可这些工程获得的政府拨款远多于清理河流的经费。他还嘲讽当地政府甚至打算派遣数千名退伍军人保护恒河不受污染的做法。“他们会朝那些在河里沐浴的人开枪吗？”还有人提到印度教民族主义人士曾建议，让各个宗教团体在经过适当培训后运营污水处理厂，以换取他们在恒河岸边的使用权。他最初听到这个提议时，感到无言以对，后来才说：“我认为要解决这个问题，还得靠科学，而不是宗教。”

投票支持莫迪竞选总理后两年，许多瓦拉纳西的选民似乎倾向于选择姑且信任他。他们承认目前只取得了一些表面上的进展，不过他们也说莫迪需要更多的时间来实现他的竞选承诺。当然，也有很多人感到失望。起初，重建了很多公共厕所，外墙都刷成了橘黄色，还用印地语写着“得益于纳伦德拉·莫迪总理阁下”。可惜后来这些厕所根本无人维护。“臭气熏天让人受不了，”现场有一位工人对当地记者说，“水箱空了，水管都脱落了，水龙头也坏了。他们用伪劣材料粗制滥造，用了不到一个月就坏了。”阿施施·亚达夫是一位 25 岁的法律系学生。他对我讲述了自己是如何帮助莫迪竞选，并看着总理逐步改变国家的观念与思想的。可是，健康和教育等基础方面的问题依然层出不穷，这也令他震惊不已，对印度人民党的表现甚为失望，觉得不过都是些面子工程而已。“每次莫迪要来瓦拉纳西，市政集团就仿佛如临大敌一般，开始修建几条主要的公路。等莫迪先生回到德里，他们就把道路的事情抛到一边了。我建议莫迪先生每次来瓦拉纳西的时候，要走一走不同的路线。这样，我们就能有更多好的道路了！”

我逐渐意识到，莫迪与印度人民党在圣城瓦拉纳西的得失成败似乎也映射出他们在印度国内与宗教不太相关的领域中的表现。正如哈佛教授兰特·普里切特所说，印度长久以来一直处于一个“上行下不效的状态”，对于上级制定的政策，哪怕是合理政策，各级官员既无能力，也无意愿去执行。莫迪和印度人民党一直以来并未提出太多经济思想。尽管莫迪本人关注到了卫生设施和经济发展的问题，却遭到了国大党所控制的国会的阻挠和抵制（在莫迪接任时，国大党仍然控制着国会上院）。此外，各级官僚也很难合作，而印度人民党上层大多不是技术专家，因此政府缺少有真才实学的部长人选。乌玛·巴蒂是一位宗教活动家和政治家，但并不是担任水利部部长的合适人选。无论是印度人，还是外国人，都对她深感失望，因为她无法实施各种清理恒河的具体措施。她的个人兴趣似乎更多地在于证明早已绝迹的萨拉斯瓦蒂河在五六千年前确实存在过（在印度神话中，这条河在阿拉哈巴德一个神圣的三江汇聚点与亚穆纳河一同汇入恒河），而非解决恒河当前所面临的真实危机。

我很奇怪，为什么莫迪政府没有在恒河边，如瓦拉纳西这样的城市里迅速推进下水道与污水处理厂的建设，这些工程会带来三方面的好处，不仅可以创造就业机会，挽救神圣的恒河免受污染，而且还可以挽救恒河盆地每年死于污水传播疾病的成千上万名儿童的幼小生命。

莫迪起初是一位古吉拉特邦的印度教活动家，而后步入政坛。他并不是第一位试图解决瓦拉纳西各种矛盾与糟糕的卫生条件的外乡人。用历史学家、政治学教授苏尼尔·希尔纳尼的话来说，这种奇怪的情形就像是“纯净的信仰与肮脏的身体居然相安无事地结为伴侣”。希尔纳尼还引用了英国传教士 M. A. 谢林在 19 世纪 60 年代对瓦拉纳西健康危害骇人听闻的描述，当时的印度还处于英国的统治之下：

（当）我们想到这个城市里那些发臭的脏水井和水箱，里面的水都带有致命的毒素，升腾而起的水蒸气让空气中充满了导致高烧和霍乱的瘴气；想到那些人群密集的庙宇，献祭的供品在强烈的阳光暴晒下迅速腐坏，变得恶臭熏天，不堪入目；想到几乎每一条侧街小巷都肮脏杂乱，到处是污浊恶臭的粪坑、堆积如山的垃圾和动物的尸体；还不仅如此，当我们记起当地的警察对周遭的一切完全置若罔闻，四散城中却终日无所作为时，这些困难就变得难以撼动。

谢林的这番话表现出西方人在目睹印度城市里拥挤而肮脏的街道后的震惊和恐惧。不过，为此感到忧虑和担心的远不只那些挑剔矫情的外国人，就连圣雄甘地本人——他和莫迪一样，也是来自古吉拉特邦的外乡人，不过他还有在伦敦与南非的生活经历——也对瓦拉纳西的嘈杂与肮脏深感厌恶。当他想要进行礼拜、走进恒河沐浴时，也想找一位“相对而言比其他更干净更好”的祭司。在他前去著名的卡西金庙拜神增禄，看到成堆腐烂发臭的花朵和破碎陈旧的大理石地面时，“深感痛心”。“苍蝇成群，店家与朝圣者喧嚷吵闹，让人无法忍受。”他在自传中这样写道。他还认为当局有责任为这座庙宇营造并维护“一个纯净、美丽而安详的气氛，无论是在物质上，还是精神上。可是我却觉得这儿就像个集市，到处都有狡诈的店家兜售着最新款的糖果和玩具”。

尽管如此，瓦拉纳西总是既让人惊愕，又令人神往。它不仅是印度教教徒朝圣的中心，也是佛教教徒最为重要的恒河朝圣地之一。在有关佛陀的古典诗歌故事集《本生经》中，乔达摩·悉达多是一位富可敌国的瓦拉纳西商人，而当时，这座城市正是铁器时代印度北部的重要贸易中心。在其他故事版本中，佛陀是该地区的一位王子。总之，他放弃了优越奢侈的物质生活，在恒河旁巴特那城以南的菩提伽耶冥想生死大义。他在顿悟之后来到了瓦拉纳西，因为这里聚集了他的伙伴，以及当时有权势的民众与知识分子。他从菩提伽耶步行 320 千米，乘船跨过恒河，在鹿野苑郊外建了一座精舍。尽管鹿野苑在 12 世纪初遭到毁坏，但至今仍然有佛教教徒前来朝圣，其中不乏不远千里而来的日本佛教教徒。维多利亚时代，吉卜林在小说《吉姆》中写了一位喇嘛。他看到火化时河坛上有白烟升起，还有烧了一半的尸身残骸“全然不顾政府规定”，在河水中漂荡起伏。但是当地人待客有道，令人欣慰。“他觉得贝拿勒斯城是一个特别肮脏的城市，不过人们对他的衣衫十分恭敬。全城中至少三分之一的人口总是在向着数百万神灵中的某一个祈祷，对每一位圣人都崇敬有加。”

17 世纪莫卧儿王朝时期，有一位来自安得拉邦的梵文学者、诗人，名叫佳干纳特，曾在莫卧儿皇帝沙贾汗的朝中任职，他在瓦拉纳西写下了可能是最著名的恒河颂歌——《恒河的浪》。在恒河发源地附近的根戈德里的寺庙中所哼唱的也正是这首颂歌。据说佳干纳特被称为梵学之王，负责教沙贾汗的儿子学习梵文。有一天他正在与皇帝下棋，沙贾汗认为自己就要赢了，就向佳干纳特挑战说，如果他能打败自己，无论提出什么要求，都将应允。就在这时，美丽的公主拉万吉走进房间，于是佳干纳特就将她指定为奖品。后来他如愿获胜，国王给他两条出路，要么皈依伊斯兰教，要么被逐出婆罗门，或者两者皆是。后来他来到瓦拉纳西，和新娘一起在潘查冈噶河坛沐浴时，连河水见到他们都会退却，水位一直降到了台阶下面。最终他花了52天，写下了52篇赞美诗歌颂恒河，以祈求解脱。每写出一篇，恒河水就上涨一级台阶，直到最后一日，他与妻子被涤荡污秽的圣水带走了。

我已沉沦，向您走去，
您是众生的救主。
我罹患恶疾，向您求助，
您是妙手仁心的医师。
我内心焦渴，向您走去，
您是满溢甜酒的海洋。
请您将我救赎，一切悉听尊便。

这首赞美诗在印度有一个梵语－印地语－英语的三语版本，广为流传，颇受欢迎。虽然其中的英语翻译是一篇生硬的散文诗，但这本平装小书里还有许多神像图片和恒河女神与坐骑鳄鱼的肖像也很值得一看。它还让我们了解到古代“往世书”中对于恒河沐浴活动的种种限制，这些原本是天神与凡人应当共同遵从的守则，如今都被打破了：不得排泄、漱口、梳头、擦身，不得乱扔垃圾，不得随意丢弃礼拜用品，不得嬉笑喧哗，不得携带施舍品与祭品下水，不得进行淫秽色情活动，不得在恒河祭拜其他圣地，不得洗衣物，不可拍打河水，不可游泳等。

15 世纪时还曾有一位伟大的诗人，被誉为“瓦拉纳西的儿子”，北印度融合文化的象征，他就是迦比尔。他用印地语写下的精练词句至今仍在印度的社交媒体上广为引用。这位诗人的一生也充满了纷繁复杂的传奇故事。他可能是出生于一个低种姓的织工家庭，也可能是印度教教徒。不过他非常善于嘲讽穆斯林和印度教的祭司制度和宗教仪式。甚至在他生命的尽头，也执意远离圣城瓦拉纳西，选择在一个寂寂无名的小镇死去，而大多数北印度人都会反其道而行，渴望在圣城获得最终的救赎。诗人蔑视那些有组织的宗教信仰，他去世时传奇般的故事充分体现了这一点：当他死后，印度教教徒与穆斯林信徒都想占有他的遗体，并为此争论不休，可当他们揭开覆盖着遗体的那块布时，却发现下面空无一物，只有撒满的鲜花。

在随后一个世纪出现了杜尔西・达斯——罗摩神的虔诚信徒。他和迦比尔一样，用北印度当地土话进行写作，还把《罗摩衍那》从梵文译成印地语。他翻译的版本叫作《罗摩功行录》，“起初受到梵学家的抨击，但后来得到了民众的喜爱。至今仍然是唯一最受欢迎的经典读物，对说印地语的民众而言，就像是他们的《圣经》。”杜尔西当时写诗所在的那个河坛，如今也以他的名字命名，据说他还发起了一年一度的罗摩利拉节。在这个活动中，会有演员一连几周表演有关罗摩的故事，连远在对岸的民众都会看得忍不住叫好。

今天的瓦拉纳西对作家和艺术家们依然充满了吸引力，也吸引着梵文学者与社会学家们前来探究神秘的印度。莫尔·埃德第一次到瓦拉纳西时只有 25 岁。这里有各种不同的信仰和不同的肤色，既有摄人心魄的美景，也有骇人听闻的丑陋；既有不可理喻的疯狂，也充满了智慧与诗意。各种矛盾的共存共生让他惊叹不已。“那时我觉得印度是个离奇难解的谜：它实在太快，变幻莫测让人无法归类。可是在瓦拉纳西，我发现这座城市似乎能够代表整个印度的气质。”尽管污染严重，环境肮脏，他还是写道，这里“令你灵魂飞升”。他的著作中不乏游客们通常热衷的那些兴趣点——纱丽织工，纪念过去 5000 年而举办的恒河河神祭，各种寺庙和火化河坛，还有当地一些古老的传统。不过他也关注到了许多鲜为人知的话题：如瓦拉纳西的妓女、糖果制造商，还有爱古里教派——这些极端的苦行僧企图走快车道，实现“从轮回中得到解脱”，或通过“黑暗道路”，而不是虽然简单但太过缓慢的“光明之路”以寻求解放。在整个印度只有 1000 ~ 1500 名爱古里派信徒。当莫尔·埃德亲历了这一切，他仍义无反顾地爱上了瓦拉纳西。

那些古老的中世纪街巷生活朴素而简单，城里各种仪式与信仰充满诗意，在我看来，这一切都代表了最好的印度，也许也是最好的人生状态。这里对人有一种开诚布公的友善，还有滑稽戏谑的幽默感。在基本生存渴望之上，还有一种更高层面上的存在和定位都蕴含在复杂的步骤和献祭中。这一切就是贝拿勒斯的语言，当地人自己的土话。它像是我盼望了一辈子想去学习的那门语言。

第六章

瓦拉纳西：失信的诺言

如今莫迪坐在那儿，这些房屋也粉刷一新，可其他还有什么变化呢？人们依旧在这儿吃喝拉撒，谁能让他们停下来呢？

——迪帕克·马吉，瓦拉纳西的船夫

“恒河水以前从来都不臭。”说这话的人是贝拿勒斯印度教大学的梵文学者、天文系主任钱德拉穆里・阿帕德海耶。我 2016 年去瓦拉纳西时，第一个去拜访的人就是他。我想和每个人都谈谈，从婆罗门到达利人（曾被视为贱民），从宗教学者到河边的焚尸人，以便了解人们对莫迪和他的恒河清理计划的态度。最常见的情绪是遗憾与无奈，不过也残存着一些希望，期待莫迪在总理任期的后半段能够取得一些进展。

阿帕德海耶的办公室里摆放着各种神像、印度教圣人的肖像，以及月相日历。这位 61 岁的老人谈到了恒河的两个主要问题：一是上游特赫里大坝等水利设施导致的缺水问题；二是印度人不愿改变自己的行为方式，也不愿遵守法律法规。“我从六七岁时就开始和我父亲一起在恒河里游泳。以前我喝过恒河的水，没有任何问题——我们喝了好多恒河水。可渐渐地，河水就变了。”

他观察到，财富的增加、商业化程度的提高，以及过度的宗教狂热导致这几年倾倒入河中的神像和供品数量不断猛增。“我觉得，要么是当初不像今天这么虔诚，要么就是当初宗教庆典上的用品远不及今天这么细碎烦琐。”在以往更为朴素节俭的时代，萨拉斯瓦蒂节、杜尔迦节和象头神节庆典所用的神像只有区区几个，可如今，“人们在这三个节日里大规模地制造出大量有毒有害的垃圾，这就是（污染）的主要来源”。与此同时，当地居民无视法规已习以为常。原本只允许建造两层房屋，他们却常常建起五六层；尽管明文规定要正确处理污水和垃圾，但即便条件许可，他们也常常目无法纪，肆意妄为。“莫迪先生想要每家每户都有马桶的想法很好，可马桶用水从何而来呢？”阿帕德海耶问道。

政府看起来确实有诚意清理恒河。电视广告也告诉民众吃饭前要洗净双手——这确实有效果，可以提高民众的意识……（可是）真正的变化只怕要等到 10 年甚至 15 年以后了。这是思维方式的问题。只要没人看着，就可以随便乱扔垃圾。在我们小时候，每次去桑卡德·莫陈庙时，人们都会说这里就是卡西（瓦拉纳西）的西姆拉，又美好又清凉。河水也是一样。可是现在就像是一条排水沟。

我问他，人们是否从未如此担心过恒河遭到破坏，他们是否愿意为此走上街头抗议。“这永远不会发生。”他坚定地回答。

那天上午在阿帕德海耶位于瓦拉纳西的办公室里的，还有 K. 钱德拉莫里。他是来自班加罗尔的机械工程师、作家，也担任过企业经理人。他一直都很关心保护恒河的具体措施。“许多人谈论恒河，却不了解真正的问题。”他说他曾经花了 41 天驾驶一辆四驱车，从恒河入海口的萨加尔一路行驶到恒河源头附近的根戈德里，还出版了一本关于拯救恒河的小册子，分发给各个大学及政府官员。“除非我们直面这些问题，否则空谈历史与神话都是没有意义的……基本上，我们虽然知道这些问题，但不会去行动。”钱德拉莫里一边说，一边摆弄着小胡须和鲜艳的粉色衬衫。当我问他在旅程中从那些傍水而居的人那里有什么发现时，他意味深长地回答说："民众的命运是无法估量的。我们为什么要这样对待恒河呢？"

印度有一小群人正在致力于恒河的清理工作，钱德拉莫里也是其中一员（他说，自从萨拉斯瓦蒂河在公元前 3200 年干涸消失后，与之相关的神圣属性都转移到了恒河）。历届印度政府与各个压力集团在这方面的工作屡屡失败，这让他非常沮丧。当阿帕德海耶说到莫迪的河坛清理计划并不足以让整条河流变干净的时候，钱德拉莫里补充说："这就好像有一位高烧不退的老太婆，你还要给她做美甲和修脚一样。"他还把那些在 20 世纪 80 年代第一个"恒河行动计划"时修建的废水处理厂称为"化石"，因为厂房都已经生锈了。"那里全是垃圾。水泵也不能工作了。"太多的组织和机构为了各自不同的目的来到这里——在瓦拉纳西就有十四五个之多，在坎普尔也有五六个。他也曾一连数月与乌玛·巴蒂反复沟通商谈，虽然气氛友好，却毫无收获。起初，乌玛·巴蒂请他参与工作，他也同意了，随后却什么都没有发生。不过，当我见到他时，他已经被指派参加了在三个星期前刚刚成立的专家咨询小组，即将前往德里参加该组织的第一次会议。"是的，有些迹象表明这次会有所不同的。"我提醒他还有一个问题，那就是从总理与政府公开表示要治理恒河到他们成立委员会，已经过去整整两年了。

除了行事拖沓，莫迪政府的另一个弱点是很难专注于核心工作，反而会去听信一些伪科学或者不切实际的解决方案。这些方案通常都是由印度教积极分子提出的。（印度人民党执政的拉贾斯坦邦政府曾提议在政府医院中用神牛的尿液替代常规杀菌剂。）那天晚些时候，我见到了另一位痴迷恒河问题的瓦拉纳西教授——U. K. 乔杜里。他对我解释了自己有关恒河的理论。听了之后，让我有点沮丧。这位教授有点古怪，2011 年退休前，在贝拿勒斯印度教大学教了 35 年的河流工程学硕士课程。他和他的同事们观点一致，对于莫迪政府及其前任的无能非常失望。他还提出了自己的解决方案，那就是建立所谓的“恒河 – 薄伽梵歌 – 原子能理论学院”，这得到了不少政客和印度教圣人的支持。不过并没有明确的科学依据表明核物理与《薄伽梵歌》之间有什么联系。《薄伽梵歌》是收录在《摩诃婆罗多》中的圣歌。

为了更加切实地了解瓦拉纳西的恒河问题，我跟随在瓦拉纳西接待我的人参观了寺庙和尼沙德・拉杰・吉哈河坛。这个河坛的名字来自传奇故事中的船民之王。他就住在河边，曾帮助罗摩渡河解救他的妻子悉多。寺庙则是船夫们的大本营。我们的向导叫德文德拉・米斯拉，他衣着光鲜，是一家医药公司的地区销售。他带着我们在遍布垃圾的河岸旁走了一段，途经几个由不同王侯修建的杂乱无章的寺庙，还经过了一个大型泵站，上面贴着“取水站”的字样。水泵从河里抽水供应城市需求，河面形成了一个小小的旋涡，从此处往上游 400 米的地方就是肮脏的阿西排水沟，未经处理的废水直接排入了恒河。

我们走过摆放在岸边亟待修理的老旧木船，又经过了一座小小的供奉湿婆神男性生殖器的神龛，这时，米斯拉说莫迪已经尽力了。他还特别指出，现在连垃圾桶都有了。所以他把恒河的问题归咎于普通的老百姓。“人们还不习惯在公共场所注意清洁卫生。他们也没有民族主义的精神。”他说，“莫迪先生已经尽了全力。再说，污染恒河的也不只是当地人。还有那些从乡村来的人，他们把带来的各种东西都留在河坛上。”可是，当我们走到尼沙德·拉杰·吉哈河坛时，他又和其他瓦拉纳西居民一样，抱怨河里缺水，感慨那曾经沐浴净身的“绝对澄澈”的河水已经一去不复返了。“如今我也不愿意把河水放到自己嘴里去了。现在我很不愿意这么做。”“不过他非得这么做不可，因为他是个婆罗门，”同事轻声告诉我，“他每天早晨都到河坛这儿来。”

寺院最近刚刚粉刷成了鲜红色与青绿色（我想起古代希腊神庙与塑像在当时也有着俗丽的色彩，不过现在只剩下蜜色的石头供人瞻仰了）。我们仔细审视了尼沙德·拉吉本人的肖像，嘴上的胡须颇为精致优雅。我接触的第一位船夫叫米泰·拉尔，已经 70 岁了。他最初不愿和我们交谈，不过最终同意聊一聊恒河与他的生计。他家里有两条木船，一条船上装有引擎，另一条是手划船。我问船夫们是否记得河上曾有帆船，大家都没有回答，只有米斯拉说看见过一些帆船载着六七十吨火葬用的木柴。拉尔头发灰白，胡子拉碴，身穿一件肮脏的白衬衫，紧绷绷地裹住了他肥胖的大肚子，下身穿着蓝色格子的腰布。“我们的曾祖父们就住在这里，”他面色凝重地说，“变化太大了。现在这条河很小，水位也下降不少。情况太差了，已经没有水了。建了那么多水坝，水都被抽走了。”

对他而言，养活一大家子 20 口人是很艰辛的。一部分原因是污染问题令许多游客和朝圣者望而却步；另一部分原因是政府在这一段恒河禁止捕鱼。（“是的，有人晚上捕鱼，这是违法的。”他也承认。）“这里污染太严重了，恒河太脏了，人们都不来了，他们都不想到这儿来。我们还得一直喝这里的水，我们别无选择。”不过他也选择继续信任莫迪，并把批评指向了当时的北方邦首席部长阿希列什·亚达夫。他的家族领导的印度社会党反对莫迪及印度人民党。（莫迪领导的人民党在 2017 年 3 月赢得了北方邦的地方选举，挤走了亚达夫，任命激进的印度教僧侣约吉・阿蒂提亚纳特担任首席部长。）“莫迪先生是家族领袖，他负责出钱解决问题，阿蒂提亚纳特的职责就是把事情做好，可是他什么都没做。”甚至就在雨季来临前的几周，河流的水位还是非常低。拉尔指着河对面的沙洲，从那儿往上 200 米有一条草木葱郁的狭长地带。“以前河面能一直达到绿树的地方。我们全家都在河里洗澡。我这里还有水龙头，不过停止供水后，我们喝的还是恒河水。恒河母亲永远都是纯洁干净的。她永远都不会让我们有麻烦。”

当我和拉尔讨论河水的时候，我看到有个戴眼镜的男人正在寺庙附近修补渔网。渔网的孔洞非常大，可见他希望能够捕到个头庞大的鲇鱼。拉姆・拉坎・普拉萨德已经 67 岁了，和拉尔一样，他在恒河问题上也不再抱什么幻想了。“恒河所有的支流上都修建了水坝，所以现在没水了。我能长大成人、接受教育，都因为她”——他指了指河的方向——“可是现在什么都没了。就连这条小河也快要变成干涸的河床了。（离雨季到来）还有至少六个星期，水位下降了很多，我们也不知道将来会怎么样。这里排出的基本上都是污水，是工厂里的化工产品。这里的人说，‘别让牲口在这水里洗澡’，可我们经常这么做，也没有什么问题。”对于他最后抱怨的这点，我也十分认同——认为牛在河水里洗澡会导致严重的河水污染，真是无稽之谈。我还问他，真正的问题是否在于人口增长以及人们往河里排放生活污水。“河流的压力很大，这点我同意。”他回答说，“可你看到人们是怎么糟蹋这条河的吗？他们到处修建水坝。让他们放过这条河吧。”他一边说，一边神情凝重地指着河对岸成堆的垃圾。

我们决定去上游的阿西河渠看看。那里矗立着一座巨大的水泥建造的废水处理厂和泵站。我们了解到，这家工厂 10 年前就建成了，但是现在死寂一片，显然已经废弃停工许多年了。那些巨大的柴油发动机原本是打算在瓦拉纳西频繁断电期间为工厂提供电力的，可现在摆放发电机的平台上堆满了垃圾，大猪带着小猪在垃圾堆里钻来拱去。工厂大门紧锁，门锁也早已生锈。我们透过大门可以看到厂房里有一些看似昂贵，但是已经生锈腐蚀的控制台，还有一堆堆的口袋和机器零件。而瓦拉纳西最大也是最脏的排水沟——阿西河渠，正在毫无阻碍地奔流不止。我看到一个泡沫塑料箱顺流而下，然后和一堆旧塑料袋还有河底的其他垃圾绊到了一起。我们在附近一所小房子里找到了管理员达哈曼·杰伊·辛格，他非常确定地告诉我们，工厂正在翻新——只是并没有相关的告示。至于那些发电机和水泵，他说是 3 年前用来检测的，后来抽出的河水把上游的一个村庄淹了，于是检测就被取消了。

第二天一早天还没亮，我们就出发去看火葬河坛，那些死在瓦拉纳西的人的遗体或者被送到瓦拉纳西的尸体都在这里被火化焚烧，然后骨灰会被投入恒河。无处不在的牛还在商店的拱廊里打盹儿，几个招揽顾客的小贩在兜售供奉用的鲜花和刚刚折下的印度苦楝树树枝——这些树枝可以用来清洗牙齿。那些穿着橘色长袍的圣人还在河边的长椅上熟睡。我们去了达萨斯瓦梅朵河坛，意为十马祭河坛，还有拉金德拉·普拉萨德博士河坛（普拉萨德是印度的首任总统）。正是在这里，拉吉夫·甘地于 1986 年开启了第一次命运多舛的“恒河行动计划”。河岸的显著位置有一座规模很大的警察局，隔岸相对的地方倒了很多垃圾——估计是非法的，于是就堆在干涸了的河床沙地上。当太阳升起，橘黄色的晨曦透过沙尘时，来自奥里萨邦的一家人正在河边用塑料桶打水，准备带回家里的湿婆神庙去。父亲正从河水中沐浴起身，然后急急忙忙地穿上了裤子——水面上漂浮着塑料制品，偶尔还有宗教祭祀用的浮灯。

迪帕克·马吉是一位 60 岁的船夫，他家世代都在这条河上工作。对于莫迪为清理河流所做的努力以及河畔新建的厕所，他都不以为然。当我问他河水是否有所改观时，他用沙哑的嗓音回答说："没有，还是老样子。除了污染，没有任何改观。如今莫迪坐在那儿，这些房屋也粉刷一新，可其他还有什么变化呢？人们依旧在这儿吃喝拉撒，谁能让他们停下来呢？如果你去说他们，他们就会和你打架。谁能对别人指手画脚呢？"他说这话的时候，一个小孩子在她母亲身旁蹲下身来，在河岸边留下一摊稀烂的粪便。我们决定雇佣一位年轻些的船夫，让他带我们前往计划中的目的地——火葬的河坛转一圈。那名船夫 35 岁，名叫马登·马吉，他用船桨将船推离河坛时，我看到好几个船夫把船就停在警察局正下方的河边。他们一起偷偷避开警察的视线，从水中拉起空空如也的渔网。我问船夫这段河面上是否允许捕鱼时，他的反应令我玩味许久，充分体现了印度人对于法律的灵活态度。"在阿西河坛和拉金河坛桥之间更不许钓鱼了。"他说。而我们正好处于这两点之间，他不用说，我们也很清楚。

我们顺流而下来到了曼尼卡妮卡河坛（这里可能是最著名的火葬地点了）。他指给我们看一幢俯瞰河水的大房子，栏杆的顶端装饰着两只色彩鲜艳的老虎雕塑。这是多姆·拉贾的房子。他是在这一代从事殡葬业的多姆家族的领袖。理论上来说，他也属于贱民，但大家都知道他极其富有。殡葬业是这个家族的天下，印度的有钱人都付钱给他们，也就是神火的守护人，让他们来主持印度教的葬礼。返程的时候，我们从河边爬上了一段陡峭的台阶，怀着试试看的心情拍打了一扇紧锁的大门。我们最后是从大宅子朝陆地的一面走进去的，里面有用铁链拴着的公牛和母牛。我们被告知多姆·拉贾正在睡觉不便打扰。他的家人当时正在阳台上吃早餐，他们告诉我，他一直工作到凌晨 5 点。他手下的人则说他干的活不多，因为他已经很有钱了，不用再卖力工作。不过，一位在 2015 年见过多姆·拉贾的记者曾把这座大宅子描绘成“巨大的陋室”，还说多姆·拉贾的名字叫桑吉特，他肤色黝黑，身材矮小，“又老又可怜”，自称每天要喝下好几瓶威士忌，才能忘却腐尸散发出的恶臭。多姆·拉贾的胸口与双手都留有灼伤的疤痕，但是他说那与火葬无关，是 6 年前参加婚礼时遭遇煤气罐爆炸事故时留下的。

晨光中，还能在曼尼卡妮卡火葬河坛看到一些遗体残骸在木柴堆的灰烬中冒着青烟。附近还有成堆的木柴正等待着下一位客户。旁边漆成蓝色的磅秤是用来给木柴称重的。几只狗在河坛上撕咬争斗，还有两个男人正坐在河边临时搭建的小窝棚里看电视。他们说每天都要处理 80 ~ 150 具遗体。印度人对待死亡的态度非常淡定沉着——对于虔诚的印度教教徒来说，在神圣的瓦拉纳西死去是一件值得期待的事。“天气很好，不太热，也不太冷，所以死的人不多。”苏伦德拉·普拉萨德说。他白天的工作是设计纱丽，但每天清晨要花 4 小时在河坛和 3 个临终安养院担任义工。据说瓦拉纳西是“万名寡妇之城”，不堪贫困到此避难的妇女的真实人数可能接近 4 万。“我做这份工作是为了我的业力，我要为来生修因缘。我们照顾他们，给他们食物和药品，为他们按摩，当他们死后，我们再将他们火化。”

河坛是一个平静又务实的地方。我看到一幅时母神的画像，画中女神戴着骷髅项链，审视着恒河上方一个长方形石盆中燃烧着的永恒之火。我身旁一块席子上坐着一个戴眼镜的男人，拿着有关费用的手抄账簿。在河坛上进行火葬的一处平地上，还有木柴堆升腾着青烟，冒着炙人的热气，不过遗体早已化作骨头与灰烬，颅骨已经碎裂。这一切都非常随意，周围还散落着一些垃圾：塑料袋、旧水瓶、牛粪、几片亮闪闪的碎布，还有装香烛用的空纸箱。河坛旁静静流淌着的恒河才是曼尼卡妮卡成为印度教最受尊崇的火葬地的根本原因。当我准备离开时，再次感受到恒河早已渗透在印度人的生死悲欢之中。曼尼卡妮卡的意思是“耳环”。有好几个神话故事都说到爱与生育女神，也就是湿婆的妻子帕尔瓦蒂就是在这儿丢失了她的耳环——也可能是为了挑逗她的丈夫而给藏起来了。我的运气不错，到达河坛当天，正好是纪念帕尔瓦蒂的节日，她的肖像上装饰着鲜花，摆放在河坛被冲刷泛白的水箱或水塘中央。普拉萨德告诉我，水箱里的水是从高穆克直接运来的，也就是喜马拉雅山恒河发源地那片叫作“牛嘴”的冰川。他还说，当水箱里的水倒入恒河时，还可能在水底看到牛脸的模样。

瓦拉纳西之旅的最后一站是去拜访一位同样关心恒河命运的婆罗门。这位名叫卡迈什瓦尔·阿帕德海耶的梵文学者有着丰富的宗教学资历，本应成为莫迪和人民党的同盟——他说自己还曾是印度人民党首任总理阿塔尔·比哈里·瓦杰帕伊的占星师。可是，无论是没有宗教背景的国大党政府，还是印度人民党政府，都令他倍感失望。他在 2003 年从贝拿勒斯印度教大学退休后，成立了“学者国会”，致力于复兴梵文研究与吠陀传统，并撰写了有关真正的印度教教徒生活之道的书籍。2005 年至 2007 年，阿帕德海耶成功发起了一项清理恒河的运动，且收效明显，可他的努力遭到了许多非政府组织的打击。为什么？我问他。“因为我们触及了（恒河问题）真正的原因。”是什么原因？“我对各地的人们说，一个儿子不能阻止母亲在经期结束后与父亲相见，同样的道理，没人有权在河流上修建水坝，或者限制她，阻碍她的流淌……正如女人在经期得到净化，河流也因流动而得到净化。”我们还讨论了河流的性别问题（大多数河流都被视作女性，但布拉马普特拉河是个例外——它被认为是梵天的儿子——印度河也是），我慢慢发现，阿帕德海耶和瓦拉纳西的其他恒河保护人士的主要忧虑在于拦截河流用以灌溉，而不是排入河中的污染物。

这个想法有一定的科学依据，因为水量增加可以提高稀释的效果，就算无法彻底解决问题，也可以降低污染物带来的破坏。不过阿帕德海耶并不仅仅关心现实层面的问题，他还有宗教层面的忧虑。他引经据典地说明化学品并不会改变河流，但应该禁止限制水流，因为这会真正地害死这条河。“拉吉夫·甘地政府和阿塔尔·比哈里·瓦杰帕伊政府都在河上修建大坝发展水电。他们扰乱了整条河。”他说，“根据印度的传统，你可以限制海洋，但不能限制河流。”他接着又说，甘地和瓦杰帕伊都犯下了同样的“罪孽”，违反了英国殖民者与 119 名来自恒河沿岸的王侯于1916年共同签订的协议。该协议是在这所大学的创始人马丹·莫汉·马尔维亚的协调下顺利签订的。协议规定“恒河将在广阔的天空下永久地自然地流淌”。（事实上，这项协议至今仍然是官方法规之一，不过是一项技术性的文件，协定双方就在赫尔德瓦尔的恒河河段修建水坝一事达成妥协，确保流经赫尔德瓦尔河坛的河水保持一定的水量，即每秒1000立方英尺。）

“我曾经是瓦杰帕伊的占星师，可这些事让我很不安，所以我决定与他保持距离。”他说道。我问他莫迪是否改变了什么。“不会的，我从1998年就开始关注这个问题。他们一直都在讲控制污染。可问题并不在于污染。河里根本就没有水流过来，这才是问题所在……如果奶牛有奶，你才能挤奶。你总不能让它流出血来。”对于虔诚的印度教教徒而言，他这番言辞算是很激烈了。当我问他为什么莫迪未能带来变化时，他把怒火转向了乌玛·巴蒂，也就是分管水资源与恒河修复工作的内阁部长。“这里面有一个很重要的原因，那就是相关部门和主管部长毫无远见，也不具备圣人的思想。她就会说不允许人们把尸体扔到河里去。可恒河正是为了这个目的才来到人间的。人的身体里有什么东西会污染河流吗？”阿帕德海耶继续说，有人在密谋想扼杀恒河。这不用花多少钱，就是水流的问题。“如今我们无法遵循传统，不能再将恒河水倒进嘴里了。”他说，“接下来的几代人，那些出生于21世纪的人，再也不可能了解这条河的水质了。从2001年开始，我就再也不去恒河了——看到那样的状况，令我很伤心……莫迪先生只需要签个名就可以拯救恒河。你根本不需要2000亿卢比。只要让河水自然而然地流淌就可以了。”

在听到了太多有关恒河命运的忧愁悲观的想法后，快要离开这座城市时，看着丘纳尔堡上游短短一段平静的河面，我又感到了些许的宽慰。原本缓缓东流的恒河在这里拐了一个大弯，途经瓦拉纳西向北方流去。在雨季来临前，干燥而炎热的天气造成水位下降，裸露出大片大片的沙洲。在毗邻破败不堪的英国墓园的河流一角，农民们正在小块的土地上耕种，种植小米和黄瓜。站在堡垒的高墙上，我还看到几个渔夫驾着木船，鹳和鸻在沙洲旁水流湍急的浅滩处觅食，而且还能看到两条恒河豚在捕鱼。这样的景象总能让我感到振奋与欢欣，尽管我要再次上路，继续调查印度的圣河究竟受到怎样的污染，以及污染的严重程度。

第七章

毒河

所有的污水都是致命的。其中混合了各种有毒的化学成分……在某种意义上，这就是在杀死这条河。

——拉凯什·杰斯瓦尔，坎普尔的恒河环保人士

你能停止呼吸吗？

——当有人问道“你能否叫你的成员停止污染恒河”时，北方邦商会的 A. K. 辛哈这样回答

如今，第一眼看到印度的河流很少会让人觉得是一种美丽的景象。河水通常混浊不堪，可能是黑色的，还散发着恶臭，水中混杂着未经处理的生活污水和工业废水，有时还漂浮着人或动物的尸体。河流两岸几乎遍布着垃圾、残留的宗教供品，还有各种碎屑残渣。由此可见，这个新兴的消费社会尚未懂得如何处理自己制造的垃圾。不过，靠近源头的那些河流却并非如此。因此，要想更好地理解我们对于河流的影响，显然应该比较一下上游与下游的污染程度。这就是我在拉姆根加河（罗摩的恒河）所做的工作。这是一条自北向南注入恒河的支流。

恒河上游世外桃源般的风光与下游肮脏邋遢的乱象形成的强烈对比简直超出了我的想象。在世界自然基金会印度工作人员的带领下，我们先赏美景，再看丑态，若想对恒河的未来仍抱有积极乐观的态度，这样的顺序绝对是个错误。我们从德里出发，经过一天漫长的车程，跨越人口密集的北方邦恒河平原，然后沿着蜿蜒的山路驶入吉姆·科比特国家公园，最终到达了一个名为马楚拉的山村。从这里开始只能徒步向前。我们先经过一座横跨河面、仅供步行的吊桥，再借助一个连在汽车内胎做的皮筏子上的滑轮组把自己拉过了一条小溪，最后入住观鸟人时常光顾的小旅馆。

在拉姆根加河上游能听到的声响只有鸟儿的鸣唱与汩汩的河水声，还有间或传来的一种大型水鹿的叫声。河水清澈见底，我在岸边就可以看到金色和银色的马西亚鱼——一种喜马拉雅山山脚下特有的小鱼。我们的向导阿尼尔·库马尔也是鸟类专家，来自一个名叫巴赫罗蒂的村子，就坐落在远处依稀可见的山坡上。他指给我们看老虎留下的足印，野生大象留下的纤维丰富的粪便，还有一处水潭——两年前，他曾在这里抓到一条68千克的鲇鱼。11月白天的空气还很温暖，我纵身跃入清凉的水中，洗净一路跋涉的仆仆风尘。

在印度人的眼里，这里荒远偏僻、人烟稀少，常有水獭、猛禽、老虎和鹿出没。我们看到一只玉带海雕在河里捕鱼，还路过了一座很小的印度教神龛，供奉着一位不知名的神灵。其实不过是在树下层层堆叠起来的一些方形石块而已，不过上面残留着一些简单的供品—— 一袋开了口的丁香，还有被丢弃的“克利须那教徒”牌熏香的盒子。即便在这一带的山野里，还是会看到垃圾、塑料袋和空烟盒。第二天日出时分，我们路过了灌木丛中一群喧哗叫嚷的画眉鸟，在河岸边的空地上还看到了几幢石头房子。

巴桑提·黛维说，她“大约50年前”在这里出生。她一边说，一边从榕树上摘下些枝条和树叶喂给牛吃。她在22岁时成了寡妇，生活来源就是几头牲口，一些自己种的蔬菜，还有她姐姐的女婿教书的收入。我向她打听河里的鱼，一开始，她坚持说“我们从不抓鱼”——5年前，这里就禁止捕鱼了，而后又低声承认：“家里来客人的话，有时候会去抓点鱼。”如果牛被老虎咬死了，政府会赔偿800卢比，但对她而言，野生动物依然是一种威胁。有些发展还是令人乐见的，特别是那座吊桥。早先的一座桥被河水冲垮后，村子便与外界隔绝了。“我们曾经有许多田地，”她说，“可现在都没有了。都是因为那些野生动物。我们连蔬菜也不能种，它们会过来把菜吃光，毁掉一切。有野象，还有别的动物。这条河换了新的河道，也吞没了我们的农田。以前这里的动物并不多，可现在，它们开始入侵我们的土地了，有老虎、大象和梅花鹿，你们在这儿都能看到。我在自己家里就看到过老虎呢。”她指了指我们正站着的那条路，“就在两个月前。我得一直盯着我的牛。”

从山上下来走到平原地带也带给我不少震撼。按照印度人的标准，莫拉达巴德并不算是特别大的城市——只有 100 万人口，这里没有污水处理设施，但附近却有不少造纸厂、蔗糖厂、黄铜铸造厂和塑料厂，污水会直接排入拉姆根加河及其支流。从市中心顺流而下，两岸的沙洲和裸露的河床呈现出《末日启示录》中的场景：到处都是垃圾和脏东西，还有死狗的尸体和塑料袋，水渠中流淌出红色的染料，猪在泥浆里拱来拱去。与此同时，男人们开着拖拉机、拉着牛车在开采建筑用的沙子；洗衣工就在脏水里工作；一个男孩垂头丧气地抛撒着渔网；农民在给水牛洗澡。在拉尔巴格区，男男女女们蹲在浅滩中，捧着深盆来回旋转摇晃，希望能从铸造厂的废灰里淘出一些细小的金属残渣。有人告诉我们，三更半夜时还会有人在这里淘洗焚烧后的电子废物，由于许多电子器件含有有害的毒素，这样做是违法的，然而我还是看到至少有一个男孩在光天化日下公开淘洗电子废物，想从中找出电线或者其他值钱的东西。

“我小的时候，这条河非常清澈，我们甚至都能看到河床。”迈拉杰·乌丁告诉我们。他是莫拉达巴德的一位牙医，也是“拉姆根加河之友”的一员。这是印度野生动物基金会建立的一个防止污染志愿者组织。他正说着，忽然有人从附近供奉河水女神的印度教寺庙恒河寺的墙内抛出一个装满垃圾的塑料袋，正好掉进了河里。“现在这条河死了。所有的城市污水都流进了河里。但是只要铺设下水管道，事情就会有所改观……我真心希望可以帮助这条河恢复最初的样子。到那时，也许我已经老得没法下河沐浴了，但我希望我的孩子们能在这里沐浴。”

河水在上游不远处的阿格万普尔村流入莫拉达巴德，那里的水还很干净，适合捕鱼。可等到拉姆根加河离开莫拉达巴德时，就已经被23条排水管所排出的未经处理的废水污染了，其中不仅有污水，还有化学废水。“这里的水质下降了，甚至都不能用来洗澡。”穆罕默德·阿拉姆说。他是当地野生动物基金会负责河流事务的项目主管。“我们进行了化学分析，发现了很显著的差异。城市里的重金属沉积量非常高，而含氧量非常低，连鱼类也无法存活。”他上一次在阿格万普尔检测水质的时候，水中溶解的氧气含量是6.5ppm（百万分之一）。而在城市水体中，这一数值只有2ppm，远远低于鱼类存活所需的4ppm。而计划建设的废水处理厂也只能处理一半的城市污水。

就在我访问莫拉达巴德几个月后，印度最负盛名的非政府环境保护组织——科学与环境中心的研究人员也前往那里调查电子污染问题，并发表了一篇令人担忧的调查报告。他们的结论是：传统的黄铜产业衰退了——黄铜本身就会污染河水，有人就开始从印刷电路板上搜刮金属。从电脑、键盘到手机和电视遥控器上，印刷电路板可谓无处不在。“电子废品回收在这个城市已经形成了家庭作坊的操作模式，从拆卸到金属回收，一家老小都在参与。”报告里这样写道：

在莫拉达巴德，拆卸与回收工作大多是当地的一些居民在自家地下室或者屋顶上完成的。内容包括用锤子砸开拆散的设备与主板，从电路中找出铜、银和金。工人们把主板堆放在一起直接焚烧，主板中所含的重金属会散发出致命的毒气。有人把电路板放在明火上烤，或者放在浅盘里加热，这样可以得到铜，但工人也会吸入铅雾。把电路板芯片浸泡在酸溶液中可以得到金，也会释放出更多的有毒气体。所有这些工作都极大地危害着环境与人类健康。

释放出的污染物主要是各种致癌物与毒素，包括汞——在拉姆根加河水样本中发现的汞含量超出印度标准的8倍。该国目前还没有与土壤污染的相关标准。事实上，这类回收活动最令人担心的问题——无论是有关人的健康，还是河流污染——政府与民众对此知之甚少。有人曾经估算，莫拉达巴德全市每天接收约9吨的电子垃圾，印度全国废弃电路板的一半都会最终抵达这里或周边地区，然后经过非常随意且危险的再加工过程。当地官员根本不知道有多少人参与了这类活动，有人估计是两万到数十万人。“我们从拉姆根加河岸收集土壤样本进行分析，结果发现像锌、铜、砷、铬、铅和镍这些重金属的含量非常高，”科学与环境中心的报告总结道，“河水样品也显示，砷和汞的含量也超过了允许的水平。检测结果表明，这一地区已经遭受了严重的污染。”

人们很容易责怪工人们带来了最严重的污染，但同样难辞其咎的还有那些向河中排放未经处理或未完全处理的废水的工厂，以及使用杀虫剂的农民。在这个国家，一个众所周知的问题就是环保法规过于随意宽松，甚至花几千卢比就可以贿赂环保监督官员。在莫拉达巴德东北的卡西普尔，路旁好几十亩的土地表面都覆盖着制浆与造纸厂制造出的灰色废弃物。这儿的迪拉河——藤迪河在这里与之交汇——水体发黑发臭，一直流向下游直至汇入拉姆根加河。几十只黑翅长脚鹬——一种有着红色长脚的优雅涉禽，它们对环境污染的耐受力特别好，此刻正聚集在浅滩中。河水总是涌向低地，这里的黑水连同北印度的许多废水，最终都会流入神圣的恒河干流。

不只在拉姆根加河，在德里附近的亚穆纳河与恒河水中也发现了重金属。如果人体摄入过多的汞、砷、铅、镉等金属物质，就可能导致癌症、肾衰竭和神经系统损伤。可不论是村民们，还是像德里这些城市里的居民，甚至那些格外注意健康隐患的外国人，其实都不太知道河水中的重金属危害，他们更不知道自己从食物中也摄入了很多毒素。究其原因，印度国内鲜有有关进入食物链的工业化学品、杀虫剂与化肥残留危害的数据资料。即便如此，我们在新德里的家中也非常小心，无论是买来的，还是后院自己种的水果蔬菜，都会先进行消毒，再用纯净水清洗。但我们有时也很想知道，那些看似干净的黄瓜、木瓜、番茄或土豆的果皮下到底有些什么。我们其实也不知道吃下的蔬菜究竟是否安全。一份关于德里亚穆纳河的报道更加重了我们的疑虑：在河流不泛滥的时候，亚穆纳河流域广阔的冲积平原是为这座城市提供蔬菜的主要产地。

“毒素链”组织是一个从事环境研究与保护的组织，在进行研究时，工作人员分别在雨季前后两次取来德里河上游和下游的水样进行检测。结果发现河床已经被致癌物质和有毒重金属物质高度污染了，其中包括铅、镉、铬、汞和砷——除了自然界原有的砷以外，其他大多都是印度快速工业化发展的产物。“这非常令人担心，”来自该组织的普拉桑德·拉詹卡尔说，“我们在瓦兹拉巴德（亚穆纳河在此汇入德里河）下游的水样中发现了含量很高的重金属，如果在这样的河流沉积地带种植蔬菜，植物就会从沉积物中吸收重金属和矿物质。”他还说：“这些都是最危险的重金属物质……这里也是亚穆纳河畔通常种植蔬菜的地区。许多人都依赖这些蔬菜为生，而其中的污染物最终会出现在我们的餐盘里，伤害我们的身体。”

目前印度还没有针对沉积物中毒素的标准，饮用水的相关标准也用处不大，因为我们并不知道在植物生长过程中，各种毒素到底有多少残留，也不知道人们在食用植物时究竟摄入了多少。尽管如此，研究发现沉积物中包含 796ppm 的铬和 4.7ppm 的汞，超出国际饮用水毒性标准的数千倍。这一结果足以令人忧心不已。“毒素链”组织建议，未来的研究应针对污染对于动植物的影响，也倡议人们阻止污水流进恒河。“这项研究发现，河床已经受到重金属物质的严重污染，必须采取适当的补救措施来降低河床的污染。”根据最后这项提议，亚穆纳河在枯水期暴露出的很长一段河床必须进行大规模的清理，但如此巨大的工程恐怕永远也不会实现。

进入亚穆纳河和恒河的重金属物质与其他污染物有好几个不同的来源：生活污水、工厂、农田，甚至还有那些浸泡在河水中涂着彩漆的神像。例如，金属铅就可能来自颜料、杀虫剂、电池和玻璃制造业。铅会导致儿童出现认知功能障碍，也可能令成年人罹患周围神经病（一种神经系统损伤，其后果轻则可能是腿脚出现刺痛麻痒感，严重的则可能出现器官衰竭）。锌可能出现在电镀企业排放的废水与生活污水中，还有印度教教徒投入河水中的各种供品。它会导致呕吐、腹泻、黄疸以及肝肾损伤。镍主要来自不锈钢制造业，这一物质不仅具有神经毒性与基因毒性（也就是说，会损害细胞中的基因物质），还会导致癌症。“重金属的生物性积累可能会导致中枢神经、肺、肾、肝脏、内分泌腺和骨骼的损伤。”这是一些生化学家对亚穆纳河水中毒素所做的论断。“这条河的总体情况非常令人担忧，目前迫切需要采取严格措施，以保证河流得到及时清洁，并防止进一步的污染。”

给河流带来危险的化学物远非只有重金属。在一项对有机氯杀虫剂的研究中，研究人员检验了德里地区种植的各种蔬菜，如小萝卜、花菜、葫芦和茄子，结果发现，食用这些蔬菜给人带来的健康危害与癌症风险“超出可接受的范围，需要得到德里居民的高度关注”。针对这些令人不安的科学发现，一家印度报纸专门采访了当地的菜农，但菜农们对此不以为然，不认为自己种植蔬菜时使用的杀虫剂有什么问题，还说他们用以灌溉的亚穆纳河水乌黑肮脏，其中含的毒素可能更多。“杀虫剂怎么可能比有毒的亚穆纳河水的害处更大呢？”其中一位菜农的诘问也不无道理。“蔬菜怎么会让你生病呢？我们卖菜前都会清洗的。”另一位菜农说。“是政府让这条河变有毒的，”第三位菜农坚称，“这样的水流进我们的水龙头里，我们用它来浇灌菜地。还有什么能比这河水更有毒的呢？”

拉姆根加河和亚穆纳河的污染模式——上游水质洁净，下游充满化学污染和细菌污物，在恒河及其众多支流沿岸的主要朝圣地和城市里正不断出现。众多的支流在临近入海口的三角洲地带分散成众多的溪流，最终流入大海。瓦拉纳西的贝勒拿斯印度教大学的两位科学家，安纳德·辛格和吉填德拉·潘迪调查了恒河干流中的重金属情况。他们发现，从瓦拉纳西顺流而下，重金属含量逐步增长。这说明城市自身的废物也是主要的污染来源。尤为明显的是，当恒河流经这座城市后，水中的铅与镉的含量大约是世界卫生组织“最大可接受含量”的3倍。潘迪说，大多数的城市居民都在使用河水，“这就构成了对人类健康的直接威胁”，因为镉和铅会导致先天缺陷，并在体内沉积。“许多中毒症状都与这些物质有关。它们可能会干扰血红蛋白的合成（血红蛋白使血液可以携带氧气）并损害肾脏功能。”潘迪认为，河流中沉积的重金属不仅来自废水排放，还来自空气污染。他本人也在进一步研究恒河中的重金属水平及其对人类健康的影响。“这些物质会严重影响人类健康，最直接的方式是通过饮用河水，以及食用鱼类，等等。”他说。

几乎每周都有民众在抱怨印度某条河流的污染危害，有时还会诉至法庭——通常是印度国家绿色法庭，2010年建立的专门处理环保案件的特别机构，要求停止污染行为。可是这些诉求往往只能提供有限的数据支持，而反污染令也很少会得到真正的贯彻实施。2016年初，环保主义者投诉古儒吉大师在德里的亚穆纳冲积平原一带组织盛大的文化节日，带来了污染风险。为了准备这场盛会，人们清理了数千亩的土地，还搭建了巨型舞台。国家绿色法庭的一个委员会建议对此罚款12亿卢比，由古儒吉大师的“生活艺术基金会”支付，用作该地区“全面的生态恢复工作”。参加这项盛会的人中还有印度总理莫迪，支持者们不仅坚称活动是生态友好的，而且还指出，河流及其两岸的污染一直很严重，区区几百万人参加为期3天的庆典不会产生什么影响。最终，就在这场为期3天的庆典计划开始的前一天，国家绿色法庭要求组织者缴纳仅仅5000万卢比的罚款，同时还要求德里发展局和德里污染控制委员会为他们在审核批准过程中的失职缴纳少量罚款。“看看亚穆纳河。它多么洁净、纯洁而且安详，”城市发展部部长M. 文卡亚·奈杜说，他也是参加庆典的众多政府高官之一，“受到污染的是人的心灵。我希望古儒吉大师的教诲能够涤荡他们。”把枯水期德里一带的亚穆纳河称为“洁净”的说法实在太过荒谬，每年这个时候，河中流淌着的几乎全部都是污水。

尽管并非全部如此，但大多数污染都是人为产生的。这些年来，人们早就知道恒河平原的一些癌症发病率高得令人担忧。德里的妇女罹患胆囊癌的比例居世界首位。印度科学家还不能确定致病元凶究竟是何种金属，不过一项印度与日本的联合研究发现，相比日本的癌症患者，印度患者的癌变胆囊组织中的铬、铅、砷和锌的水平“显著偏高”。我们现在比较了解的情况是，无论是在印度，还是孟加拉，恒河下游出现了大规模的持续的砷中毒惨剧，曾有一篇科学论文将其描述为“史上最大的集体中毒事件”。

河水中的有毒重金属最初并非来自工业制造或其他人类行为。自然界中本来就有砷存在，喜马拉雅山淤泥中的砷经过数个世纪的冲刷，有一部分流入恒河盆地，不断积淀沉降进入地下水。在其他国家与大陆也有类似情况，但恒河受到的影响尤为严重。孟加拉国为了帮助国民免于罹患地表水导致的相关疾病问题，曾经修建了数百万井眼以汲取地下水。该项目的意图是好的，而且也获得了成功，但是增加了长期砷中毒的危险。其影响面包括孟加拉国和印度超过 1 亿的人口，以及数百万头农场牲畜。同时这一地区还广泛使用水泵汲取地下水用以灌溉农田，更加剧了中毒的风险。

“这也意味着砷已经开始渗入农作物中，进入食物链，可能触发一场大规模的环保惨剧，对未来几代人造成致命的影响。”一个由环境科学家与癌症专家组成的团队在2013年发表的一篇文章中这样写道。

在过去的25年里，研究者们分析了超过17万份的水样，这些样本来自随处可见的金属水泵。印度次大陆各个地方正是用这些水泵从管井中汲水的。该研究发现，在受害严重地区的一半水样中，砷含量均超过世界卫生组织所规定的数值。在研究筛选的100731名村民中，10113人——大约占十分之一，患有不同种类的与砷相关的皮肤病。砷还诱发了其他癌症和生育问题，包括流产、死胎或胎儿体重过轻。该项研究的作者指出：“我们可以肯定地说，在印度恒河－布拉马普特拉河流域平原的印度各个邦（北方邦、比哈尔邦、贾坎德邦、西孟加拉邦、阿萨姆邦和一些东北山区邦）以及位于恒河－梅克纳河－布拉马普特拉河平原上的孟加拉国地区都遭受了致命的砷污染。”研究者在结论部分指出，那些受到威胁的人“正在面临慢性死亡的命运，而随着地下水中砷污染的逐步加深并漫延，其他上百万人也即将受到影响”。

无论是包括中央政府和29个邦政府在内的印度当局，还是各个管理部门，如印度中央污染控制委员会及其在各邦的下属机构，在监控污染物——无论是自然形成的，还是人为产生的——方面的工作效率都非常低，更遑论采取措施遏制污染了。甚至对于恒河干流因工业排污而造成的污染规模，人们至今仍知之甚少。中央污染控制委员会仅仅提到764家“严重污染企业”，以及它们产生了多少污水，却没有说污水中究竟有何物质。

随便向一位印度人询问恒河污染的情况，无论是专家与否，他们都会言之凿凿地认为坎普尔的制革厂是这一切的罪魁祸首。这座工业城市曾经被称为印度的曼彻斯特，全城约 400 家制革厂排放出的有毒污水集中体现了冷漠的企业主与无能的监管部门所犯下的恶劣行径。与此同时，北方邦的政客们素来缺乏道德责任感与环保方面的资历，而且急切地想要讨好北方邦的选民，因此对坎普尔制革厂的环保限制执法松懈，甚至不惜以恒河的生态健康作为获取选票的代价。

2013 年大壶节期间，所有制革厂都被临时关闭，以便人们在下游的阿拉哈巴德沐浴庆祝。大壶节后，我驱车前往坎普尔进行了调查。坎普尔是一个巨大的工业中心，离市中心还有 60 多千米时，我就在沿途陆续看到了一家家的工厂，有些年久破旧，有些更加现代化。抵达坎普尔后，我遇到了拉凯什・杰斯瓦尔，一位举止随和却立场坚定的环保主义者。他负责一个名叫“生态之友”的非政府组织。在过去 20 多年里一直致力于恒河的清理工作。当我开始深入阅读有关恒河的材料及相关探险日志时，才发现他是真正关心河流的命运，并愿意为此做些实事的人。而这样的人在坎普尔，甚至是在整条恒河流域并不多见。但事实上，在印度北部数以亿计的居民中总是会有这样出色的人——赫尔德瓦尔的一位水利工程师转行成为社会运动人士，坎普尔的环保主义者，瓦拉纳西的印度教僧侣，巴特那的动物学家，还有加尔各答的河流学家——他们都是当代恒河非虚构文学作品中的主角。拯救恒河虽不是印度大众的追求，却是极少数专家积极投身的事业。

杰斯瓦尔对于污染问题、制革厂排污和坎普尔污水处理不力等问题颇为了解，也一直积极联络当地政府和愿意努力减少污染的制革企业主们。

几年前，他还帮助总部在纽约的非营利治污组织——铁匠学院（最近更名为“纯净地球”）保护坎普尔一个3万人的社区地下水免受六价铬的污染。六价铬会导致肺癌、肝功能损伤和早发性痴呆。当地所发现的六价铬浓度是印度政府规定量的124倍。根据铁匠学院的调查，当地有一家老旧的化工厂曾经为制革厂提供原料，诺莱阿克达定居点就是化工厂在此基础上发展起来，而源源不断的六价铬也是从这里排放出来的。该组织采用了一种成功的“化学清理”法，即挖掘新水井并往地下水中注入某种物质，同时安装新的水泵，以此为当地社区提供安全的饮用水。

杰斯瓦尔带我走到河边，旁边就是制革厂区中的一个污水排放口，然后他告诉了我这里的情况。“所有的污水都是致命的。其中混合了各种有毒的化学成分，”他说，“在过去25年里，我见证了各级政府为了处理制革厂污染和其他污染问题所进行的努力。在某种意义上，这就是在杀死这条河。”那些制革厂排出的废物包括染料、盐类、各种酸性物质和可能致癌的化合铬。可这些工厂非但不进行基本的废水处理，而且产出的废水远远超过总厂的处理能力。“这些含铬的化合物的毒性很强。这是一种重金属，人们早知道它会致癌……它不仅影响河流的水质、河流的生态以及河中的动植物群落，还会影响那些直接使用河水的人。”我又问到下游地区农民会遭遇什么困扰，因为他们灌溉田地的用水混合了生活污水与处理后的制革厂废水。“各种各样的疾病，发疹子、皮肤生疮、长脓疱、烂指甲，甚至还有肢体麻痹的情况。”他回答说。

杰斯瓦尔接着告诉了我这些年来为了阻止制革厂排污所进行的各种努力。1994年，终于委托建造了一座通用污水处理厂，理论处理能力是每天3600万升，用以处理恒河旁集中在坎普尔的亚捷茂地区所有的制革厂排出的污水。污水进入处理厂前，每一家制革厂都应该先把含有铬离子的污水进行隔离，将大多数重金属物质进行回收处理，并利用初步废水处理厂对剩余废水进行一些基本的净化处理。可这些年来，几乎没有几家工厂做到了铬隔离，尽管大多数工厂确实有初步废水处理厂，但他们往往不愿意承担运营开销，因此有时直接把废水排入污水管道，或者把未经处理的废水直接输入通用污水处理厂进行二级处理。

根据官方规定，进入二级处理厂的废物中的铬含量应不高于每升2毫克，但杰斯瓦尔说，实际数量往往高达每升100 ~ 150毫克，超出了通用污水厂的处理能力。他还说，大约只有三分之一的制革厂废水最终进入了二级处理厂。事实上，处理厂也没有能力处理所有的废水，因为废水处理厂建成后，制革厂的数量从当初的170家翻了一番还多。“工厂在运行，但处理能力不足。”这就是杰斯瓦尔的结论。他还说，像他们这样的环保组织可以监控水质并公布相关数据，借此对制革厂施压，尤其是那些有出口市场的制革厂，但这样的做法不仅代价昂贵，而且人们早已知晓恒河遭到了制革厂排污与其他废水的污染，没有必要再进行科学检测。“你用肉眼就能看出来。”他指着排水沟说，“闻也能闻出来。”

我们当然看得见，也闻得着。尽管设置了层层叠叠的立法机构、官僚机构和检查部门，制革产业——正如印度的许多其他产业一样——实际上受到的监管严重不足，甚至可以说是毫无监管。我第一次访问坎普尔时，杰斯瓦尔带我去了制革厂区。沿途的景色令我不禁想起狄更斯时代的英国乡村。有人赶着骡子拉着车，往来运送着皮革。在一个小小的手工作坊的院子里，一个年轻人正蹲在地上，没有任何防护措施，仅用一把刷子就往毛皮上涂抹化学制剂。妇女们在一条巨大的排水明沟旁洗衣服，沟中满是制革厂排放的废水与生活污水，还有三头猪在黑水里拱来拱去。在恶臭熏天的河岸边有一个垃圾堆，堆满了十几年未经处理的垃圾。溪流旁还有一些简陋破旧的茅屋与房舍。

住在那里的许多人或家里的亲戚就在制革厂工作，可就连他们也憎恨臭气熏天的河水。“这是有害的。有气体冒出来。”穆罕默德·沙米姆抱怨说。他已经 70 岁了，穿着凉拖鞋、黑色长裤和一件肮脏的白衬衫。他有 6 个孩子。“应该有人来阻止这一切。我们也很担心，但谁会听我们的呢？这些都是有毒的，真的会把我们都害死。”那天晚些时候，我遇到一位法国摄影师，他说曾在河中见到两具尸体，就在为坎普尔提供饮用水的上游水坝那里。不过，与制革厂排放的有毒废水相比，这两具尸体带来的污染简直微不足道。

3 年后，我重返亚捷茂制革厂区，街道的情形似乎没有什么变化：还是一样肮脏的排水沟，一样的骡子和拖车，街边堆放着一桶桶的化学制剂，时不时还会看到倒塌的楼房，墙边堆放着碎石和水牛皮的碎片，仿佛整个街区遭到了空袭一样。在每间大型制革厂外都立着一块孤零零的牌子，标题为“小心危险化学品与废料”，但是其实企业主应当在标题下方明确列出具体的危险品名称。不过这一次，我是带着邀请函有备而来的。有几位企业主愿意承担起社会与环保的责任，决心为了社区、员工和恒河的利益，努力解决污染问题。他们还希望让自己的企业常葆生机，在当前日益关注可持续发展与商业道德的世界谋求更多的出口机会。我要拜访的正是其中的一位。

伊姆兰·西迪基和他经营的超级制革公司有许多独特之处。和印度许多私企中的经理人一样，他看起来寡言少语，却又十分高效，尽管大多数印度办公室里都喜欢给客人准备添加香料的甜茶，他却准备了卡布奇诺咖啡。他还说，当初在1953年创建这家公司的阿敏家族一直在绿色技术方面走在同行的前列，他们不仅于1984年就在北方邦及其周边区域建起了第一家制革废水处理厂，而且在此后不到10年又建起了第一个铬回收系统。目前他们正在拆除老旧厂房，投资引进更新更高效的系统与机器，计划在一年内确保他们的废水能够实现全面分离。他们最终的目的是实现废水循环回收，最终整个工厂不必排放出任何的废水，企业主也不必承担污染恒河的罪责。

很快，又有两位制革厂的企业主加入了我们的谈话，并向我们讲述了历史上的教训。奈耶尔·贾马尔是马赫杜姆皮革制造实业公司的合伙人。他告诉我们，在19世纪末期，人造合成染料尚未取代蓝色染料的时候，坎普尔曾是靛蓝类染料的贸易中心。与此同时，因为它是印度北方重要的军事补给站，这座城市在英国统治期间也逐渐成为大型皮革工业中心。东印度公司的军队需要包括马鞍和军靴在内的各种皮革用具。第一家政府开办的工厂于1869年开始投入生产，在第一次世界大战期间是重要的军需供应商。1880年成立的库柏·艾伦公司，据说是当时世界上最大的皮革公司，而坎普尔时至今日仍是印度独立后的皮革产业中心，尤其擅长生产马具和军靴。

印度独立后，随着人口的急速膨胀，皮革工业也飞速发展起来。例如超级制革公司就拥有三家制鞋厂和一家皮带厂，还为军队、警察和矿工生产安全鞋。该企业拥有三家皮革厂：我们正在访问的这家，每天可通过化学处理法加工 750 张牛皮（西迪基强调说是水牛皮，而非神牛的皮），不过公司也有一个部门专门使用植物制剂进行皮革处理，这在一些关注污染的消费者群体中很有市场。在乌纳奥还有一间羊皮厂。很显然，恒河所面临的问题之一就是当代印度制革企业的规模太大了。贾马尔引用英国的报道说，在 1840 年，印度只有由 2800 个家庭参与的制革产业，在独立 3 年后，也就是 1950 年时，全国也只有七八家制革厂。但这个数据在 1984 年猛增到 175 家，如今则是 368 家（他说，被广泛使用的数据是 400 家，但并不正确，因为有一些皮革厂已经关闭了）。

由此说来，恒河上严重的工业污染始发于英国统治印度的时代，但是此后试图控制有害废水的各种努力并未能跟上皮革产业的快速发展。很少有制革厂主愿意公开承认这一点，即便有企业主愿意减少污染，他们也不得不忍受效率低下的当地政府。他们要和 10 个相关的政府部门打交道，其中的官僚主义令人望而却步。此外，腐败也是一个问题。邦政府的雇员们会把备用发电机所用的储备柴油在黑市上卖掉，导致在停电期间，抽水设备无法正常工作，未经处理的废水就被直接排入了印度的河流中。

坎普尔的这座通用污水处理厂——建设资金一部分来自荷兰政府，一部分来自制革厂的捐款，如今由制革厂和北方邦政府联合出资，即便在情况最好的时候，也无法高效运作。由于制革厂未能完成初步的废水处理，它所接收的铬超出了自身处理能力。即便在有电的时候，水泵动力也不足，只能将不足三分之一的制革厂废水与市政污水进行混合并加以处理。结果不言而喻，制革厂废水再次直接排入恒河。污水处理的升级计划——也是由制革厂资助的研究项目，已经反复研讨了7年之久，却尚未有任何决策的迹象。坎普尔一家小规模制革厂的厂主曾对我说："只有中央污染控制委员会施加压力，才可能真正治理好废水。"

"坎普尔有2.8万家工厂。"西迪基说，"染色、纺织、电镀、制药、颜料、汽车制造和黄金制造等等。它们都排放了大量的氰化钠，为什么唯独责怪制革厂呢？"他还指出，在坎普尔的其他地区，当地工厂也给恒河的另一条支流——潘度河带来了严重的污染，把河流变成了一个"大型污水管"。贾马尔还语带讥讽地说，人们总是本能地抱怨制革厂污染了他们所用的河水，连那些居住在坎普尔制革厂上游的人也这样说，可他们根本不可能受到直接的影响。我们还讲到了动物献祭的话题，他含蓄而冗长地讲述了一段历史。"人们一直都有动物献祭的传统。"他旁敲侧击地说，"动物之王是狮子，可没人献祭狮子，因为它们会咬人。所以就用羊来献祭了。"

在位于新德里的中央政府，我采访了水利部秘书沙希·谢卡尔。当我提到，除皮革厂外的其他工厂也制造了大量污染的时候，他并没有否认。这些工厂中还包括制浆造纸厂、酿酒厂和制糖厂。北方邦政府有时非但不协助河流清理，反而会加以阻挠，而邦污染控制委员会——原本是针对地面污染的管理与监督机构，却"浸泡在腐败之中"。当然，制革厂依然是一个污染大问题。"那是对我的挑战。毒性最强的污染就是这个。"谢卡尔说，"目前他们仍然逍遥法外。"谢卡尔还举了一个邦污染控制委员会中腐败的例子：委员会的官员允许工厂加工一定数量的皮革，可当他们加工过量后，却充耳不闻。简单地说，大多数制革作坊都是非法的，但得到了委员会的充分支持，照常开工。

至于北方邦的政府首脑阿基莱什·亚达夫，以及邦内众多的部长，包括直言不讳的政客阿扎姆·可汗，“他们都对污染十分纵容，所以我们无法从政府那里获得足够的支持。我们想要实现的目标是制革厂的零液体排放”。

现实却令人沮丧。虽然遏制污染既非不可能，也非特别昂贵，制革厂产生的废物还是持续不断地毒害着恒河。如果能够强制执行污染控制方案，既可以提高制革厂的生产效率（例如在用水方面），为它们节省不少开支，同时也一定可以挽救整个行业在外界的名声。谢卡尔说，政府有意建设一座全新的通用污水处理厂，耗资约 80 亿卢比，同时要求每一座制革厂都建立室内的铬与固体废料回收系统，还要求制革厂从通用污水处理厂回购经过处理后的废水用以资助处理厂的维护。所有这一切，他说，只会给每条皮带的平均生产成本增加仅仅 90 派萨（不到 1 卢比），而每双皮鞋的成本仅仅增加 7 卢比，每个马鞍的成本约增加 15 卢比。此外，消费者也会乐于见到标签上的文字，说明自己购买的可持续发展产品有助于拯救恒河。

坎普尔的居民们，无论是印度教教徒，还是穆斯林，应该都不会反对，毕竟他们都依赖恒河获取日常洗漱、饮食与沐浴的用水。谢卡尔提醒我说，“所以对我们而言，恒河也是非常重要的。”一小时后，我在城市的另一端与印度教的商人们交谈时，他们也表达了类似的想法，并承认除了皮革厂外，水泥厂和其他工厂也在污染恒河。“无论是印度教教徒、穆斯林，还是其他宗教信徒，我们都需要水，”北方邦商会秘书 A.K. 辛哈说，“水是至关重要的，正因如此，它才具有精神上的意义。”我斗胆进一步发问，那么，您能否让您的成员们停止污染河流呢？“你能停止呼吸吗？”他的回答令人心灰意冷，可见印度还需要许多年才会真正着手处理工业与化学品污染这一棘手的问题。

要阻止有毒废水、杀虫剂与化肥进入恒河非常困难，相比之下，生活污水的处理就相对容易一些，或者说在理论上是这样的。相比那些工业生产的毒素与致癌物，落后的卫生设施所产生的后果更容易被人看见：每年印度有数十万婴儿与儿童死于腹泻，许多就发生在恒河流域。纳伦德拉·莫迪在启动总理竞选活动之初，曾聪明地借用了杰伦·兰密施（曾在国大党政府中担任农村发展部部长）有关在需求上“先厕所，后寺庙”的说法。这令他的一些印度教民族主义支持者感到非常困惑。在印度独立日时，时任总理往往会在德里 17 世纪的红堡高墙上对全国民众发表演说。莫迪在他的第一场独立日演说中刻意淡化自己作为印度教社会活动家的背景，着力强调经济现代化与社会变革的必要性。他痛陈印度传统社会中堕杀女婴、对女性施暴等恶习，还指出农村只有不到一半的居民会使用厕所，很多人还习惯在乡间户外排泄的不卫生行为。他说政府将在 10 年里专注改善全体国民的卫生条件。“我想有人也许不爱听我在红堡上谈论肮脏与厕所，但我来自一个贫穷的家庭。我了解贫困，也理解那些为了赋予穷人尊严所进行的努力与抗争。”他这样说道。谢卡尔·古普塔是《今日印度》的主编。他当时颇有预见性地评价说，尽管莫迪的讲话主要针对的是现代人在生活质量上的需求，例如制造业、性别平等和厕所等，“但是他所面对的挑战是兑现诺言，因为他承诺了太多的事情”。

事实证明确实如此。在莫迪发表演说两年后，人们惊讶地发现他几乎什么也没有完成。在新德里一个关于水资源的大会上，我听到一位资深水利官员陈述了政府雄心勃勃的河流污染清理计划，即要将118个城镇中的每一滴生活污水都处理干净，还要将764座工厂的有毒排放都进行净化处理。之后我告诉他，他的演讲非常精彩，可是在20世纪八九十年代，以往的印度政府就发起过类似的活动，最终却鲜有成果。究竟有没有人为哪怕一座污水处理厂做过什么实际的工作呢？讲到落实这些计划的时候，这位官员似乎有些恼怒。"这可是一项巨大的挑战。"他回答说，"那都是一些非常古老的城市，铺设下水道需要花很长很长的时间。"

任何识字的人，或者会用眼睛看、用鼻子闻的人，都知道印度的下水道是个大问题。有个同样的模式在恒河及其支流沿岸的各大城市反复出现——上游干净的河水流经城镇后，下游就会变脏。粪便污染的情况已经变得"前所未有的糟糕，匪夷所思的严重"，这是一位世界银行官员的原话。就拿德里来说，在情形最糟糕的时候——根据中央污染控制委员会发布的2011年的水质数据，亚穆纳河在奥卡哈一段的河水中，粪便大肠杆菌的含量达到了每100毫升中11亿个单位，几乎是（印度）国家推荐的沐浴水质标准（2500单位）的50万倍。原因显而易见。印度13亿人口中有将近一半都没有厕所，即使有厕所，也可能没有连接下水道；即使厕所连通了下水道，也可能没有污水处理厂；即使有污水处理厂，也可能无法运作。中央污染控制委员会表示，恒河干流沿岸只有十分之一的生活污水得到了处理。

更令人惊讶的是缺乏行动。下水道与污水处理厂的建设本可以提供众多的工作机会，解决印度内陆数千万人的失业或就业不足问题，莫迪也曾迫切需要创造工作机会，让那些在 2014 年大选中支持他的年轻选民实现个人理想。在那年的大选中，莫迪领导的印度人民党在所谓“圣牛区”的北方邦和比哈尔邦大获全胜，可仅仅 18 个月后，在比哈尔邦的邦选举中却遭遇惨败。其中一部分原因就在于人们感到中央政府未能实现既定的发展目标。我在选举期间前往比哈尔邦访问时发现，人们普遍感到失望，很大程度上是因为邦首府巴特那附近恒河一段的肮脏状况未能得到任何改善。在前往竞选集会与尼蒂什・库马尔（此人与过去的印度人民党竞选盟友产生矛盾，在 2015 年重新当选为比哈尔邦的首席部长）见面之前，我们先去了河边。

当时正是拂晓时分，数百名印度教教徒正穿过一个节日集市，拥向河畔的寺庙，向难近母女神——黑暗破坏女神卡莉的化身之一，奉献一年一度的祭典。有些人将身体浸没在河水中，然后用黄铜罐子盛满神圣的河水进行繁复的礼拜仪式。有个男人吹着螺号，拿着一整株香蕉树，上面装饰着青椰，代表象头神伽内什的妻子。寺庙管理者用高音喇叭对着卡莉河坛上的人群高喊，叫他们不要按照传统做法把供品投入河水中。一间茅屋墙上贴着标语，告诉人们应使用可降解的纸袋、麻袋和布袋，以保持恒河的洁净。标语上还写着：“拯救恒河，拯救国家。”

可惜从巴特那往下游的河水，看起来还是那么污秽不堪，未经处理的污水翻起泡沫，时不时还有塑料袋漂浮在水中。“这个城市所有的污水都流进河里了。很多很多的下水道直接连通着恒河。”克里希南德・斯里瓦斯塔瓦说。这位 88 岁高龄的枯瘦老者是前政府官员，最近刚刚在克里须那河坛附近的恒河中沐浴过，为不久前过世的妻子诵经祈福。“恒河不该像现在这么脏。政府表示会保持它的圣洁，可现在看起来不太可能。”希亚姆·拉贾克在比哈尔邦政府担任部长，也是莫迪先生和印度人民党的反对者，他的抨击更为尖锐。“清理恒河的运动不过是个宣传的幌子。”他说，“他们根本毫无远见，中央政府没有制订出任何计划。”

R.K.辛哈是巴特那大学的动物学教授，也是恒河豚研究方面的专家。恒河豚会在城市附近垃圾成堆的河水中捕鱼，因此生存受到了威胁。这位教授也同意上述观点，他说：“自从莫迪政府上台后，什么改变也没有发生。”在过去两年半的时间里，无论是辛哈所在的大学，还是其他研究机构，在承担政府交给的监控河流中污染物的工作后，一直没有得到报酬，也没有几家污水厂还在正常运转。“没人对恒河的工作感到满意。”他说，“也许这是莫迪政府的一个败笔……在过去的30年里，巴特那的排水管没有一个被彻底堵上，不让它们通入恒河，可他们已经花掉数千万卢比的经费了。”下水道泵站也没有得到维护。

其实在私底下，莫迪也对一些哗众取宠的肤浅建议表示震惊。例如有的官员为了取悦他，建议美化恒河，包括在瓦拉纳西进行装修并安装新的灯光景观。不仅如此，他的一些幕僚在2015年末还曾提出，在未来几个月对新建污水处理厂进行招标，重点是在瓦拉纳西、北方邦和贾坎德邦和北阿坎德邦的示范项目，但是没有比哈尔邦。“你不可能仅仅在比哈尔邦一个地方清理恒河，”印度人民党的桑杰·马优克在巴特那举办的邦选举活动期间对我说，“沿河两岸有许多城市。前任政府甚至从未考虑过这些问题。过去，这方面做的工作太少了，也不可能在一夜之间发生。（但是）恒河的清理工作正在进行……至少这个话题已经进入了公众话语，一定会带来一些改变的。”

这些虽然是借口，但也有几分道理。为了改善卫生条件，莫迪所面临的公共下水道投资建设任务（还要说服 29 个邦开展同样的工作）不仅非常艰巨，而且吃力不讨好。他还要说服公众不要在户外排泄，尽管恒河平原上最初的居民一直是这样做的。如果你在清晨驱车驶过北方邦，你会看到数十上百，甚至成百上千的——这取决于你行驶了多远的距离——男男女女都蹲在田地里大小便。

以往建造厕所的项目都遭遇了滑铁卢，或者是因为厕所压根儿就没有建成（资金被偷），又或者是因为无人使用与维护厕所。我在 2012 年到印度后第一次去德里以外的地区访问时，就曾和一位同事一起调查过所谓的“人工清道夫”。在许多没有抽水马桶或下水道的城市地区，这些人既无视法律，也罔顾卫生，专门上门收集粪便。在北方邦的布道恩，我们见到了 60 岁的寡妇帕尔梅什瓦里，她向我们解释了她的工作。“人工清道夫”属于达利特人，也就是过去种姓制度中的“贱民”。数十万像她这样的人每天用双手和刷子清洗原始简陋的马桶，将污物收集在筐子里，放在手推车上，再推到城市和村庄的外面倒掉，尽管 1993 年颁布的一项法律就已经明令禁止这一传统做法了。当然，如果没有下水道和其他处理污物的办法，这种禁令并没有什么益处。在聚居的纳瓦达区，居民们通常就用门帘在拥挤的家中隔出一小间，然后在蚊蝇滋生的水泥地上大小便。帕尔梅什瓦里和其他的“清扫者”每天穿家过户，从门外街道上掀起一个金属的门帘，就可以清扫那些恶臭的茅房，将粪便铲起带走。

这次采访的旅程让我记忆深刻，不仅仅是因为这些“人工清道夫”（他们在印度的工作一直是公开的秘密），还揭示出，无论政府的理念如何，印度北部制度化的腐败风气严重阻碍了公共卫生事业的发展。2012 年，政府还是在国大党领导下的联合政府，就在我们去布道恩前不久，部长杰伦·兰密施又发起了一项公共卫生运动。后来莫迪借用的“先厕所，后寺庙”理念也正是来自这位部长。“印度，特别是印度农村，在公共卫生方面的问题极其严重。”兰密施说，“印度每年有 40 万～ 50 万 5 岁以下的幼儿死于腹泻，主要就是不卫生导致的，包括未能合理处置粪便……在这个国家，洁净比神圣更重要。”他告诉我们，在当时那个财政年度，公共卫生预算几乎翻了一番，达到了 6.75 亿美元。政府当时也在起草新的法律以彻底废除“人工清道夫”的工作，这次拟规定任何人雇佣此类人，将被处以 1 年监禁。而最高法院也下令所有的学校必须在 6 个月内配备基本的厕所设施。

这些政令在北方邦大多只是不切实际的宣传词而已，根本无法切实得到执行。在 2011 年前的 10 年里，北方邦政府获得了“全面卫生运动”拨发的 6 亿美元公共基金，并一直汇报说农村地区的茅厕数量稳步增长。根据官方数据，拥有厕所的家庭比例从 2001 年的 19.23% 上升至 10 年后的 82.47%。考虑到布道恩地区在过去曾经是小儿麻痹症集中暴发的地区，如今印度官方已经宣布消灭了小儿麻痹症，这看起来确是不错的好消息。但事实情况并非如此，2011 年独立开展的全国人口普查发现，在北方邦，只有 21.8% 的家庭拥有厕所——十几年来几乎没有丝毫的改善。这类过度报道与渲染在印度非常猖獗，而在北方邦则到达了极致。“腐败已经制度化了。”北方邦的一位救援工作者心灰意冷地告诉我们。（因担心遭到报复，他不愿我们提到他的名字）“只要一拿到钱，他们就认为工作已经做好了。于是另一个 10 年计划就这么消失了……我们觉得公共卫生条件简直无法容忍。”当我们打电话给北方邦官员，请他们评论厕所资金流失的问题时，他们没有回复我们的电话。

在这种腐败成风、官僚行事拖沓的环境中，偶尔也会闪现一些亮点。在布道恩附近一个以农耕为主的小村庄里，大多数家庭过去都使用依靠“人工清道夫”清扫的极不卫生的旱厕。如今多亏当地政府的积极作为和联合国儿童基金会的帮助，这里的人们都有了马桶，不仅可以冲水，还直接连通到地下的化粪池或者过滤坑。“如今腹泻的患者少了，霍乱也被控制住了，还有苍蝇也变少了。”扎基尔・阿里说。他没有工作，是这个村子健康卫生委员会的成员。“以前我们必须请别人来（清理），如果他们 3 天不来，这里就会堆积成山的。”20 个以清扫茅厕为生的家庭失去了生计，只能搬到镇子上去，寻找更多的传统清扫工作。“我们很高兴，”阿里先生的一位邻居说，“以前这里的苍蝇特别多，而且臭气熏天。”

2016 年 5 月，在一个纪念莫迪政府执政两周年成就的演讲上，分管环境、森林和气候变化的国务部部长普拉卡什・贾瓦德卡尔宣布，新的污水处理计划已经在马哈拉施特拉邦和旁遮普邦启动。更多的邦也已经通过批准，纳入全国河流保护计划。他还大肆吹嘘恒河污水控制的执行工作，并声称恒河的工业污染已经减少了三分之一。我将在有关河水清理的下一章节中再详细讨论他的这个说法。不过贾瓦德卡尔本人也不无痛心地承认，在独立 70 年后，印度仍有将近十分之九的污水无法得到处理。时至今日，印度尚未着手解决积压的待建和废弃的污水厂的问题，更遑论安装新的设备来应对飞速增长的人口需要。

此外，河水中所含的不仅仅是工业排放的有毒物质与有害细菌，还有一些更加令人忧心的物质：使用河水的人们可能会感染微生物基因，从而产生对现代抗生素的耐药性。这些细菌感染还有一个更为公众所熟知的名字：超级细菌。

第八章

超级细菌之河

要想从印度的河水中培养出不含抗生素耐药基因（的细菌）是很困难的。

——拉马纳·拉克西米纳拉扬，印度公共健康基金会

如今，我们接收的婴儿中几乎百分之百都存在多种药物的耐药性感染。这太可怕了。

——尼兰·克勒，新德里甘加罗摩医院新生儿科医生兼主任

印度在传播抗生素耐药性方面有一个堪称完美的系统。

——大卫·利弗莫尔，医学微生物学教授

凡是到访印度和南亚其他国家的人们，常常会犯胃病——有时被戏称作“德里腹泻”，这种情形早已不是秘密了。我们现在还知道，有时造成剧烈呕吐与腹泻的直接原因就是落后的卫生条件。印度 13 亿人口中有一半人都没有最简单的厕所设施，他们在露天处大小便，各种传染病就会传播到食物或水中。事实上，即使那些有厕所的家庭产生的污水也很少得到处理，那些污水最终也会流进恒河和其他河道中。美国印裔外科医生、作家阿图·葛文德对落后的卫生条件做出过非常精辟的描述。在他所著的《最好的告别》——一本关于衰老与死亡的畅销书——一书中，他描述了自己按照印度教传统前往瓦拉纳西，将父亲的骨灰撒入恒河的经历。因为他是医生，也了解自己不得不参与的仪式活动以及很不卫生的河水状况，他谨慎地提前服用了抗生素，希望在主持仪式的祭司让他喝下三勺充满细菌的河水后能免于生病。结果事与愿违，他还是得了梨形鞭毛虫病，防患于未然的抗生素对这种寄生虫感染毫无作用。

但是很少有游客和居民知道，在印度旅行或者生活也可能感染上一种最近才被发现的细菌基因，含有这种基因的许多疾病都对抗生素产生了极高的耐药性。我也是无意中才读到这种基因的相关报道——科学家们认识到的第一个版本是 blaNDM-1，防御蛋白的编码是“新德里金属 β-内酰胺酶”（NDM-1）。当时我研究的是污染恒河及其支流的生活污水和工业废水这类“正常的”污染物。“你只需要四处走走，接触一下，那些基因就会进入你的肠子。”大卫・格雷厄姆告诉我。他是英国纽卡斯尔大学的加拿大籍环境工程学教授，做过印度 NDM-1 的相关研究。“我很确信自己也携带着这种基因。”毫不奇怪，他也确定我在南亚各地生活与旅行 4 年后一定也会成为携带者。

我在很久后才意识到这个 blaNDM-1 对于我自己、我的家人和印度每一个人的影响。与此同时，全世界范围也开始高度关注抗生素耐药性与所谓的“超级细菌”。2014 年，时任英国首相大卫・卡梅伦聘请高盛集团的前首席经济学家吉姆・奥尼尔，主持调查研究不断升级的国际医疗危机。奥尼尔因提出“金砖”这一缩略语，用以指代巴西、俄罗斯、印度和中国这四个大型新兴经济体而在投资专家中声名鹊起，在当年 12 月做出了令人震惊不已的结论。他在治疗肺炎、结核病、疟疾、HIV 病毒和其他疾病的过程中发现了抗生素耐药性持续增长的情况，并预计到 2050 年，这一问题将可能导致每年至少 1000 万人丧生，超过今天因癌症死亡的人数。这一问题还会导致全球生产总值降低 2% ~ 3.5%，给全世界带来高达 100 万亿美元的损失。尽管有些医学专家认为他可能高估了死亡人数，但在未来，这个问题绝不会仅仅停留在理论层面。我们身边的许多朋友或亲属都曾因难以治疗的感染而入院，因为这些细菌对很多类抗生素都已经有了耐药性。奥尼尔在报告中估算，全世界每年约有 70 万死亡病例可以被归因为耐药性问题，而与之相比，只有 10 万 ~ 12 万的死亡病例是由于霍乱，6 万是由于破伤风，120 万是由于道路事故造成的。报告中写道：

细菌与其他病原体始终在不断进化，所以能够抵抗用于对其进行治疗的新药物。最近几年，耐药性逐步成为一个新问题，我们发明新抗生素的速度已经明显放慢了，而抗生素的使用却在不断增加。这个问题并不仅仅限于细菌，而是所有的微生物都可能出现变异，令我们现有的药物失效。我们在过去几十年间努力控制疟疾和 HIV，并取得了长足的进步，但如果这些疾病重新逃脱我们的控制，那么情况就有可能出现反转。

奥尼尔在报告中总结道，在印度、尼日利亚和印度尼西亚——这些人口非常密集的国家，在疟疾治疗中出现耐药性的风险不断增长；俄罗斯则可能出现结核病蔓延的情况；整个非洲都有出现疟疾和 HIV（可导致艾滋病）与结核病耐药性的危险。几乎就在同时，《纽约时报》当时派驻印度的记者加德纳·哈里斯也调查了超级细菌在印度婴儿群体中的问题。正如奥尼尔的报告震惊了英国乃至全世界一样，他的调查也震惊了印度。他还引用了英国医学刊物《柳叶刀》中的一项研究。该研究表明，印度每年有超过 5.8 万的新生儿死于对大多数抗生素都有耐药性的细菌导致的感染。当然，相比印度每年有几十万的 5 岁以下幼儿死于腹泻和其他疾病，这一数据显得微不足道。然而这一现象才刚刚出现，且趋势日益严重。“5 年前我们几乎从没见过这些类型的感染疾病，”新德里甘加罗摩医院新生儿科的医生兼主任尼兰·克勒告诉哈里斯，“如今，我们接收的婴儿中几乎百分之百都存在多种药物的耐药性感染。这太可怕了。”

威平·瓦希西塔是恒河边北方邦比杰诺尔小镇上的儿科医生，他向我们描述了 2009 年他所在的医院里因细菌获得 blaNDM-1 基因而发生抗生素耐药性感染的事件。当婴儿们开始死亡时，他感到非常恐惧。“我发现致命性的瘟疫正在蔓延。而绝大多数人什么都不知道……我们水中的细菌、污水、土壤甚至身体内的细菌，它们几乎对所有抗生素都免疫了。”

发展中国家的婴儿死亡情况实在令人心碎。但如果你认为在富裕的工业化国家里，病人们就能免受抗生素耐药性的折磨，或者在未来也只会受到轻微的影响，那你就想错了。将来许多人会听说可怕的超级细菌在医院病患中蔓延开来，其中包括可导致病患因败血症而死亡的耐甲氧西林金黄色葡萄球菌。奥尼尔在报告中还警告说，当代医学在髋关节置换等手术中依赖预防性抗生素，如果药物耐受的情况进一步发展，将会增加这类手术的危险性。癌症治疗也常常会抑制病人的免疫系统，令他们更容易受到感染；如果没有有效的抗生素，化疗的风险也会随之增大。

在纽约或者伦敦医院中的病人因感染超级细菌而死，这和印度有什么关系呢，更别提恒河了，尤其是病患甚至从未去过南亚国家。答案是这样的：导致细菌出现耐药性的 NDM 基因广泛分布在印度人和其他动物身上，遍布大大小小的阴沟、溪涧与河流，并会最终藏匿在人的体内向外传播，波及世界的每个角落。这当然是个敏感的政治问题。当 2010 年《柳叶刀》将新发现的 NDM 基因用印度首都的名称“新德里”命名的时候，一些印度官员与医生对此极其愤怒。如果这种基因蔓延到全世界，那么这一耐药性问题的发源地也就不那么重要了。不过，无论是印度本土，还是国际的科学家，都承认南亚是这一危机的核心区域，也一致认同印度（它即将取代中国成为世界人口第一大国）迫切需要改善公共卫生条件，建设厕所和有效的污水处理厂。印度还应该进一步减少滥用和过度使用抗生素的情况，以免加速耐药性菌株的变异速度。

上述说法同样适用于恒河上游流域，也包括赫尔德瓦尔这样的圣城。从此地往后，恒河才会流经一些很大却很脏的城市，最后流入大海。赫尔德瓦尔全城禁止肉类和酒精，是印度教教徒的朝圣圣地。旅行作家埃里克·纽比曾经乘船沿着恒河顺流而下，并在他1966年出版的《慢船下恒河》一书中详细生动地描写了赫尔德瓦尔的景象，令世人印象深刻。他在书中写道，贪婪的导游讲述似是而非的宗教故事，好让可怜的游客们多掏出一些卢比，还回忆了18世纪发生的暴力事件（1760年，圣人或者说是苦行僧与敌对派系之间发生群殴事件，据说造成将近2000人死亡）。书中还生动描述了从神圣的河坛上所见到的混乱而多彩的当地生活，而这些神圣的河坛就是在恒河沿岸城市中沿河修建起来以供人们下河沐浴的台阶。

我们站在岸边，脚下的河水里有些肢体残缺的乞丐像螃蟹一样在石头上爬来爬去。离岸的小岛仅靠两条装饰性的桥梁与陆地相连，小岛上挤满了并非为了宗教仪式而只是为了清洁身体而下水沐浴的人。他们先在全身涂满肥皂，然后把身子浸没在河水中。戴着头巾的男人们乘坐由枯树枝扎成、靠空葫芦浮起来的小木筏顺流而下，银色的大牛排出神圣的粪便，为这个圣地增添了自己的贡献。河边有一些理发师，尽管正统种姓将他们视为不洁之人，却也离不开他们的服务。此刻，这些理发师正在瓦楞铁皮搭建的歪斜窝棚里给客人们进行仪式性的剪发：剃头，修理鼻须和耳毛，帮助客人们准备下河沐浴。此时的风还很冷，夹杂着焚烧粪便的气味，还混合着花香、檀木香和其他辨识不清的气味。在11点钟明亮的日光下，一切都浸入了河中。这真是令人激动而愉悦的场景。

令人惊讶的是，在赫尔德瓦尔这样的河畔城市里，这一切似乎从未改变过，只是变得更多了——自纽比的印度之行以来，印度的人口已经增长了两倍，这条河流的污染也更加严重了。他当时还曾下河游泳，亲眼看着一条 30 磅重的印度鲃鱼啄食自己。此外，即便在喜马拉雅山南侧的这个地方，水中也含有 NDM 耐药基因。

在我读过的所有有关抗生素耐药性的学术文章中，一篇由印度和英国科学家撰写的关于恒河主题的文章最引人注意，不过标题非常低调：水源传染的 blaNDM-1 耐药基因数量增长与人类季节性前往恒河上游地区进行朝圣活动有关。该研究确认了在亚穆纳河（流经德里的恒河支流）与恒河干流中都发现了 NDM-1 基因。研究还发现高含量的基因与高含量的粪便大肠杆菌有关，因此也与流入河水中的人类污水有关。更重要的是，研究样本表明，在赫尔德瓦尔附近（相对）洁净的恒河上游河段也受到数量猛增的细菌污染，而在 5 月至 6 月的朝圣季节，随着成千上万城市居民的到访，河水中的 blaNDM-1 污染也随之猛增。换句话说，虔诚的印度教教徒们不知不觉地在前去朝圣的每一处河流中传播着疾病，也传播着这种疾病的抗生素耐药菌。全世界的印度教教徒都将恒河母亲视作神圣的女神来崇拜，正因如此，河边的大都市与小城镇，从瑞诗凯诗和赫尔德瓦尔到加尔各答，其间还有阿拉哈巴德和瓦拉纳西，它们在印度历史与文化中都有着崇高的地位。

恒河之所以会受到这么严重的污染，部分原因是印度教教徒们不愿相信自己的圣河真的会被玷污。甚至连外国游客也会怀有错误的假想，认为恒河上游的水质是安全的。《恒河 - 亚穆纳河报》将恒河上游河段遭受 NDM-1 的污染部分归咎于朝圣者总是假定河水洁净，却不考虑他们在河边大规模活动所造成的影响。有数据表明，因为许多朝圣者都是来自 NDM-1 更普遍的印度城市，他们每个人身上携带的 NDM-1 基因比当地居民多出 20 倍。文章在结论部分提道，“这样一来，朝圣地区就成了 blaNDM-1 和其他 ARG（抗生素耐药基因）更广泛传播的‘高危地带’，尤其是当有人在恒河里沐浴或者喝水，以及受到感染的朝圣者在到访这个地区后，又返回家乡时”。

我觉得这就是确凿的证据，证明印度的河流污染已经十分严重，而且产生了重大的国际影响。可惜主流媒体一直在讨论重金属、致癌物和杀虫剂问题，却极少提到这一点。这促使我致电给这篇文章的作者之一大卫·格雷厄姆，也正是他告诉我，我们两人的身体里可能都带有 NDM-1 基因。格雷厄姆说，他已经研究了 15 年环境中微量污染物的影响。2008 年以前，他一直在研究种植中使用和滥用化学制剂与抗生素的问题。后来他成了耐药性基因方面的专家。

如今，要研究河水中的任何物质都变得非常复杂，因为人类往河水中倾倒了太多不同类型的污染物，很难精确甄别出何种成分会带来何种影响，以及是如何产生影响的。“大河不同于小溪。我们很难明确无误地，也就是毫不含糊地发现因果关系，”格雷厄姆说道，“我们原本可以一路（沿河而下）去瓦拉纳西，然后就能写出一篇惊世骇俗、耸人听闻的文章。”不过事实并非如此，由于关注到印度与巴基斯坦地区普遍发生的抗生素耐药性问题，并受到他做博士后研究时的印度同事齐亚丁·谢赫建议的启发，他开始研究 2012 年赫尔德瓦尔朝圣活动对恒河的影响。从那时起，格雷厄姆和谢赫花了 3 年时间收集河水样本。“这项研究也有着很显著的政治意义。”格雷厄姆说，“他们必须制止户外大小便的做法。如果他们看到恒河流域任何其他地方有人这么做，就应该进行制止……在印度的有些地方，我觉得也许是没什么希望了。可如果我们在恒河流域建起希望的灯塔，也会创造一些社会动力。”

谢赫后来成为印度顶尖科研机构之一的德里印度理工学院生物化学工程与生物技术系的副教授。当我在德里南部那座宽阔却又略显乏味的校园里见到他时，他正在研发污水处理技术，这项技术不仅可以满足清除致病菌的常规要求，还可以减少河水中日益严重的 blaNDM-1 污染问题。“我们必须增加处理厂的数量，改善现有处理厂的工作效率。”他说。在坚持了 3 年恒河河水的采样工作后，“我们现在可以清楚地看到抗生素耐药基因的特征性表达谱，也能看清它们是如何在环境中留存下来……在瑞诗凯诗和赫尔德瓦尔都发现了逐步增长的趋势。”T. R. 斯里克里斯汉是这个系的系主任，也是这项研究的合作者之一，他告诉我：“它能够进入河水的唯一途径就是通过粪便污染……如果在污水排入河道之前不能将其正确地处理，那么不仅是在污染河流，也是在帮助传播抗生素耐药菌。”

自从 NDM-1 在 10 多年前被首次发现后，就一直以令人震惊的速度在全球传播。这种基因已知最早的人类携带者是一位 59 岁因患糖尿病住院的印度裔瑞典人。他在 2009 年前往印度时患了尿路感染。他曾因臀部脓疮先后在卢迪亚纳和德里接受治疗，还进行了手术。根据《柳叶刀》的描述，他的感染是由一种名叫肺炎克雷伯菌的细菌菌株导致的。由于此前存在某种未知的细菌基因可以编码 NDM-1 蛋白，所以这一菌株对抗生素产生了耐药性。

有人曾提出，印度的大小医院对来自世界各地的患者而言非常便宜，是上述问题的主要根源。不难想见，这种说法在当时引起了不少印度医生和政府官员的愤怒。有些人甚至把这视作试图破坏印度经济的西方阴谋论。“我觉得这里面有经济方面的动机。”印度医院感染协会的秘书拉曼·萨达那医生说。不过，众所周知，汇集了各种病患和多种药物的医院必定是病原菌加速进化的理想温床。德里的一家医院曾在 2010 年进行了一项研究，结果在 3 个月内就发现了 22 名患者携带含有 NDM-1 基因的细菌；而在印度与巴基斯坦的其他地方也很快发现了类似的情况。印度落后的卫生条件与抗生素滥用问题（不需要医生处方，也可以轻易买到药物，病人常常不会坚持整个药物疗程，这些做法都会进一步增加疾病中耐药菌株的存活与扩散概率）只会进一步加剧这种危机。这两个问题“令印度在传播抗生素耐药性方面有一个堪称完美的体系”。英国东英吉利大学医学微生物学教授大卫·利弗莫尔说：“最初是在印度与巴基斯坦这两个国家，这种耐药菌才有了真正繁衍发展的机会。”

印度公共健康基金会的拉马纳·拉克西米纳拉扬是这方面的专家。他说印度在一场“完美风暴”中制造出高致病性的菌株，而这场风暴就是一个“大型的医药产业，传染性疾病的高背景速率，以及有能力使用抗生素的足量人口”。卡迪夫大学的微生物学教授蒂莫西·沃尔什也是《柳叶刀》上这篇论文的作者之一。他认为，尽管印度产生了一些高质量的研究，但印度的政界和医学界都在否认事态的严重性，其中一个原因就是印度的医院并不想因此吓退来自国外的病人：每年前往印度的“医疗游客”高达

300 多万。沃尔什还说，在他主持完成 2010 年的那项研究后，印度就再也不欢迎他了。他如今在印度邻国巴基斯坦工作，而当地的问题也同样很严重。“在那里很容易开展研究。”他说，“我们刚刚完成了全世界该类型中规模最大的研究，考查了卡拉奇公立医院收治的 2000 名病人的粪便（细菌）。”研究结果表明，其中 25% 的病人在入院前就在社区里感染了 NDM-1。

如今，在全世界的医院里都能找到因 NDM-1 引发的对大多数抗生素耐药的细菌感染。患者中有的曾前往印度进行整容手术，还有不少是去其他国家度假回国的人。当然，携带 NDM-1 病菌最主要的“蓄水池”还是在印度次大陆、中东和巴尔干地区。2011 年，沃尔什教授和同事们在《柳叶刀》上发表了另一篇研究报告。报告说，在新德里检测的地表水样本中，他们在接近三分之一的样本中发现了含有 NDM-1 的细菌，而在 50 份饮用水样本中，竟然也在 2 份中发现了此类细菌。此外，他们在 11 种此前未被报告过的细菌中发现了此类基因，其中包括鲍氏志贺菌和霍乱弧菌，它们分别会导致痢疾和霍乱。有一点目前已经很明确了，即便最初是在理想的医院条件下筛选检测出的 blaNDM-1，如今也已经广泛存在于我们的环境中了，包括恒河在内的各条印度河流。

NDM-1 有许多令人不安的特性。首先，与之相关的细菌几乎坚不可摧，那些当今医生们常用的各类抗生素，包括专门用以应对抗生素耐药菌的碳青霉烯类抗生素似乎都失去了作用。此外，NDM-1 最初是在一种所谓“革兰氏阴性”的细菌中发现的，如肺炎克雷伯菌，这类细菌本身就令医生们头疼不已。“革兰氏阴性菌有着很厚的细胞壁、发达的细胞防御机制，就算抗生素能够穿透，也可能会很快就被排出来。”科学评论员安亚纳·阿胡亚曾专门撰文恳请大型医药企业投资开发新的抗生素。她比较了在美国正在接受检验或等候批准的 800 种抗癌药物和疫苗，以及在全球渠道中的 41 种抗生素，结果发现仅有 3 种可以被认为是在对抗革兰氏阴性致病菌方面“有突破性进展的抗生素”。她在总结中写道：“这些对比数据让人不寒而栗。”最后一点，NDM-1 不仅可以在同一种类的细菌之间移动，还可以在不同种类的细菌间移动，这一过程被称作“水平基因转移”。格雷厄姆也指出，这种基因“既可以作为一个完整的基因被获取，也可以嵌入新有机体合适的地方，就像是一种迅速的进化”。这种基因还有可能偷偷潜入细菌中而不被发现，直到细菌感染了人，致人生病，医生用抗生素进行治疗的时候，才会产生科学家们所说的“应激性”。谢赫说：“应激性会诱发或者启动这个基因，这样一来，致病细菌就被激活，产生抗生素耐药性。”

NDM-1 的情形已经够令人揪心了，而当我在 2014 年 9 月翻看一份印度财经报刊的时候，无意中读到的一篇文章里提到了一种名叫 NDM-4 的新型基因。阿里格尔穆斯林大学的生物技术系教授阿萨德·乌拉·可汗，在采集的污水中常见的大肠杆菌病毒中发现了 NDM-4。而污水采样的地点距离阿里格尔医院的一间病房洗手间还不到 10 米。这是印度首次在污水中发现 NDM-4，不过这个基因以前在丹麦、喀麦隆、法国和捷克共和国都曾被检测到。印度这一次是在 NDM-4 流向恒河的半路上将其截获的。阿里格尔地处恒河干流与其支流亚穆纳河之间，距阿格拉与泰姬陵都很近，其中泰姬陵是莫卧儿王朝的皇帝沙贾汗为了纪念爱妻所修建的举世闻名的陵墓。“NDM-4 是 NDM-1 的一个变体。”可汗告诉我，相比前任，这个新基因对更多的药物产生了耐药性，对于那些自身免疫系统已经受损的住院病人而言，是一个很大的威胁。“它比 NDM-1 更加危险……我们只是报告了一个单独的例子，但事实上，还有许多这样的病例。”当然，进化是不会停止的。科学家们目前也已经确认发现了 NDM-5、NDM-6、NDM-7 和 NDM-8。

看起来无论是在印度，还是全世界，都在面临着抗生素耐药性细菌感染的严重危机。我这一代人自幼就懂得，几乎所有的细菌感染都可以通过正确使用合适的抗生素来治愈，可是如今超级细菌在全球蔓延，只怕会再次让我们退回到祖父母的那个时代——无论是儿童，还是成年人，都有可能死于当今发达国家早已不以为意的常见疾病。对于现代英国、美国、日本、智利和中国的人们而言，儿童死亡属于罕见的、足以登上报刊的悲剧事件。但是由于许多快速传播的细菌中含有可怕的基因，可以将其编码成为抗生素耐药菌，造成肠道、肺部、皮肤、血液、尿路及其他部位的多重严重感染，这类感染会造成其中一部分感染者死亡。

在印度，研究发现耐药性的发生率非常高，其中治疗伤寒的一种药物竟然出现了 95% 以上的耐药性。在目前有最新数据资料的 41 个国家中，印度是对所谓的革兰氏阴性菌，如大肠杆菌和肺炎格雷伯菌等，到“最后手段”的碳青霉烯类抗生素耐药率最高的国家。而这样的耐药率还在持续增长。当有些感染对现代治疗手段产生耐药性后，医生们会采用以往古老的粘杆菌素来进行治疗，结果发现这类药物对有些患者也没有效果。大卫·卡梅伦在担任英国首相期间，就曾经警告说“医药界的黑暗时代”要回来了。正如气候变化问题一样，我们也可以采取一些行动来控制可能带来的危害，甚至扭转事态的发展。但是，也如同气候变化问题一样，想要成功，就必须要求政府、企业和民众一起共同投入时间、资金与努力，有时候还必须大刀阔斧地改变现有的行为方式。

无论是在印度的微生物学家可汗，还是在英国的社会活动家奥尼尔，他们都知道该做些什么。其中包括改善医院的卫生条件，正确管理抗生素的发放（特别是在印度这样的国家，抗生素几乎不受控制），加强抗生素耐药性方面的信息共享（瑞典正在尝试帮助印度改善这方面的数据系统），以及鼓励投资研发能够对抗超级病菌的新型抗生素。奥尼尔自己的专业是经济学，他坦率地承认微生物与医药的世界对他而言，“就像斯瓦西里语”。但他最近说道，如果医药公司不能投入更多资金开发新型抗生素，那么它们就会像 2008 年全球金融危机后银行遭遇普遍抵制一样遭到人们的抵制。如果它们只盯着更有利可图的抗癌药物，人们会指责它们造成了越来越多的人因耐药性感染而死亡，正如当时银行在危机爆发前过分关注新奇的金融工具一样，人们会指责它们忽视社会责任，令数以百万计的民众蒙受经济上的损害。“如果到了 2050 年，全世界将有 1000 万人奄奄一息，”他说，“你说该指责谁呢？”

奥尼尔希望联合国全体成员国都可以签署一份关于共同应对抗生素耐药性问题的协议。他也谈到了用以激励相关研究的价值 20 亿美元的全球创新基金，各国政府、国际金融机构和医药行业在未来 5 年都将为此作出贡献。奥尼尔还说，相比无所作为带来的沉重代价，这些钱对于纳税人而言不过是“小菜一碟”。他所在的委员会总部设在英国，目前正在努力调整对葛兰素史克这样的私营企业界药品巨头的利润诱因，使这些公司能够更加积极地应对这一新的威胁。目前，这些公司过度关注那些利润丰厚的抗癌药物，而牺牲了其他药物的研发。不仅如此，药品公司为了自身经济利益，还追求抗生素药物销量的最大化，哪怕这意味着有些药物存在使用不当的情况。这样的做法也会加速耐药菌的增殖。所以，他所在的委员会提议政府预先支付给制药公司大笔经费，促使他们研发出成功的新型抗生素（这样就跳过了销售量与利润之间的环节），不过这些公司首先必须已经花费了数百亿美元——一般估计 4 种新药的研发经费在 160 亿 ~ 370 亿美元——用以开发新的治疗方案。这笔费用虽然很昂贵，但仅仅全球最大的 10 个医药集团每年的利润就达到了 900 亿美元。对于奥尼尔将医药业与遭人诟病的银行业进行类比的警告，有些企业家已经听了进去。“金融产业发现自己已经被社会上的利益相关人士嫌弃了，”葛兰素史克的总监安伟杰爵士最近说道，“我们这个产业不能重蹈覆辙，这一点真的很重要。”

印度是世界上人口最多的国家之一，同时也是最容易遭受耐药性细菌侵害所导致的死亡和疾病的国家之一。仅凭这一点，印度在这方面显然起着至关重要的作用。同时，印度还拥有一个庞大的医药产业，尽管稍有例外，但主要生产的都是廉价“仿制药”并销至世界市场，此外，该国的生物技术领域虽然规模较小，但也非常活跃。目前印度所面临的最大任务是改善基本卫生条件，修建污水处理厂，以便净化那些源源不断流入全国各地水道中的污水。巴基斯坦、印度和孟加拉国三国的总人口占世界人口近四分之一，这三个国家连同它们的下水道、溪涧与河流形成了耐药菌和耐药基因的天然“蓄水池”；位于孟加拉湾的恒河三角洲覆盖着印度与孟加拉国接壤的地区，这里的两条大河流经加尔各答和达卡，都是世界上最大的城市之一。“这个问题很快会变得更加严重。”拉克西米纳拉扬说。他是华盛顿与德里的疾病动态、经济与决策中心主任，也是普林斯顿大学的高级研究学者。他说：“要想从印度的河水中培养出不含抗生素耐药基因（的细菌）是很困难的。”

对于我们这些住在印度的人来说，无论是在恒河上游激流泛舟后跃入河中，还是在德里小酌一杯的时候，其实很少有人会想起这种危机。但不幸的是，事实就是如此，耐药性问题已经开始广泛扩散，不仅通过医院，或源自医药和农业领域的用药不当，还通过南亚污水泛滥的下水道中的人类粪便，继而在该地区的饮用水中传播开来。另一个麻烦是许多污染物都会令微生物产生应激反应。“应激反应会诱发细胞基因重排，增加细胞获得和激活 AR（抗生素耐药性）基因的可能性，甚至在没有抗生素存在的情况下也会发生。”格雷厄姆与同事在一篇学术论文中警告人们，恶劣的水质会进一步加剧抗生素耐药性的问题。“污染物的应激反应增加了细菌内部产生抗生素耐药性的可能，因此，污染程度更高的地区，抗生素耐药性的传播风险也更大。”他们还进一步警告说，这一问题还可能通过航空旅行在国际快速传播：

也许有人会对新兴国家的这些局部问题冷嘲热讽、指手画脚，但是，国际旅行和日益增长的人口流动性已经改变了疾病的流行学特征。人们可能在世界某一个角落获得了多重抗生素耐药性基因，这些基因留在肠道里，然后在旅行途中，这些潜伏的抗生素耐药性基因被带到世界各地。此外，随着各地财富的增长，国际旅行也日益频繁，其中很多旅行是往来于水质条件较差的国家的。因此，一旦出现了新型抗生素耐药菌，人类的旅行习惯便会让它广为传播，可只有在对这种抗生素耐药菌治疗失败的时候，才能得以确认，而医院与细菌的源头之间已经隔着千山万水了。照这样看来，恶劣水质造成的后果并不总是昭然若揭的，而其重要性也不亚于在世界上很多地区的抗生素合理使用问题。因此，我们认为，改进抗生素的使用只能解决一部分问题，在全球范围内改善水质同样非常重要。

无论是印度、欧洲，还是北美，人们都没有充分认识到落后的卫生条件已经令恒河与南亚其他河流中不仅充满了致命的超级细菌，还充满了抗生素耐药性基因，它们正随着这些河道四处传播，广为扩散。正如格雷厄姆与他的合作者总结的那样，“若再不树立正确的观念，我们几乎肯定会进入一个如许多灾难预言家所说的‘后抗生素时代’了”。

本章论及恒河污染，就不得不说到一个古老的话题，那就是恒河的水无论是在实际意义上，还是精神意义上，究竟是否具有洗涤清洁的作用？简而言之，恒河水是否具有杀菌力呢？许多印度人认为恒河水肯定具有这种神奇的特质，当然，也有很多人对这个想法嗤之以鼻，认为这是荒谬的迷信。在某种意义上，这两种想法都对，也正因如此，关于河水的古老传说与当代医学中噬菌体的概念，即可以摧毁霍乱与其他细菌的病毒，才会交织成如此繁复曲折、深奥难解的故事。

正如每个虔诚的印度教家庭中都有一只用来盛放恒河水的铜罐，每个中产阶级的城市家庭中都有一套甚至几套复杂的滤水器和净化机，以去除自来水中的有害细菌。在印度，滤水器和相关维护是一项大生意。有些净水机用逆向渗透的原理净水，有些则使用紫外线辐射来杀菌，还有些机器则两者兼具。

不过，我们首先还是要回溯到数百年前，那时印度的国王与皇帝，包括并不受印度教恒河女神崇拜影响的穆斯林统治者们，其饮水都来自恒河。他们都非常注重水质。这一点很多学者和欧洲旅行者都曾提到过。14 世纪的伊本·白图泰曾说过，德里的苏丹穆罕默德·宾·图格鲁克的皇家用水要花费长达 40 天的周折运输。阿克巴皇帝则把取自恒河的水称作“永生之水”。

17 世纪时的牧师爱德华·特里也曾提到莫卧儿王朝非常喜欢恒河水，因为它有一个神秘的特点。他说，恒河水比普通的水更轻盈，不过也有人怀疑他并未通过自己的实验证明这一点。“有一点神奇之处不能被忽略，那就是 1 品脱的恒河水比整个王国其他地方的水都会轻 1 盎司，所以莫卧儿皇帝无论在哪里，都要带着恒河水随时饮用。”印度教教徒对恒河水自然也是赞誉有加。尼古拉斯·威辛顿是与特里同时期的一位商人，根据他的说法，“印度人带着恒河水走出好几百千米，他们说无论经过多久，河水既不会发臭，也不会生虫”。多年以后，一位英国医生也曾提到，从胡格利河——恒河的下游地区——带回来的饮用水在返回英国的航船上可以储存很久，时间远超前往印度时从英国带去的饮用水。

然而，印度城市附近的恒河水还是会致人生病，也许在河边最初有人居住时就已经如此了。17 世纪的法国宝石商让 - 巴蒂斯特·塔沃尼尔就知道河水并非如人们想象的那么纯净，他曾在阿拉哈巴德获得了非常不愉快的第一手证据。

我们到了恒河边，往酒中倒了一些恒河水，然后每人喝了一杯，结果我们的胃都很不舒服。我们的男仆喝下的只有恒河水，遭受了比我们更惨痛的折磨。那些荷兰人的房子就在恒河边，他们只喝煮沸的恒河水。至于这里的当地人，他们自幼就已经习惯了。国王和大臣们都只喝恒河水。每天早晨都能看到大量的骆驼到恒河边去，它们唯一的任务就是运水。

一位负责侍奉市长的外科医生克劳德·迈耶当时建议塔沃尼尔不要喝恒河水，只喝井水，因为河水会让他们腹泻。

19世纪末，恒河的净化功能似乎还得到了科学证实。这项研究至今在印度还被广泛引用，人们以此坚称河水具有抗菌的特性。英国自然学家欧内斯特·汉金也是霍乱和其他细菌方面的专家，他通过一系列实验表明，恒河与亚穆纳河的河水可以在几小时内杀死霍乱菌。他认为这就能解释为什么虽然霍乱是经水传播的疾病，但是下游地区没有暴发疫情，也能够解释为什么在稍稍远离印度河畔大城镇的下游水样中就很少发现这种病菌。

对于这些发现，他写道："这些河水中含有一种杀菌成分，可以强有力地杀死霍乱菌。"但他并没有明确说是哪种物质，后来有一位作者将其称作"神秘的X因素"。他还建议朝圣者们在参加印度教集会时应避免使用井水，反而鼓励他们使用河水，并自认为是个好主意。

汉金的研究发现引起了很大的轰动，甚至连不久后到访印度的美国作家马克·吐温也注意到了。当他看到印度民众在瓦拉纳西愉快地喝下恒河水，而几步台阶之下就是肮脏恶臭、漂浮着尸体的污水后，如此写道：

印度人世世代代都坚信恒河水是绝对纯净的，不可能通过任何接触沾染污秽，而且无论什么东西碰到了河水，就一定会变得纯净清洁。他们对此依然深信不疑，正因为如此，他们会在河中沐浴，喝下河水，而对眼前的污秽与浮尸毫不在意。一代又一代的印度人为此遭到嘲笑。但现在，这些嘲笑也需要改改了。在古老的年代里，他们是如何发现河水中的秘密的呢？他们那时候有细菌学家吗？我们并不知道。我们只知道，当我们刚刚度过奴隶制度的时候，他们早已经拥有了悠久的文明。

如今你可以在亚马逊网站的印度网店上买到高穆克发源地的恒河水，1 升水的价格是 260 卢比，外加 50 卢比的国内运费。印度通信部部长拉维·尚卡尔·普拉萨德表示，他曾要求邮政部门安排将“纯净的恒河水”从赫尔德瓦尔或瑞诗凯诗送到想要买水的人们手中。在西方国家，费用就更加昂贵了。我在 eBay 网发现一瓶 200 毫升的恒河水价格为 6.32 英镑，此外还要支付 19.14 英镑的邮费和包装费。

在印度，喝下未经处理的恒河水的人们常常会生病。人类学家凯利·阿利在开展研究的过程中就常常接触到恒河水，她用反讽的语气写道：

我通过反向路径获得了自我实现！因为喝了用恒河水泡的茶，我感染了病毒性肝炎，这迫使我看清了外部形态与内心崇拜之间的区别，也认识到我自己与那些受访人之间的区别。罹患肝炎让我更加畏惧“水污染”，更加远离崇拜，但是在受访者的心中，环境污染与公共健康之间似乎没有一点关联。

另一位在瓦拉纳西工作的英国人告诉我，他在喝下了用恒河水制作的某种饮品后，“病得很厉害”，可当地居民的身体显然“对这种东西的抵抗力很强”。

话说回来，恒河水是否真的拥有某种特殊性质，可以杀死河水里或者饮用者身体里的霍乱菌呢？或者说，我们是否应该怀疑，那些贩卖河水并吹嘘其神奇特性的人其实也和以往声称泰晤士河有魔力的那些人一样，不过是一群骗子呢？（《泰晤士报》的彼得·阿克罗伊德曾经写道：“总是有人会抱怨河水的清洁与安全问题，但各大企业经理们也总是重复一样的声明，也就是早前某个药剂师的说法——泰晤士河水有自我净化的特性……河水事实上是能杀菌的，19 世纪的各种疾病都说明了这一点。”）

加拿大科学家菲力克斯·德爱莱尔于 1916 年至 1917 年在巴黎的水中发现了一种物质，并将其称作噬菌体（字面意思为“吞噬细菌的物质”），这给那些相信恒河水具有神力的人送去了福音。他的这项研究至今还在被引用，以佐证传说中恒河水所具有的杀菌特性。当时的人们并不能通过显微镜看到噬菌体，但是这些噬菌体随后被确认为是一种病毒，并发现它们在自然界不仅大量存在，而且种类多样。它们通常十分微小，形似拉长了的登月舱，伸长的鞘部顶端有隆起的“头部”，其中含有 DNA 物质，而突出的“尾部”纤维很像是昆虫的足。尽管 20 世纪二三十年代有人在实验中使用噬菌体成功治愈了印度旁遮普邦和阿萨姆邦的霍乱病人，但是在利用噬菌体治疗细菌性疾病方面，可谓成败参半。这让人逐步认识到，应对每一种不同的细菌都需要正确地使用适当的噬菌体，因为每一种噬菌体都针对一种特定的细菌宿主。随着 20 世纪 40 年代其他抗生素的发现和广泛使用，且这些抗生素往往具有广谱抗菌作用，可以有效治疗多种疾病，噬菌体疗法便渐渐地不再受欢迎。该疗法在苏联时期得到了广泛的应用，包括在 20 世纪 80 年代的阿富汗战争时期。

如今，噬菌体疗法似有复兴之势，这与近年来抗生素药效降低不无关系。随着抗生素耐药菌（例如携带 NDM-1 的细菌）的不断蔓延，噬菌体疗法可以替代一些已经失效的抗生素。“抗生素对有些疾病确实没有太大的效果。”加纳基拉曼·拉马钱德兰说。他从风险资本家那里获得了噬菌体研究与开发的基金资助。“到某些阶段，我们会有更多的噬菌体疗法。”我之所以会听说他的公司，是因为这个总部位于班加罗尔的公司，名叫“恒珈根”公司，这个名字部分源于恒河及其在噬菌体研究史上的地位，也源于他已故的母亲，她的名字也叫“恒珈”。在 2001 年创立“恒珈根”公司之前，拉马钱德兰还负责阿斯利康在印度的制药项目。他对我讲述了自己在 2003 年如何安排筹措，从纳西克大壶节的沐浴区域取来 5 升水，然后与科学家们一起分离出可以对抗葡萄球菌的 8 种噬菌体。“恒珈根”公司目前研制的主要产品是一种抗葡萄球菌的噬菌体疗法，除掉噬菌体 DNA 后（主要是考虑到监管部门的担忧，同时也让细菌无法对噬菌体疗法产生耐药性），这种疗法可以杀死金黄色葡萄球菌，包括医院里的超级细菌——耐甲氧西林金黄色葡萄球菌。其他噬菌体公司还进入了食品安全领域，专门研发非医用的噬菌体产品，可以保护鱼类与肉类食物免受李斯特菌和沙门氏菌等细菌的污染。

由于噬菌体不易储存与运输，给相关工作的展开带来了很大的困难。也由于噬菌体是自然界无处不在的有机体，所以本身并不能得到专利保护，这一点也会打击投资者的热情。此外，噬菌体不仅可以治病，也可能致病，如果它们的基因与细菌基因混合，就会导致白喉，以及大肠杆菌 0.157 造成的食物中毒。令人沮丧的是，噬菌体疗法的临床效果总是不如实验室结果那样令人满意。苏联在 1971 年发布的一项研究中发现，噬菌体在治疗霍乱方面的效果远远不如抗生素。“我并不了解恒河的水质（这取决于你在什么时候以及在何地取样）。”当我就噬菌体与恒河的问题采访其中一位作者时，他这样说，“但从公共健康的角度来说，我当然不会推荐饮用河水，无论是河流的哪一段，都不行。”

即便恒河水确实具有某种杀菌力，显然也不是百分之百有效的。这种杀菌性也许并非源于江河海洋中普遍存在的噬菌体，而可能是河水快速重新充氧的结果，或者是水中含有镁、硫，或者从喜马拉雅山区冲刷而下的富含二氧化硅的淤泥中有些什么物质。恒河中确实存在大量的噬菌体，这一点不假，但菲力克斯·德爱莱尔很快就意识到（这是科普作家安娜·库奇门特的说法），“在细菌滋生的地方，总能找到噬菌体：阴沟里，堆积着下水道垃圾的河道里，在康复期病患的粪便里。就像所有的捕食者一样，噬菌体在食物来源附近才能更好地存活并繁殖，并发挥它们在进化中的作用，控制细菌的发展。”如果恒河里存在很多的噬菌体，那么换一句话说，那是因为居住在恒河边的人数太多，水中的细菌也更多。河水本身并不是神奇的解药。

第九章

河豚、鳄鱼与老虎

于是，诸神至爱的皮亚达西王说：在我加冕26年后，宣布以下动物免遭屠戮：鹦鹉、八哥、红头鸭、鸳鸯、天鹅、稻田鸟、鸽子、蝙蝠、蚂蚁、乌龟、无骨鱼……河豚、鳐鱼、豪猪、松鼠、鹿、蜥蜴、家畜、河马、白鸽、家鸽和所有那些没有功用也不能食用的四足动物。

——公元前3世纪阿育王第五根石柱敕文

恒河豚是恒河健康的指标，是恒河的象征，是印度的重要水生遗产，也是世界重要的水生遗产。

——R. K. 辛哈，巴特那市河豚研究者

每当想起印度的超级细菌或污染问题，很容易让人陷入沮丧和绝望之中。在德里市，空气中总是充满了烟尘。亚穆纳河穿城而过，虽然是河流的大小，但看起来就像是一条露天的污水沟。因此，我很高兴能够离开首都。坐船行驶在恒河上，我忽然看见一条两米长的河豚跃出水面。一条河豚！我见过大海中各种各样的海豚，它们喜欢围着游轮或者渡轮跳跃，旋转，俯冲；它们喜爱表现，要么在船首的激浪中追逐，要么在船尾的湍流中嬉戏。我还见过亚马孙河中的河豚，也观察并描写过中国香港和澳门之间的珠江三角洲内著名的中华白海豚。可我从未想过，在内陆数百千米的腹地，印度最繁华的都市之中居然也能看到河豚。它们是恒河豚，长着独特的带齿的长吻，正在巴特那城中的河水里捕鱼。这座城市的大小与罗马差不多。

我本不该这样大惊小怪。我这次旅行的目的之一就是拜访巴特那大学的河豚专家，请他们带我游河。但我确实没想到可以如此轻易地看到这样一种濒危的哺乳动物。河豚最近刚刚被宣布为印度的“国家水生动物”，这正是在动物学教授 R. K. 辛哈的积极倡导下促成的，他也被人们称作“河豚先生”。恒河豚与海豚不同，它们似乎对人类活动毫无兴趣，我也从没见过恒河豚游到船边嬉戏。不过许多世纪以来，它们一直与人类和谐共处。莫卧儿皇帝巴布尔曾把它们称作“水猪”，而民间则称之为“susu”，这个名字来自它们浮出水面用呼吸孔换气时发出的声音。

在人口密集的比哈尔邦首府巴特那，恒河豚的长期存在对于恒河及其守护者们而言，是一个令人振奋的消息。这也反映出现代印度最迷人的特点之一：人类居民对其他物种的包容与尊重。对此，我并不想表现得过分浪漫，也不愿在东、西方文化之间进行简单粗暴的划分。普拉迪普·克里什纳是一位电影制作人兼作家，他致力于保护本土植物，并为德里与印度中部的树木撰写过精确权威的野外指南。他对我说，尽管印度人有给鸟、狗甚至蚂蚁喂食的习惯，但他仍然担心国民对生物的多样性或野生动物的保护并非特别关心。“他们那样做是为了进天堂而积福。”他叹息道，“并非真的热爱动物。”确实，包容与尊重并不能完全等同于爱与理解——在印度和其他很多地方，一整个野生动物或植物群落都可能因为栖息地被无意间破坏而消失殆尽——不过，文化与宗教传统还是能够发挥一些作用的，从其他国家来到印度的人很容易就能发现这一点。

在北方邦繁忙的农田里，你可以看到世界上最高的鸟类之一——赤颈鹤正在厂房外小步疾走。人口多达 2500 万的德里是世界上最大的超级城市之一，在都市里繁衍生息的动物不仅种类繁多，而且数量惊人，堪比整个城市的居民。有些动物当然非常温驯，比如大象与骆驼，婚礼中载着新郎的白马，还有神牛与猫、狗。这里最时髦的商铺门前总有一只邋遢肮脏的野狗在悠闲打盹儿。德里市民不仅喂养和照料成群的野狗，甚至不惜为了捍卫它们的福利而闹上法庭。曾有人告诉我，如果在新德里市中心的洛迪花园见到一只口吐白沫的狗，你不用担心它得了狂犬病，那不过是一只得了癫痫病的狗罢了。

野生动物在城中各处繁衍生息，尤其是在首都最尊贵的地段——以英国建筑家埃德温・勒琴斯的名字命名、被统称为“勒琴斯德里”的地区，及毗邻的公园与花园最为多见。这里的老鼠、猴子、乌鸦与八哥早已学会如何与人类共处。在我们的院子里，第一眼见到的就是一只巨大的蟾蜍正在享受雨季的大雨。如果在夜晚步行回家，你必须小心避让正在过马路的大蜗牛，否则脚下会爆发出一阵阵踩碎蜗牛壳而发出的“嘎吱嘎吱”声。清晨唤醒我们的是窸窸窣窣的松鼠和各种鸟叫，如犀鸟、长尾鹦鹉、啄木鸟，以及被我父亲称为“屎鹰”的一种猛禽。在美国学校的棒球场上，这种以腐肉为生的黑色大鸟会悄无声息地俯冲下来，从毫无防备的观众手中抢走他们的汉堡包。

鲁德亚德・吉卜林在《丛林之书》的故事“瑞奇 - 迪奇 - 塔维”中生动描写了许多动物，我们平时在家中也能时常见到或者听到这些动物。比如，与故事名称同名的猫鼬、缝叶莺达吉、铜匠巨嘴鸟（吉卜林描写这种鸟的叫声“就像铁锤捶打在铜罐上”），还有那只不敢穿越房间，只能沿着墙壁爬行的麝鼠，幸运的是，这里没有眼镜蛇纳吉和它邪恶的妻子纳甘娜。这对一个超级大城市而言不是一件坏事。

我并不是说印度是一个完美无瑕的野生动物天堂，巴特那也绝非超然的世外桃源。我之所以在看到恒河豚时倍感惊讶，还有另外一个原因。当时恒河豚捉鱼的地方离河岸只有几米远，而岸边堆满了垃圾，还散发着难闻的臭水沟气味。附近河中还有一具尚未完全火化的尸体，似乎被水下的什么东西卡住了，在水流中翻转漂浮。有人骑着水上摩托艇在河面上兜圈，发出轰鸣的声响，河岸上的狗正在一头死牛的胸腔里啃咬着。幸好接下来的环境尚且算赏心悦目：加尔各答北部胡格里河上有一段开阔的河面；丘纳尔堡下游有一个巨大的拐弯，恒河由此往北流向瓦拉纳西；德里南部还有清澈的昌巴尔河——也是恒河最重要的支流之一。

不过，最出乎我意料的是在孟加拉国首都达卡郊区的一段遭受污染的河段。当时我乘船游河，并不是为了了解恒河的野生动物，而是去看河上的船只。同行的英国水文专家安德鲁·詹金斯在达卡居住多年，目前在非政府组织孟加拉乡村进步委员会工作。该委员会有着非常宏伟的社会计划。他主动提议带我去见识一下传统的造船工匠，并划着他自己的小木船载我前往。我们沿河向西离开达卡，行驶在图拉格河的河面上（这是梅克纳河的一条支流，梅克纳河的下游连接着帕德玛河，这是恒河在当地的名字），从加布塔利桥往下望去，只见河面上挤满了货轮与大大小小的船只，水面上生长着密密匝匝的水葫芦，一些小船在其中穿行。水葫芦是一种浮生植物，叶片嫩绿，花朵的颜色接近莲花，虽然比漂浮在水中的垃圾赏心悦目，却是一种恶名远扬、生长快速的入侵物种。它的故乡是亚马孙盆地，目前已蔓延扩散到非洲与亚洲地区，早已给世界各地的水路使用者们带来了许多麻烦。至于这种有害生物是如何来到现在的孟加拉国的，詹金斯说有好几种说法。其中一种说法可以追溯到英属印度时代，一位贵妇想要美化花园而引进了这种堵塞河道的植物。而根据另一种说法，水葫芦又被称为“德国花”，据说是德国人在第一次世界大战期间引入这里的，目的是阻塞河道，打击英国最重要的殖民地。

起初我运气不佳，没有找到造船工匠。周五下午，我们与一群朋友短途出游时（周末就待在孟加拉国），我沮丧地发现，我们船头旁的水洼又黑又脏，还散发着油腻的恶臭。对生活在德里的人而言，看到孩子们在水中游泳欢闹，老人在木料厂外用肥皂擦身，已经见怪不怪了。但令人震惊的是，在这宛如狄更斯所描绘的肮脏景象之中，居然还能看到几只恒河豚。它们从乌黑的水下冒出来，光滑的灰色身体闪闪发光。这里还有蓝色与橘色的蜻蜓，偶尔还能在岸边看到水鸡，甚至还可以见到翠鸟，所以下游一定有鸟类与河豚爱吃的鱼。

这样的景象既振奋人心，又令人沮丧：振奋人心是因为这说明河豚在极其恶劣的条件下也能生存，但是看到河豚生活在污染如此严重的水域中，实在令人沮丧。这也说明它们面临着多么严峻的生存威胁。河豚也是非常脆弱的动物。辛哈与其他研究者所做的研究估计，在恒河豚历史上曾经出现的范围内——从西方恒河上游的喜马拉雅山山脚到布拉马普特拉河和东方孟加拉国地区的其他河流，它们的总数量在 2000 ~ 2500 只。巴基斯坦的印度河豚曾被认为是另外一个物种，如今也被归为同一种群的不同亚种。这一种群发源于两条河流系统相互连通的时代，种群数量大约是其近亲恒河豚数量的一半，也是世界上最稀少的哺乳动物之一。

恒河豚是世界上仅存的 4 种淡水豚之一，它保留着原始鲸类动物的特征，因此特别受到动物学家的关注，但相关研究也非常艰难，因为恒河豚通常生活在混浊的水中，浮出水面的时间非常短暂。恒河豚的吻部细长有齿，与恒河鳄鱼的口部形状很像，这是为了更好地捕食湿滑的小鱼而进化的结果。恒河豚的眼睛很小，只在嘴巴上方有一个针孔似的开口。由于缺少晶状体，恒河豚基本没有视觉（不过也许可以感受到光线），但是它生活在能见度几乎为零或极低的水中，依靠回声定位捕食，所以没有视觉也不算太大的损失。它们的捕食方式很特别，游动时侧着身体，通常是右侧贴近水底，用鱼鳍感受河床的水流，上下摇动头部捕食。侧身游动时，其中一只眼睛也许可以探测到从水面射下来的光线。

这种在恒河平原的大小河流中生活了 6000 万年的神奇动物如今面临着许多危险。修建水坝和拦河坝隔绝了印度、巴基斯坦、孟加拉国和尼泊尔（恒河的一些最主要支流都发源于此）的河豚种群，并导致其灭绝。在比杰诺尔拦河坝建成 12 年后，河坝上方恒河干流中的河豚就消失了。此外，过度用水进行灌溉造成干旱季节河流水位骤降也进一步危及了河豚栖息地的安全。许多地方的河床本身也受到大规模采沙的破坏，这些沙子被挖走后送到印度全国各地，为建设现代化高楼所需的水泥提供原材料。鱼类和以鱼类为生的河豚还受到了污水、工业废水、化肥与杀虫剂污染带来的影响。关于这些有毒物质对人类、河豚等动物的影响的相关研究目前并不多，但辛哈和他的同事曾在一篇论文中指出，早在 2002 年，在每年进入恒河 - 布拉马普特拉河水中的各种物质中，就有多达 150 万吨的化学肥料和 2.1 万吨的杀虫剂。多氯联苯、六氯环己烷、氯丹化合物和六氯苯统称为有机氯杀虫剂，因药效持久且毒性很强，在很多国家往往被禁用或限制使用，在河豚的脂肪和内脏中都能发现这些物质。

即便这些河豚可以熬过工业污染与化学毒害，它们还会因为被渔民布下的刺网困住，无法及时浮出水面呼吸而窒息死亡。过去，这里的渔民还会故意捕杀河豚以获取它们体内的油脂，正如过去有人使用鲸油作为油灯的燃料或春药一样，河豚的油脂也用于治疗肌肉疼痛（像镇痛油那样涂抹在皮肤上），还可以作为鲇鱼的鱼饵（把油脂放在水中，可以将鱼吸引到渔船附近）。在辛哈的努力下，终于开始实施禁止直接捕杀河豚的法令，还成功推广了一种可以取代河豚油脂的鱼饵，用这种由鱼渣制成的油腻物质作为鱼饵，同样可以达到很好的效果。

辛哈现在希望恒河豚的种群数量可以稳定下来，不过它们的活动范围已经缩小了很多，而且被恒河上大大小小的水坝分割得支离破碎。早在公元前3世纪，笃信佛教的阿育王在全国树立石柱镌刻敕文时，其所提及的保护动物中有一种名叫 gangapuputaka 的物种，就被认为是河豚。而在16世纪莫卧儿王朝第一位皇帝巴布尔的回忆录中，也曾提到在印度斯坦的大小河流中都能发现“水猪”。他所说的印度斯坦大概是印度次大陆北部一半的疆域。苏格兰动物学家约翰·安德森曾任加尔各答的印度博物馆馆长。他在1879年发表的一篇文章中提到，在整个印度北部的恒河－布拉马普特拉河水系，以及亚穆纳河远至德里的水域中都发现了恒河豚，甚至在雨季到来前的5月，河流水位降至最低点时，也能看到恒河豚。不过，恒河豚在印度北部随处可见的历史已经一去不复返了。“在亚穆纳河德里河段有关 susu 的最近记载是1967年，一只困在渔网中的死豚被送到了德里动物园。”辛哈与同事们将这段哀婉的悼词也写进了科研论文中。

像 R. K. 辛哈这样生活在恒河岸边，为保护恒河而大声疾呼的印度人寥寥无几。他出生在位于巴特那以南70千米的一个小村庄里，父母都是文盲。他还记得幼年时曾在恒河旁参加了几次家族葬礼。当时他注意到河水里有黑色的影子，有人说可能有危险，其实谁也不知道那究竟是鳄鱼还是河豚，或是其他什么东西。他在巴特那和恒河旁的芒杰求学、执教时，曾在岸边好奇地盯着水中捉摸不定的生物，一看就是好几个小时。后来一位渔夫告诉他，那不是鱼，但会给自己的幼崽喂奶（因此是一种哺乳动物）。

于是，辛哈将一生的热情都投入河豚的研究与保护工作中。他在沿河开展研究时曾至少遭遇过 3 次匪徒的袭击。辛哈还用了“河豚先生辛哈”的化名，并一直力争河豚种群的健康状况反映的就是恒河的状况。“恒河豚是恒河健康的指标，是恒河的象征，是印度重要的水生遗产，也是世界重要的水生遗产。它象征着整个河流水系中正在发生的一切。”他在一部纪录片中这样评价自己的工作。

正如逡巡漫步在桑德班斯红树林中高贵威严的孟加拉虎一样，恒河豚也只是比较上镜且曝光率较高的一种大型哺乳动物而已。在恒河上还有许多的哺乳动物、爬行动物、两栖类动物、鸟类以及各种植物，它们的栖息地也遭到了毁坏，并因为印度不断增长的人口带来的压力而日渐濒危。随着河流供应食物的减少，人们的生活反过来也会受到影响。在恒河盆地能找到大约 265 种鱼类，其中包括恒河鲨，还有较为珍稀的乌龟与当地特有的淡水蟹。不过近 10 年来，许多种鲤鱼和印度鲥鱼（一种孟加拉菜肴中深受欢迎的多刺而美味的鱼类）的捕获量已经大幅减少了，有研究发现印度鲥鱼的捕获量已经降至过去的二十分之一。

由于引入了一些外来食用鱼类，本土鱼类也受到了影响。“在整个恒河盆地，乌龟、恒河鳄、鳄鱼、鸟类、水獭和淡水豚都被大量捕捞”，有一项针对恒河生物多样性状况的研究是这样评价的，“在无脊椎动物中，螃蟹、双壳贝类和淡水虾被大量捕捞食用。软体动物的外壳被大量用来制造生石灰以代替水泥。也有人出于商业用途，捕捞甘达克河（一条发源于尼泊尔的恒河支流）中的双壳贝类，用它们的厚壳制作衣服的纽扣。”

在恒河源头附近的喜马拉雅山山脚下，在北印度恒河流域广阔的冲积平原上，还有在入海口的三角洲地带都曾有种类丰富的鸟类生息繁衍。其中既有留鸟，也有候鸟。2 月里的一个夜晚，我在班德尔附近的胡格利河上看到一大群叽叽喳喳的燕子——估计多达 50 万只，朝着河的上游飞去，也许是在冬季即将结束时忙着一年一度的向北迁徙。这 4 年来，我在恒河各地多次往返，虽然并不是出于鸟类研究的目的，但我也多次努力尝试寻找一种印度剪嘴鸥。这是一种接近燕鸥的鸟类，捕食时紧贴着河面飞行，用橙红色鸟喙的下颌部分在水中高速犁过，把小鱼和其他食物装进嘴里。我寻找了许久未果，直到最后两周才终于见到了一只。

栖息地丧失与局部灭绝并不是新现象——爪哇犀牛早在 1888 年就已经被宣布在恒河入海口的桑德班斯灭绝了——在恒河广阔的汇水区仍然有几处野生动物栖息地得到了官方保护，尤其是在不适于开垦农耕的山区或沼泽地带。例如，在恒河发源地附近的根戈德里国家公园就是冰川地形和针叶林与桦树林的保护地。如果你去那儿待上几天，一定有机会看到成群的岩羊——也叫蓝羊。如果运气好，还能看到生活在山间的麝鹿与雪豹，它们都因为人类的捕猎而濒临灭绝。

继续顺流而下，来到位于赫尔德瓦尔和坎普尔之间的哈斯蒂纳普尔野生动物保护地一带，这里的景色让人几乎可以想象出从前恒河缓缓流过印度北部平原的壮丽景象。那时工业革命尚未发生，人口数量还未激增，河面上也没有修建水坝。我在那里遇见了一群兴致高昂的朝圣者，他们挥着旗子，吹着喇叭，背着装满河水的黄铜水罐，在朝圣完恒河母亲后，返回家乡。浅滩处有鸭子与涉禽在觅食，河里的乌龟与濒危的恒河鳄——就是那种印度次大陆特有的吻部细长的鳄鱼，正趴在沙洲上晒太阳。

再往东就是肯河旁的潘纳老虎保护区。肯河是亚穆纳河的支流（因此说到底，也就是恒河的支流），我在那儿有幸看到了一对黑兀鹫——也叫王鹫，正围着一头鹿的残骸与腐烂的皮肉大快朵颐。兀鹫如今在印度大部分地区都已经十分罕见了，是生态健康的一个标志，这场景让我想起非洲大草原上丰富的野生动物与广阔的生存空间。尽管兀鹫外形丑陋，但在印度文化与神话中往往都是正面角色。在《罗摩衍那》的史诗故事中，兀鹫佳塔由为了从魔王楞伽的罗波那手里救出罗摩的妻子悉多，最终献出了自己的生命。而佳塔由的弟弟山帕地为罗摩和朋友们提供空中侦察，帮助他们发现并解救了悉多。今天的人也许并不知道，在 20 世纪 90 年代之前，兀鹫还是印度各地随处可见的动物，甚至在德里市中心与孟买都能见到它们的身影。印度也有类似中国藏族人的“天葬”仪式，例如孟买的索罗亚斯德教的帕西人会将死者的尸体放在所谓的“沉寂之塔”上，让兀鹫啄食。

印度兀鹫的悲惨遭遇让我们认识到人类发展过程中无意之间造成的恶果。在短短几年里，印度的兀鹫数量从 4000 万只急速下降到不足 10 万只，其中有三个兀鹫种类——白背、长喙和窄喙所受的影响尤其明显。“截止到 2007 年，我们已经失去了这个种群的 99.9%。”孟买自然历史协会的兀鹫专家维布·普拉卡什说。这一切的罪魁祸首是双氯芬酸，一种用于人与牲畜的抗炎药。如果兀鹫吃了服用过这种药物而死去的牛，往往会因肾脏衰竭而死亡。受此恶劣影响的不仅仅是兀鹫。兀鹫已经演化出了有效处理腐肉的机制，它们有着锯齿状的舌头和强烈的胃酸，足以杀死危险的致病菌。如今没有了兀鹫，牛的残骸遍布印度各地，只能慢慢腐烂。老鼠和野狗数量激增，导致人类因罹患狂犬病致死的数量也随之猛增。印度在

2005年禁止兽医使用双氯芬酸，同时也希望人工饲养的兀鹫能够重新回归野外，开始重建种群。“这是一项非常艰巨的任务，要根除这些药物是很困难的。”普拉卡什说。如今在喜马拉雅山区，你还可能看见髭兀鹰，也叫胡秃鹫。它们会将动物的骨头扔到岩石上砸碎，然后吃掉骨髓。在新德里使馆区一侧的山岭上，你还能看到一群年幼的白兀鹫在军队的马球场上空盘旋。可是，在印度广袤的土地上，兀鹫已经绝迹了。

在恒河入海口处，桑德班斯（意为“美丽的森林”）的潮汐沼泽地带，有世界上最大的红树林，横跨印度—孟加拉国交界的三角洲地带。这一带的生物资源非常丰富，却很少受到旅行者的青睐，因为桑德班斯的外围岛屿只能经水路抵达，而且植被茂密，难以让人看清在沼泽地带臭名昭著的猛虎。只有这些庞大而凶猛的动物在走到泥地岸旁时，我们才能看到它们横渡运河追逐猎物。在35岁的向导阿伦·萨卡尔的带领下，我们乘船前往森林深处。他告诉我，这一区域每年都有15～20人不幸命丧虎口，其中大多是渔夫，也有为了采集来自红树林著名的芳香蜂蜜的人。他还指给我看一种低矮的椰枣树（“老虎喜欢躲在这些树丛中，因为它们与老虎的颜色很接近”）。他乘船往返过800多次，看到过45次老虎。“大多是在它们游泳的时候。”记者约瑟夫·萨汀幼年时住在孟加拉国，9岁那年在桑德班斯曾面对面遭遇一只成年老虎，后来被人拖到了汽艇拉着的小船上。当时正在游泳的老虎被拖绳缠住后非常恼怒。旁边的渔民告诉萨汀平躺在船底不要动，最终他们毫发无伤地脱险了。

有勇气多次进入桑德班斯探险的人们都有许多关于野生动物的故事可以讲。约翰·戈麦斯来自“维瓦达”公司，这是一家专门安排游客前往丛林探险的印度公司。他给我们展示了手机上的照片，那是在保护区中孟加拉国一侧的区域里，一条巨大的缅甸蟒将一只梅花鹿缠绕致死后吞噬的场面。达卡的水文专家安德鲁·詹金斯还对我讲述了他在一次近海旅行中的经历。当时他们正要前往“无底峡谷”——那是孟加拉湾中远离淤泥堆积的三角洲地带的一个深水地带。一路上，他们发现了至少 6 种不同的海豚，还看到了一只南非鲸。詹金斯当时非常警觉地留意到船长正准备用一种十字弓射击，后来才明白他并不是要射杀那头鲸鱼，而是想要获取一块鲸皮进行活体组织检查，以便对它的基因组成开展科学研究。

除了这些大型的动物外，还有很多野生动物。对我而言，这些细小的事情总能令人度过一个愉快的下午。在桑德班斯待上几小时，你就能看到好几种不同的招潮蟹——亮蓝色、鲜红色或者明黄色——从洞穴中探出头来。能看到斑鱼狗用它们特有的“盘旋－俯冲”姿势捕鱼，席卷起一阵黑白相间的旋风。还能见到一种罕见的小秃鹳，在它们最中意的淡水水塘上空来回盘旋（其英文名字中的“副官”一词来自它们近似军姿的步伐）。我还见过一只换上婚羽的印度池鹭——这种鸟儿通常是单调的棕黄色，在求偶季节会换上深色羽毛的披风，还有两条白色的长羽毛拖在脖子下面，正在与它刚刚捕获的大弹涂鱼缠斗。弹涂鱼是一种眼睛外凸的神奇鱼类，离开水也可以呼吸，还可以用鳍在泥浆中行走，不过我见到的这条鱼却最终战败送了命。那只池鹭将它扔下，又啄起，雄赳赳气昂昂地走到水边将鱼清洗干净，然后一口吞下肚去。

看到在恒河的最远端有这样一处野生动物的绿洲，似乎可以说，在提高公众意识与政府监督方面，印度自然遗产的保卫战已然成功了。但事实上，真正关心恒河及其野生动物的自然保护者们依然任重而道远。印度、孟加拉国和尼泊尔的保护区和公园仍然危机不断。这些危机主要来自盗猎者、农民、伐木工、政府官员和一些企业主，他们声称自己是为了农业或水电等其他目的才来攫取自然资源的。

就算是那些受到国家保护的猛虎，虽然有编号和名字，而且限制在如拉贾斯坦的伦塔波尔等管理严格的保护区里，也并不总是安全无虞的。2005 年曾经发生被专家称作“当代最大的保护区丑闻”的事件。人们发现，原本以为在附近萨瑞斯卡老虎保护区徜徉的 24 只老虎，居然一只也没有活下来。尽管保护区后来重新引入了新的动物，但如今在萨瑞斯卡最常见的动物并不是老虎，而是猴子、野狗和人类——数以百计的朝圣者被获准进入公园里的印度教圣地朝圣。根据官方统计，印度境内的老虎数量为 3723 只，但环保人士认为真实的数目应该低于 2000 只。这一数字在 2011 年降至 1400 只，估计在 2016 年能回升到 2226 只，不过数量增长可能与更有效的调查方法有关。全世界共有 3890 只老虎，其中大多数都在印度（老挝、柬埔寨、越南和缅甸的老虎已近绝迹）。可在过去的 10 年间，印度的老虎栖息地缩减了四分之一，环境保护人士对这个极具代表性的大猫的命运深感忧虑。

那些不太显眼的动物也有同样的遭遇。喜马拉雅山山脚下恒河发源地附近有一片狭长的林地，也遭受着非法盗猎和水坝修建的威胁。此外，豪华住宅不断向山坡上延伸发展，势不可当，好让那些富人在德里酷热的几个月间在此避暑。在恒河下游靠近哈斯蒂纳普尔的地方，罕见的恒河鳄和乌龟正在河中沙洲上晒太阳，附近传来柴油泵“突突突”的声响，正有人从恒河中汲水用以灌溉蔬菜与甘蔗，成片成片的田地遍布在旱季裸露出的河床上。村民们赶着牛来到河边，有的在河边清洗自家的摩托车，而那些崇拜恒河圣水的印度教教徒则在河边举行庆典，嬉笑欢闹间随手把野餐用的塑料垃圾丢弃在沙地上。再往东和南面一些就是潘纳老虎保护区，兀鹫在恒河南侧分水岭一带繁衍生息。令人担心的是，当地正在计划建造一座水坝，将原本就缺水的肯河河水调到贝特瓦河。如此一来，一部分保护地园区就会被淹没成水库。拉古南丹·辛格·楚达瓦特是一位环保人士，同时也在保护地附近经营着一座客栈。我问他为何政府会想要推进这样的工程，他的回答非常令人沮丧：“这可是 1600 亿卢比的工程项目呢，你可以挣到一大笔钱。”

就算是在桑德班斯有着 1 万平方千米被联合国教科文组织认定为世界遗产保护地的红树林，依然无法完全免受人类的侵扰。在密林深处，当地人不仅可以捕鱼，还可以采摘蜂蜜和竹子，有时还会与猛虎搏斗。我还看到当地妇女拿着方形骨架撑起的蓝绿色渔网，在泥潭中涉水捕捉虾子，也就是很小的幼虾，然后再贩卖给养虾的农户。初见那些颜色鲜艳的渔网时，我觉得很困惑，后来才意识到，他们用的竟然是细孔的蚊帐，这真是一个廉价又极度高效的方法——不会漏过水中任何的活物。船长们说，如今在三角洲地区几乎看不到恒河豚了，不过你可以看到长着娃娃脸的短吻海豚。这一海洋物种是在孟加拉湾周围的河口地区发现的，与恒河豚相比，没有向前突出的吻部。

印度与孟加拉国日益膨胀的人口不断蚕食着森林的边缘。由于上游筑坝，下游每年的淤泥沉积减少了，使得许多岛屿逐步下沉。养虾场及其巨大的脏水池不仅毁坏了地貌，也污染了河道。运河上各种船只来来往往，奔忙于印度和孟加拉国的各个港口之间。2014 年 12 月，曾有一艘油轮在桑德班斯靠近孟加拉国的一侧因撞击事故而沉没，导致数吨黑色的高炉燃油泄漏，蜿蜒流入河道与岸边。与此同时，孟加拉国的承包商们正在距离桑德班斯 15 千米的地点修建一座 1320 千瓦的燃煤火电站。每年将有 500 万吨的煤炭穿过公园，为电站提供能源。

在印度北部还有一处位于河边的野生动物保护地，距离德里出奇的近。我看过英国国家广播公司制作的有关恒河的系列片，其中关于恒河鳄、印度剪嘴鸥、琵鹭、斑头雁的画面引人入胜，一段看似世外桃源般清新淳朴的恒河风光更令人神往。我向身边每一个人打听究竟在哪儿可以找到这样一段美得不真实的河面。他们的回答是："这不是恒河，是昌巴尔河。"我曾听到许多环保人士提到这个名字，还说它是亚穆纳河与恒河的救星。这条河的清水汇入污秽不堪的亚穆纳河，让亚穆纳河变得洁净端庄，然后在普拉亚格或阿拉哈巴德神圣的交汇处，亚穆纳河再汇入恒河。昌巴尔河长约 1000 千米，发源于中央邦，流经拉贾斯坦邦，在北方邦的阿格拉东南汇入亚穆纳河。不过，昌巴尔河与亚穆纳河以及恒河并不同，无论是日常闲谈，还是大众媒体，都很少提到它。我在德里生活了 4 年，却浑然不知离开首都仅仅几小时的车程，居然有这样一处人间仙境。但是为什么没人说起呢？因为这条河受到了诅咒。

这真是讽刺，当亚穆纳河与恒河遭受污水与有毒废水的蹂躏之后，居然要靠一条在印度教中背负恶名的河流为这两条圣河提供洁净的救命水。昌巴尔狩猎旅社的老板拉姆·普拉塔普·辛格向我进行了解释。关于这个古老的诅咒有两个故事。在第一个故事中，一位古代的国王兰谛兜娃为了盛宴或祭典而宰杀了太多的动物，结果血流成河，也可能是血汇入了一条河中。昌巴尔河古时候的名字为 Charmanvati，意为“皮河”，因为人们会在河边晾晒动物的皮。印度教圣人们看到死了这么多头牛而震惊不已，于是诅咒了这条河。

在第二个故事里，梵文战争史诗《摩诃婆罗多》中的女主人公朵帕蒂诅咒了昌巴尔河和所有喝下河水的人，因为她就是在这条河边因为一个臭名昭著的骰子游戏而受到侮辱的。她的一个丈夫坚战沉迷于赌博，不仅输掉了自己的国家，还在与邪恶的沙恭尼的掷骰子游戏中输掉了自己的妻子。人们都骂她是荡妇，她的敌人还在大庭广众之下剥去她的衣服羞辱她（尽管有神力让她免于暴露全部身体）。

关于昌巴尔河的坏名声还有第三个故事。这个故事就发生在现代。几百年来，阿格拉附近溪谷一带地形复杂，常有匪徒出没。20 世纪末期，昌巴尔河一带一度成为普兰·戴维的藏身地，这位所谓的“匪徒女皇”因一部同名电影而变得家喻户晓。她原本是船夫种姓阶层中贫穷低贱的妇女，但不幸遭到了敌对派系一伙人的轮奸。她与盟友一起进行了残酷的报复，杀死了 22 名拉杰普特人（高种姓）。她于 1983 年投案，因为政治原因，在被关押 7 年后就被释放了，后来便成为低种姓阶层的捍卫者。她曾两次当选议员，37 岁时不幸被刺身亡，凶手正是当年被她所杀的人的亲属。

辛格告诉我，也许正因如此，昌巴尔河就成了印度唯一一条不神圣的河流，但这反而成了野生动物的福祉。“如果你沿着昌巴尔河顺流而下，不会看到任何寺庙，河边出现的第一座寺庙是在昌巴尔河与亚穆纳河交汇的地方。这也体现了一个环境保护方面的问题：没有寺庙，没有人，栖息地就可以保持原始自然的状态。”1979年，这条河及其沿岸有一段蜿蜒400千米、跨越3个邦的狭窄区域正式成为野生动物保护地。除了罕见的恒河鳄、濒危的乌龟与恒河豚，这里及附近流域中还有330多种鸟类，以及丛林猫、鬣狗和金毛豺。

辛格本人会来到昌巴尔河，也与匪徒有关。他说他的拉杰普特人的祖先托玛尔族人在1000年前被赶出德里，于是从1372年开始，整个家族便移居到此处居住。在莫卧儿王朝时代，昌巴尔河谷一带盗匪猖獗，时常骚扰阿格拉地区。莫卧儿皇帝指派辛格家族等当地地主担任地方治安官，还为他们配备了马匹与军队。后来英国人继续保留了这种印度地主制度。不过在1857年被击溃的抗英叛军中，有一股散兵游勇后来也成了匪徒。他家现在用于当作客栈的房子是当年辛格的曾祖父在种植园中为自己修建的官邸。1915年时也是当地牲畜交易会的中心。他的祖父也很出名，曾与当时一位叫曼辛格的土匪头子私交甚好。也有当地人向我描述他“就像侠盗罗宾汉一样”——他们对普兰·戴维也是这样评价的。当地土匪主要干的是绑架人质、索要赎金的勾当。

随着时间的推移，他家的房子日渐破败，直到20世纪90年代，辛格和妻子才最终放弃他们在城里的工作，尝试在贫瘠的田地里耕作务农，终于将这座破旧的建筑改建成观鸟者与旅行者的庇护所。他发现匪徒活动依然猖獗，而当地居民与林业管理人员对此似乎心照不宣，听之任之，甚至当他们走进匪徒地盘的时候都不穿工作服。理论上，这样原本可能对昌巴尔河的野生动物不利，因为野生动物保护区跨越3个邦，通常更难管理。此外，这一带河床还长期受到非法采沙的威胁（“采沙是非常有利可图的生意，他们不会轻易收手的。”辛格说），还有些渔民会从允许捕捞的亚穆纳河偷偷溜进昌巴尔河保护区来捕鱼。所幸的是，昌巴尔河畔的溪谷中土壤贫瘠、牧草稀疏，于是许多经营奶牛的农民都离开了河流保护区，到路边建起新的村庄。而在从前，农民也将河岸旁开垦成耕地，在旱季时，连河床也变成了耕地，这样，恒河鳄的自然栖息地就所剩无几了。但是如今连剪嘴鸥的活动范围似乎也扩大了。“在过去20年里，我眼见着昌巴尔河变得越来越好。”辛格说。

这是我听到过的很少几句对恒河水系的乐观评价。在6月初一个酷热难当的日子里，我决定去体验一番。我此行的向导是36岁瘦削的巴楚·奇托利亚。他告诉我昌巴尔河永远不会干涸，而且是“印度最干净的河流之一”。奇托利亚来自附近的巴拉特普尔，是一位有着12年工作经验的博物学者，一年前从印度西北部的古吉拉特邦迁居到昌巴尔。他此前在古吉拉特邦的工作是研究曾经遍及东欧至中亚广袤地带的亚洲狮，如今只剩下寥寥几只。我见到他时，正值“牛灰时间”，也就是牲畜正沿着尘土飞扬的小路被驱赶着回家，当时我还路过了一群野生的蓝牛羚——最大的一种亚洲羚羊，有时也被称作蓝牛。它们正与农场牲畜们相安无事地站在树荫下一起纳凉。这里是北方邦的农村地区，主要的粮食作物是小麦、芥菜、小米和土豆。我还注意到，这一带的土地已经被大面积挖掘，为制砖提供所需的黏土。在一处砖窑，堆旁放着一堆高高的芥菜残根，看来是做燃料用的。

皮纳哈特是一座典型的市集城镇，还有一处堡垒旧址。这里的店铺贩卖小吃、自行车轮胎，还有廉价的鞋子。我们驾车穿城而过，绕过中央大街时看到一根路灯柱子歪斜地靠在路边的建筑物上。我们到达昌巴尔河上的一座浮桥时，看到一座大型抽水站正在将河水输送到灌溉渠里。河两旁看起来十分繁忙：大批的人正在过河，还有人牵着奶牛或水牛来饮水。在中央邦一侧的河边沙堤上，我还看到了一小片菜地。不过我们搭乘林业局的小船驶出没几分钟，我就生平第一次见到了恒河鳄，那是一只身长 3 米的雌鳄，此外还有沼泽鳄，我甚至还瞥见了一只水獭。此时正是河流自然水位最低的季节，一些小岛冒出水面，引来几十只鸟儿觅食。其中包括大石鸻，这种奇怪的鸟儿有着硕大的眼睛，始终一副目瞪口呆的表情。还有瘤鸭，雄瘤鸭的鸟喙上有一块黑色半圆形的“梳子”。我还第一次见到了剪嘴鸥，一只孤零零的剪嘴鸥在高空翱翔，看来是未能跟上一年一度向北方更凉爽的河流迁徙的鸟群。在河中的一个小岛上，一位管理员小心翼翼地拨开沙子，露出一窝晶莹白净的鳄鱼蛋。据说，鳄鱼每次能产 20 ~ 40 颗蛋，恒河鳄则能产下 60 颗，可惜只有十分之一能够逃过豺、猛禽与其他鳄鱼的袭击而侥幸保存下来。“它们能生存下来很不容易。如果雨季提前到来，还会被河水冲走。”

过了没多久，我们有幸见到河里出现了至少七只恒河鳄，其中两只张开了狭长的嘴巴，浮出水面，笔直地指向天空。这种学名为 Gavialis gangeticus 的动物外形怪异，与恒河豚同为恒河的象征，经常被认为是恒河女神的坐骑（一般是一只很典型的鳄鱼，准确地说，并不是恒河鳄）。恒河鳄比恒河豚更为罕见，在 20 世纪 70 年代曾险些灭绝。据说该物种在爬行动物横行于世的年代就已经存在了，是至今存活最古老的鳄鱼。恒河鳄曾经在整个印度次大陆上繁衍生息，从巴基斯坦到缅甸，以及印度、尼泊尔、不丹和孟加拉国都有分布。在 20 世纪 40 年代时，成年鳄鱼数量有 5000 ~ 10000 条，但是到了 1976 年，估计只剩下不到 200 条。

和其他的沼泽鳄不一样，恒河鳄并不会伤害人类。成年鳄鱼只以鱼类为生，而幼年鳄鱼会吃昆虫、幼虫和青蛙。世界自然基金会的研究者们发现，它们下颚的形状非常适合捕捉快速移动的猎物："它们有着又长又细的吻部，在水中甩动捉鱼时，几乎不受任何阻力。它们有许多针尖一般的牙齿，非常适合捕捉湿滑扭动的鱼类。"雄性恒河鳄在下颚顶端有一块奇怪的突起，形状有点像一个陶罐——它的名字 Gharial 也由此而来。这个突起位于鼻孔中，似乎是用来发出"呼噜呼噜"的声响以彰显雄性权威的。

不过，这个突起正是造成种恒河鳄数量下降的原因之一。一个尼泊尔部落的人们认为，把鳄鱼的"陶罐"放在产妇枕头下面，可以缓解分娩时的痛苦；如果用这种"陶罐"制成熏香放在田地里，可以起到杀虫剂的效果。他们还相信恒河鳄的卵具有药用价值。有些科学家认为恒河鳄还有一个劣势，那就是母鳄鱼在幼鳄孵出后，不愿意帮助它们进入水中——可能是它们的牙齿太过尖利，也不愿意较长时间地保护幼鳄。（不过英国广播公司的研究者们却发现，恒河鳄妈妈们都是模范母亲：它们可以听到孩子们在地下巢穴中的喊叫声，还会守护孩子长达 6 个月，甚至去捕猎时还会与其他鳄鱼合理安排，共同分担"育儿"工作。）它们还有一个有趣的习惯。拉姆·普拉塔普·辛格告诉我，恒河鳄会吞下石头以便自己能够沉入河底。起初我觉得不可思议，但确实其他鳄鱼也有这种习惯。这样做不仅可以调节身体的沉浮，似乎还有助于磨碎难以消化的食物。

尽管我们目前所见到的恒河鳄是一个看似健康的本地种群，但它们依然受到采沙与盗猎的威胁。10 年前，约有 100 条恒河鳄因肾衰竭而集体死亡。有人认为这是因为它们吃了来自亚穆纳河里有毒或被污染的鱼类。不过，洁净的昌巴尔河毕竟为恒河鳄提供了天然的保护地。尽管有人设法将恒河鳄的蛋收集并孵化，然后把小鳄鱼放归位于哈斯蒂纳普尔的恒河干流流域，但目前大多数的恒河鳄都依然生活在昌巴尔河流域。昌巴尔林业局的维纶·帕辛格对我们解释了他和他的同事们所做的工作：他们在恒河鳄与其他鳄鱼的巢穴旁支起防护网，以保护它们免受豺与巨蜥的侵犯。“恒河鳄和其他鳄鱼的数量正在增长。”他说。

尽管昌巴尔河紧邻德里、阿格拉、坎普尔和勒克瑙这些喧嚣的都市，但河流两岸非常宁静。在轻柔吹拂的晚风中，你可以听到菩提树发出的沙沙声——正因为枝叶时常发出令人心惊的沙沙声，这种树有时也被称为“鬼树”。奇托利亚果真是一位好眼神的野生动物向导。在夜间，他还能发现狸猫在低矮的树丛间爬行。他还能模仿横斑腹小鸮的叫声，听起来有点像口哨，又有点像挤压装了半瓶子水的塑料瓶的声音。虽然听来丝毫不像是鸟叫，可后来真正的鸮现身时，发出了一模一样的叫声。

第二天黎明时分，我们向东而行，穿过破败不堪的巴镇，来到昌巴尔河更为隐匿的一片水域。不过在这里也能看到不少人，其中有些蜷缩在茅草屋顶的小泥屋里，让人不免想起非洲农村的景象；有些人在河边被侵蚀了的山丘和小峡谷里大便；另外也有人赶着满载着柴火的骆驼赶路。大部分的木柴被叫作 babul，也就是当地人对牧豆树的称呼。这是一种源于美洲的入侵植物，它正以可怕的速度在各地蔓延，官方鼓励当地民众将其砍伐或者连根拔除。不过也有些木柴是一些有待保护的当地物种。河对岸的埃特尔曾是 17 世纪时的一座堡垒，由巴多里亚家族的巴丹・辛格建造。我们从这一侧可以看到一位七八十年前离世的圣人的洞穴，如今洞穴已被遗弃，只能看到砖砌的入口。

这里鸟的种类非常丰富，既有无处不见的野生孔雀（我在德里国际机场的停车场上见过一只），也有在枝头雀跃的体形较小、尾巴上下摆动的丛林山鹪莺。我还见到一只孤独的戴胜。这是一种长着头冠的古怪鸟儿，有着黑白与橘色的羽毛，在非洲也能见到。这一段河流大约宽 50 米，河水很浅，几乎可以涉水而过。按照英国的标准，可谓水量可观，但与其雨季时丰沛的水量相比，就显得太少了。我还看到了此行所见的第一只乌龟，那是一只长 10 厘米的印度棱背龟，正趴在两个曾经用来制作浮桥的金属圆筒上面。到那天晚上为止，我们一共看到了至少 4 种不同的乌龟。当然这里也有恒河鳄。就在我们步行去凸出河边的一片绿意盎然的地方吃早餐时，正好经过了一只白兀鹫的鸟巢。这个用树枝搭建的巢穴就在被侵蚀的淤泥河岸边的一块岩架上。

我很难相信自己所在的地方是印度的北方。唯一能听到的声音是清晨微风中潺潺的流水声，远处岸边牛群发出低沉的哞哞声，还有零星的鸟鸣。一只身体比餐盘还大的乌龟把鼻尖伸出水面。一只沼泽鳄正在我们所在的小岛旁逡巡，水面上只露出它的头顶和尾巴上的齿状突起。我猜它是被我早餐中的水煮蛋吸引来的。尽管酷暑难当，清凉的河水看起来颇为诱人，但我还是决定不下水游泳。河对岸还有一只黑颈鹳孤独伫立，而在我们这一侧的岸边还能看到一只鸦鹃。这是一种黑色与栗色错杂的小鸟，会发出一种怪异空灵的叫声，在广袤的亚洲森林与灌木丛中都可以听见它的鸣叫。奇托利亚告诉我，这种鸟的印度名字是“巴德瓦杰”，源自一位著名的印度圣人。“一大早就看到一只鸦鹃是很幸运的。”他说，“你今天一天都会很顺利。”说到昌巴尔河，他又讲了有关兰谛兜娃国王时期诅咒的另一个版本，最后总结道：“人们都不敢靠近这条河。这一带禁止施工，所以昌巴尔河的未来一片光明。”

事实上，就连数个世纪以来幸免于人类践踏的昌巴尔河，如今也不再安全了。最基本的问题依然是缺水。河上的第一座大坝于 1960 年在拉贾斯坦邦和中央邦的交界处建起，此后，沿河陆续建起了 6 个大型灌溉工程和数十个小工程，其中就包括我曾看到的抽水站。这些水利工程可以灌溉数千公顷的农田，也抽掉了大量的河水。印度的一位资深环保记者发现，昌巴尔河中适合恒河豚与恒河鳄生存的水域长达 435 千米，可在每年 5—7 月的旱季中，只有 10% ~ 15% 的河段能保持所需的最低水位。采沙、采石、工业排污、耕地开垦、杀虫剂与化肥以及非法捕捞都进一步威胁到当地野生动物的生存，而相关三个邦林业局的保护工作却“力度不足，令人担忧”。

若想要亲眼证实河流的糟糕现状，只需走上短短一段路，前往昌巴尔河和亚穆纳河交汇地上游的一处凸出的陆地就行了。亚穆纳河旁的巴特什瓦尔以当地沿河而建的 101 座寺庙而闻名。这些寺庙所供奉的都是湿婆神，在古代，这里每年举办的市集是整个南亚地区最有名的。奇托利亚告诉我，从西北方白沙瓦来的商人到此贩卖骆驼，从北方拉达克来的商人贩卖驴子，而从东方缅甸来的商人则贩卖大象，还有来自各地的商人们贩卖水牛。我们到达时正是一个宁静的周一（湿婆日），寺院的钟声让我想起星期日清晨时分英国乡村的景象，只不过这里的气温高达 40 摄氏度，热得人汗流浃背，而且与英国乡村相比，这里不仅有更多的朝圣者，还有更多的垃圾。

我怀着沉重的心情看着一个戴深色眼镜的男人走到河坛底下，将塑料袋里的东西倒入河中。不过当我看清塑料袋里装着的是植物的碎渣，还看到水中的乌龟围拢到一起争食时，沉重的心情得到了暂时的缓解。可随后，我又发现一个扎紧的塑料袋中装满了垃圾，漂浮在河水中顺流而下，仿佛是绿叶丛中的一颗白色足球。这让我的心情又变得沉重起来。我劝说那人不要把空塑料袋也扔进河里，但显然我在做无用功。朝圣者们将金盏花的花瓣撒向河面，穿着橘色长袍的圣人将粥饭抛进水中喂食乌龟。这些东西固然是生物可降解的，但是巴特什瓦尔的河坛底下却堆满了塑料袋和朝拜后被丢弃的垃圾。朝圣者们纷纷到寺庙里朝拜湿婆神的生殖器，一头牛犊怡然自得地沿着陡峭的石阶漫步，野狗为了躲避正午时分的烈日，躺在亚穆纳河的浅滩处休息，绿色的河水中漂浮着垃圾。现在回想起来，那场景真令人震惊，可当你身处印度时，这一切却又显得合理而正常。

我对印度野生动物的前景很乐观，但我知道这就像恒河鳄的卵一样不堪一击。毋庸置疑的是，恒河与印度其他地方的生物多样性状况确实令人欣喜，我也很高兴地听说，仅仅在 2014 年一年，印度的动植物调查就记录下了 349 种新的植物和动物，而且大多数来自喜马拉雅山山脉和安达曼群岛这些环保“热点”地区。在这些新物种中，有一种蓝色侏儒蛇头鱼能够爬上岸来——事实上是扭动着上岸，还可以呼吸空气，甚至能够离开淡水，在陆地上存活 4 天之久。另外还发现了一种身长仅 0.16 毫米的柄翅卵蜂，被认为是世界上最小的飞行昆虫。这类物种——学名为 Kikiki hunna，意思是“小小一点”——在其他国家都发现过，但之前从未在印度发现过。

与此同时，我们也必须明白一个令人伤感的事实，那就是印度的野生动物正渐渐被限制在国家公园与保护区中一片片孤立的地带和一段段断裂的水域之中，而且那些保护地也正面临着各种威胁。如今依然幸存的南亚鸨只有不到 200 只了。这种鸟的直立身高达到了 1 米，印度人曾考虑将其定为国鸟，后来担心鸟名容易发生拼写错误或遭到恶搞[①]，转而选择孔雀作为国鸟。由于猎杀、栖息地丧失和高压电线电击等问题，这种鸟目前已处于濒临灭绝的边缘。2000 多年前，阿育王下令保护恒河上的动物，不仅包括恒河豚，还包括鹦鹉、八哥、鸭子、鹅、蝙蝠、蚂蚁、乌龟、松鼠、鹿、蜥蜴、犀牛以及“所有那些没有功用，也不能食用的四足动物”。2000 多年来，沧海桑田，无论是地貌、植物，还是动物，都已经发生了巨大的变化。

莫卧儿王朝的皇帝巴布尔并不喜欢印度人，却对印度的野生动物格外着迷，包括远在西部白沙瓦森林中才能找到的犀牛。莫卧儿的贵族们热衷于猎杀当地的狮子，取代了莫卧儿王朝的英国人又热衷于猎杀当地的老虎。如今，就算是在重新放养了老虎的萨瑞斯卡保护区，最容易见到的就是那只死老虎——在萨瑞斯卡皇宫酒店的大堂橱窗里张牙舞爪的填充老虎。那里还陈列着流传一个世纪之久的丰富的照片资料——各代大公与英国军官和被他们猎杀的老虎的合影。这说明这种大猫在这一地区曾经多么普遍。

① 南亚鸨的英文名是 bustard，与 bastard（杂种）的发音与拼写颇为相似。——译者注

可是现在，大多数印度人想要接近野生大猫的话，只能打开电视机，看看豹子时不时跌落水井或者误入村庄学校的那些画面。

南亚地区丰富的野生动物资源在殖民地时期惨遭掳掠，规模之大、程度之深令人发指。日记女作家范妮·帕克斯记载过，在从英国前往印度的航程中，同船的旅客不仅猎杀信天翁和鲨鱼，还用火箭炮袭击鲸鱼作为娱乐。当船只靠岸后，还组织过狩猎聚会和狩猎远征队。在一个北印度统领举办的格斗表演上，大象与犀牛悉数登场，堪比古罗马斗兽场的景象。

19 世纪初期，恒河及其两岸还是生机勃勃，遍布着种类丰富的野生动物，而如今，我们所能见到的大型动物大多生活在国家公园或动物园中，仅有偶尔几只会在河边现身。2016 年雨季时，阿萨姆邦的一头成年大象遭遇洪水，被布拉马普特拉河的河水裹挟着漂流了数百千米。在印度境内漂流时，它好几次试图爬上河岸，可当地村民不断朝它投掷石头，将它驱赶下河。后来它漂过国境来到孟加拉国的湿地，6 个星期后，悲惨地死去了。至于恒河鳄，一位孟加拉的轮船领航员说，他一辈子都在引导船只沿胡格利河进入恒河干流，但他最后一次见到恒河鳄还是在 8 年以前。

在过去，喜马拉雅山区一些低矮的山坡看似遥远，如今有越来越多的道路可以通往那里，当地的生态环境也同样脆弱不堪。在 19 世纪中期，有一位英国逃兵弗雷德里克·“山民”·威尔逊后来成了恒河源头附近所谓的哈席尔王侯。此人在当时臭名昭著，因为他猎杀了数量惊人的野生动物（还是麝鹿），还砍伐了许多雪松，而印度铁路的枕木用的正是雪松。

山林间如此丰富的自然资源，如今只剩下了一小部分。斯蒂芬·奥尔特是一位出生于印度山区传教士家庭的美国作家，他记录了自己在 1999

年和 2000 年先后 4 次徒步前往恒河源头的旅程，并多次提到了那些圣人和朝圣者，以及盗猎者和盗采植物的人们。他曾经见到一只黑熊，也遇到过一伙可能要去猎杀麝鹿的盗猎者，还有一个人想卖给他一张豹子皮。他还遇到过一群吵吵闹闹的加瓦尔人和尼泊尔人，他们在山间挖掘树根与野花作为草药出售，正是这个买卖导致了印度与中国高原植被被严重破坏。在亚穆纳河源头附近的亚穆诺特里，他遇见了一位上了年纪的圣人。他自称从 1967 年起一直住在此地，并不停地抱怨那些旅社和茶馆让圣地附近地区变得商业化，还控诉林业局未能有效地保护野生动物。“以前冬天，各种各样的动物——岩羊、塔尔羊、斑羚、豹子和熊都会来到这里，可我现在已经很多年没见到它们了。”他还说，“到处都有人在挖掘野生药材，所有的树木都被当作木柴烧了。”

我很钦佩印度人与野生动物相安无事、和谐共处的能力，当然，更钦佩那些为子孙后代而拯救了老虎与河豚等大型哺乳动物的印度的和其他国家的英雄。但现实总不免给我的热情泼冷水。恒河流域与整个自然界仍然面临着严苛的挑战，其中包括在整条流域和各个河段不断汲取河水用以灌溉，并排出生活污水与工业废水而带来污染，以及对河流中各种资源（包括鱼、乌龟卵和田螺等）的过度攫取。这些挑战的背后都有一个深层的原因，它深刻影响着恒河、印度与整个世界，却并不为人所理解，更鲜有讨论，这就是人口的急剧增长问题。

第十章

人口压力

为什么人口增长不是红利

这确实是一片丰饶而独特的土地。在沿河流短短 300 多千米的距离，我途经了 6 个城镇，每一个镇子的人口都比切斯特多，其中两个（巴特那和米尔扎布尔）比伯明翰的人口还多；至于贝拿勒斯的人口，除了伦敦和巴黎外，任何一个欧洲城市都无法与之相比。此外，城市旁边还有数不胜数的村庄。

——雷金纳德·希伯，加尔各答主教，描写 1824 年至 1825 年他在恒河沿岸的所见

人，人，人，人。

——保罗·埃利希，《人口爆炸》的作者，关于德里出租车"地狱般的体验"

印度比哈尔邦的首席部长尼蒂斯・库玛尔有一个大麻烦：人实在太多了。这个邦的首府是位于恒河边的巴特那——在 2000 多年前，这里曾是孔雀王朝统治下辉煌华丽的华氏城，也可能是当时世界的第一大都市——可现在这里因犯罪与贫穷问题而臭名昭著。其他地方的印度人都不愿到这里来，连本地人也不敢在夜晚外出，唯恐遭到绑架或者抢劫。库玛尔素来循规蹈矩，一丝不苟，当他在 2005 年第一次赢得选举管理比哈尔邦时，就着手治理腐败，重建秩序。但是贫困是一项难以攻克的严峻挑战。沿海地区可以通过海路与国外的贸易伙伴互通有无，因此制造业逐步兴旺发展，可比哈尔邦因为地处内陆而错失良机。还不止于此，尽管整个恒河平原拥有著名的农耕沃土和自然宝藏，但比哈尔邦面临的最大问题就是人口过剩。

从 2001 年到 2011 年的 10 年间，比哈尔邦的人口增加了四分之一还多，已接近 1.04 亿。其中增加的 2100 万人口大约等于澳大利亚的总人口，而如今比哈尔邦的居民人数是西班牙全国人口数的两倍多。截至 2016 年，该邦的人口更达到了 1.17 亿。根据官方统计数据，当地妇女平均一生会养育 3.7 个孩子，因此比哈尔邦也是印度生育率最高的一个邦。在过去 10 年，该地人口数量以每年 2.2% 的速度增长，而印度全国人口的增速是 1.6%。

库玛尔想到了一个办法：让女孩们接受教育，因为接受过教育的女性往往生育的孩子较少，而且生育的时间也较晚。“目前的大问题是人口不断增长。”库玛尔先生在 2013 年接受采访时对我说，“所以我们必须稳定人口数量……为了稳定人口数量，我们就必须让女性接受教育。”库玛尔提到，当女孩完成了两年的中学教育后，生育率通常就会降低到 2%。“于是我们就有了这样的结论：如果我们不能给所有的女孩提供教育机会，就无法控制人口。”他继续说，“现在我们需要建立 8000 所中学。眼下已经有了 3000 多所……所以目前计划每年再开设至少 1000 所中学。”库玛尔是一位工程师出身的政治家，不少人把他视为未来印度总理的候选人。他上任后首先打击犯罪，推动教育，令比哈尔邦在印度 29 个邦中脱颖而出，成为经济发展最快的一个邦。在这样一个传统守旧、父权至上的印度北部地区，他给当地女孩分发免费校服和自行车，激励这些家庭将女儿送进学校学习。比哈尔邦还把一半的教职与当地政府公职留给了女性。

就算库玛尔能够成功，但比哈尔邦的人口数量也尚需多年才可能稳定下来。随着人口的急剧膨胀，当地居民的基本生活服务也屡屡受到威胁。印度最大的邦并非比哈尔邦，而是与它西边毗邻的北方邦，人口比巴西总人口还多出 2.2 亿。假如将北方邦作为一个独立国家的话，也可以成为这个星球上第五大的国家。事实上，在印度南方的喀拉拉邦与泰米尔纳德邦等地，随着城市化的推进与教育程度的提高，生育率与人口增长率都已经显著下降，当地居民人数也已经基本稳定。世界上确实也还有些地区在人口管理方面不如比哈尔邦，也不如印度。在国境线另一侧的巴基斯坦的人口绝大多数为穆斯林，而印度的大多数人口为印度教教徒。如今，巴基斯坦平均每一位妇女生育 3.8 个孩子，该国人口从印巴分治时的 3300 万激增至今天的 2 亿，预计到 2050 年，将超过 3 亿。印度国名来自印度河，印度河的入海口的港口城市卡拉奇曾被誉为“东方威尼斯”，可现在变得拥挤不堪，公寓里常常挤满了十几二十个人。而因为车内空间不足，乘客通常得坐在公交车车顶上，而且整座城市淡水供应不足。

因为恒河平原居民人口的增长，印度即将超越中国，预计在 2025 年前后，将成为世界上人口最多的国家。2010 年，印度人口约为 12 亿，在 2050 年，将超过 17 亿。很可能到了 21 世纪下半叶才能稳定下来。简言之，再过几十年，印度就要在目前的基础上增加相当于整个欧洲的人口数量，而且还得为他们提供饮食、住房与教育，当然还有供水。目前和未来，这个国家的自然资源（及其政府）都面临着极大的压力。

按照国际标准，数千年以来，恒河流域都是人口稠密地区。瓦拉纳西的梵文学者与占星家卡迈什瓦尔・阿帕德海耶曾经对我讲述一则有关人口的趣闻。说是古代有一位名叫卡皮尔・穆尼的圣人曾用愤怒的眼神将萨加尔王的 6 万个儿子烧成灰烬（当巴吉拉蒂王劝说众神释放出神圣河水净化祖先遗骨的时候，也正是这位萨加尔国王出手相助，才让恒河从天堂降临人间）。阿帕德海耶说，卡皮尔・穆尼曾宣称，地球上能够容纳的人数等于从 1 连乘至 13，如此所得的数字是 6227020800，也就是大约 62 亿。今天，世界人口比这个数字还多了 10 亿，而且仍在迅速增长。无论是全球人口，还是印度人口，大部分的增长都是在 20 世纪初产生的，而当时印度疆域中的人口不过只有 2.38 亿，也就是现在全国总人数的六分之一。

许多世纪以来，从吠陀时代的卡皮尔・穆尼到 18 世纪的经济学家托马斯・马尔萨斯，人们都曾谈起“人口爆炸”这个令整个星球生灵涂炭的可怕威胁。可是在最近几年，包括印度在内的世界上大多数的决策者似乎都转变了想法。许多经济学家与投资分析师都认为，我们不用太过担心人口增长问题。正相反，我们应该热切地欢迎人口增长，因为它会给经济带来一大批年轻而有创意的劳动力，也就是所谓的“人口红利”。政客、企业家、外国经济学家与证券分析师们都很爱用这个误导性的术语，简直是不厌其烦，喋喋不休。但我认为这是一种很危险的说法。在一次“印度制造”的宣传活动上，我就听到台上的人反复说了六七次，而印度总理纳伦德拉·莫迪发起“印度制造”运动的目的就是刺激制造业投资。若要更好地理解印度人何以能够对本国人口激增保持沾沾自喜的良好心态，我们首先得追溯一段历史，分析一些人口数据。

1600 年时，印度人口被认为已经超过了 1 亿。又过了 300 年，到 20 世纪初，在今天印度疆域中的居民人数已经翻了一番。到 1947 年印度独立时，人口超过了 3 亿。在随后的一年，曾任孟买自然历史协会会长的 S. H. 普拉特在有关印度哺乳动物实地考察报告的序言中，痛陈人类的入侵“对该国野生动物造成了灾难性的影响”。印度人口在 20 世纪 60 年代增长到 5 亿，当时继承马尔萨斯思想的保罗·埃利希写下了《人口爆炸》一书——尽管他早就在理性上认识到人口危机的问题，但他是在一个炎热的夜晚在德里搭乘出租车，才对这个概念有了“地狱般”的个人感受。“有人在吃，有人在洗，有人在睡。有人到访，争吵，尖叫。有人把手伸进出租车的车窗里乞讨。有人在大便，有人在小便。有人趴在公交车上。有人驱赶着牲口。人，人，人，人。”他在书的序言中写道。

如今印度的人口已经差不多是当时的 3 倍了。在 21 世纪之初，印度人口达到了 10 亿，在 2016 年达到了 13 亿。任何到访印度的人都不难发现，大部分的国土都已经被占得满满的。除了临近发源地的山区和入海口附近的沼泽地，恒河两岸再也找不出一个看不到人的地方。数百万人从人口过剩的乡间涌入市镇寻找工作，结果城市变成了大都市，乡镇变成了城市。

2007 年，当时谢拉·迪克希特还是德里国家首都辖区的首席部长，因每年有 50 万城市新移民来到德里而焦虑不已，并由此造成饮食过度，体重增加。她曾警告说，如果政府无法满足德里居民的生活需要，那这座全球最大城市之一的都市即将面临滑坡。“每个来到德里居住的人都想要更多的水，更多的电，要更高的工资，要用更多的汽油。”结果一语成谶。如今德里及其卫星城镇中居住着 2500 万居民，迪克希特曾有的政绩——将公共汽车与出租车从用柴油改为用天然气以改善空气质量——与卡车和发电厂不停排放的烟尘，以及为做饭而焚烧牛粪相比，早已烟消云散了。

并非仅仅德里有这个问题。我在印度旅行期间遇到许多印度人——神秘主义者、自然主义者、船长、店主和农民，他们都在为人口过度增长而忧心不已。在恒河旁的瓦拉纳西，一位糖果店店主曾告诉作家皮尔斯·莫尔·埃德：“这里曾是全世界最伟大的城市，可如今实在太拥挤了。人口已经失控了。”1977 年，登山家埃德蒙·希拉里乘坐喷气快艇从恒河入海口萨加尔岛一路逆流而上前往赫尔德瓦尔时，曾写道：“我觉得我们永远也无法逃出人类的视线，到处都是人。”

印度在独立后以政策手段减缓人口增长。对于这样一个人口众多的国家来说，进一步的人口增长无疑会令政府无法为人民提供医疗、教育和交通服务，遑论食物与用水。可是，尽管像德里的迪克希特和比哈尔邦的库玛尔这些地方首席部长忧心不已，但令人感到奇怪的是，印度国民政府对如此重要的问题却显得缄默而保守，这其中有很多原因。

第一，印度也饱受议会民主制普遍弊端的影响：无论是官僚，还是政客，都只善于关注或解决那些国民政府 5 年任期届满时可以全面实现的问题。

第二，由于早先印度政府曾以残酷手段控制人口，有关计划生育的政治议题在印度变成了“有毒”的政治问题。在 20 世纪 70 年代中叶，英迪拉·甘地中断民主进程并宣布全国进入紧急状态后，在印度设立了臭名昭著的强制节育“营地”。在 1976 年至 1977 年，830 万印度男女因此被强制节育。此后在甘地的儿子桑贾伊领导期间滥用权力，紧急状态治理不得人心，导致计划生育服务中断了好几年。正因如此，时至今日，印度政客们仍不愿直面这个话题。此外，在印度，重男轻女造成了人口性别不均，也就是男孩人数偏多，而女孩人数不足。数百万女孩“消失了”，实则是杀害女婴与针对成熟女性胎儿的堕胎。性别选择的悲剧让人们更加坚信，控制人口是愚蠢之举。

印度全国上下的决策者们对人口问题漠不关心还有第三个原因，那就是改变生育率后，需要一段时间才能带来人口规模的变化，但他们无法理解这个时间差。就眼下而言，印度的总体生育率确实已经降至更替水平。具体来说，1950 年，每位印度妇女一生平均生育将近 6 个孩子，而在 2013 年时，这一数字已经减少了一半，降至 2.34。如今印度的生育更替水平大约是 2.23（这一数字略高于每对夫妻生育两个孩子，因为有些孩子会因病死亡，而有些妇女可能在未达到最晚生育年龄前就已死亡）。由于广泛使用避孕手段与自愿节育服务，这一更替水平可能在 2016 年就已经实现了。在南部的安得拉邦、卡纳塔克邦和泰米尔纳德邦，已婚妇女自愿接受节育的比例有时已经超过了50%，当然，通常也是在现金激励的帮助下实现的。

不过，考虑到“人口增长惯性”以及平均死亡年龄的增长，生育更替水平若要体现为稳定的人口数量，还需要一代人的时间。即使当一个快速发展的国家（或者全世界）的生育率降低到生育更替水平，人口也还会持续增长几十年，因为有大量的年轻妇女达到了生育年龄。而且印度还存在着南北差异。印度南部的女性受教育程度较高，生育的孩子较少，而北部女性生育的孩子更多。印度不断增长的人口重负主要体现在恒河汇流地那些原本就人口密集、资源匮乏的地方——哈里亚纳、德里、北方邦，尤其是比哈尔邦。

对人口增长抱以漫不经心甚至沾沾自喜的态度还有第四个原因，那就是不少人认为大量的人口能让一个国家或者一个地区、一种宗教或一个家庭更为富有，更加强大。在印度，右翼印度教领袖不仅希望印度增加上百万人口，还希望他们都是印度教教徒。如莫迪领导的人民党国会中有一位持不同政见的成员，名叫沙克希·马哈拉杰，他竟然呼吁印度教的每一位女性至少生育4名子女“以拯救自己的宗教”。像普拉文·托加迪亚这样著名的印度教民族主义者还参加过辩论，呼吁生育更多的孩子，以确保印度教1000年的安全稳固。有一位圣人甚至要求每个母亲生育8个孩子。另外一位圣人还提起克利须那神与他16108个妻子中的每一位都生育了10个孩子，而且还说过“谁拥有最多的人口，谁就将统治这个世界”。安得拉邦的首席部长钱德拉巴布·耐杜还曾抱怨本邦出现“人口危机”，呼吁人们生育更多安得拉邦的孩子。

鼓励生育还有一个秘而不宣的理由，也就是人口增长论的第五个内容，同时也是对决策者有着较大影响力的理由，那就是经济。政府一般不会大力推动避孕与节育以减少家庭规模，因为他们总是迷信“国力”或者所谓“人口红利”这些说法。印度的各级部长们反而觉得庞大的年轻人群充满活力，并为此颇感得意。有些人甚至还谈到人口与民主的“双倍红利”。卡迈勒·纳特是一位精神昂扬的国大党政客，也担任过工商业部部长，他将印度称为在政局动荡与集权主义地区的一座“稳定之岛”。

鉴于印度的政局与国家治理不良的状况，上述言论未免显得过于自满了。至于人口问题，恐怕印度在短时间内也不太可能兑现大量年轻人口所带来的所谓红利。东南亚的“四小龙”经济体是在 20 世纪 70 年代通过雇用年轻而廉价的劳动力，把英国、德国、美国和日本等发达国家的制造业大规模转移到本国来。

不幸的是，印度差不多已经错过了那艘工业巨轮。有两张照片可以确凿无疑地说明这一点。一张是美国前任国务卿约翰·克里参观在古吉拉特邦新建的福特汽车厂。那儿也正是纳伦德拉·莫迪的故乡。当时，时任美国总统巴拉克·奥巴马即将到访印度，克里此行是为了推进美印友好关系。照片中慈眉善目的克里先生正在视察一家重要的美国投资产业。不过，其中最引人注目的却并非克里先生，而是照片里的人很少，他看到的主要是川崎制造机器人。至于第二张照片，是我采访印度政府官员了解莫迪创造就业机会的情况时，给他们看的另一个工厂的照片——在拉贾斯坦邦的日本本田汽车公司。当地政府用这张照片来宣传自己在“印度制造”中发挥的作用。可照片中没有一个人，只有机器人在火星四溅的环境里焊接汽车部件。莫迪先生提出的“印度制造”确实有助于经济复兴，这一点毋庸置疑。但对这个劳动力技术落后，却又增长迅猛，每年新增 1200 万个工作缺口的国家来说，这种 21 世纪的自动化工厂几乎发挥不了任何作用。

当然，还有服务行业。这个行业长久以来一直被乐观地视为印度经济的救星。但同样不幸的是，信息技术与企业流程外包领域的雇主们正面临激烈的国际竞争，同时他们也经常抱怨印度总体的教育水平低下。总而言之，印度的低技术工人得不到足够的工作机会，而高端服务行业虽然产生了区区几百万的新岗位，却又找不到足够的高技术人才。这种困境倒也不算是新问题（拉杰·纳格在担任亚洲发展银行常务董事时就发出过警告，“所谓的人口红利，很容易就变成人口诅咒”，如果人们不能适当掌握一定的技术，甚至有可能引起社会动荡），可惜印度的决策者并没有及时理解其中的深意。

信息技术的不断创新与应用提高了自动化程度，服务行业也难免会面临风险。经济学家艾拉·索恩就曾撰文指出，在发达国家，自动化技术对就业的影响主要是在服务业，而非小规模制造行业。以美国为例，超过 80% 的劳动力都受雇于服务行业，因此，“通过引入机器人与人工智能，可快速削减 5% 的服务岗位，也就是大约 600 万人，而这个数量等于让现有制造业就业人口中 50% 的人下岗，”索恩写道，“我们现在应该讨论的问题不是普通服务业岗位究竟会不会消失，而是消失得有多快。”印度尚未达到发达国家水平，服务业在劳动力中的占比较小，但其比例依然超过了 50%，而且随着数千万农民离开贫瘠的乡野田地，涌入城镇与都市，这个比例还会继续上升。目前制造业占印度经济的17%，而雇员在10人以上的私人企业总计只有1000万员工，这个数字对于13亿的总人口而言，简直微乎其微。

印度的决策者们目前急需意识到本国人口激增的现实问题，还应该进行物质与社会基础设施的建设——从污水处理厂到住房，从学校到养老制度，才能保证新增的数亿人口的基本生活。面临如此挑战的并非只有印度一国。干旱贫瘠的非洲国家尼日尔是世界上最贫穷的国家之一。有人预计，该国人口从1950年到2050年这一个世纪的时间里，将会增长19倍，达到不堪重负的5000万人。20世纪50年代时，整个非洲大陆的总人口是2.21亿；到2030年——距今只有20多年时间了——非洲人口可能会增长到15亿。不过，印度人口密度很大，人口绝对数量大——一国人口超过了整个非洲的总人口，而且它即将超越中国成为世界人口第一大国。

在当今这个人口数量多、死亡率低的世界里——也是日益自动化的世界里，过去那些费力的生产流水线上的工作现在交由不知疲倦的机器人承担了。日本人在悲叹人口萎缩，而印度政客们对本国人口增长却毫不在意，这真是奇怪的错位。也难怪人们会产生这样的想法。无论是生物学，还是人类历史，都偏爱人口增长。

这种偏好人口增长的心态也反映在人们描述人口发展趋势时的用词方面。人口保持稳定或缩减时，被称为是“停滞的”“国民自杀式的”，仿佛是咎由自取的黑死病般的恶疾。与之相反，人口增长则是“年轻而有活力的”，而且可以获得所谓“人口红利”带来的经济效益。如果人口缩减或增长率下降，那么无论是在各类演讲，还是投资银行的研究报告中，都会被定义为“不利因素”；而快速增长的人口往往被视为“积极因素”。在这样一个奇幻的世界里，“输家”是日本、俄罗斯与欧洲各国；而“赢家”则是孟加拉国、巴基斯坦、印度、墨西哥和尼日利亚，当然还有印度。可是，真正了解孟加拉国、巴基斯坦或尼日利亚的人们都知道，除了在严格的人口学意义上，这些国家在未来未必就会成为赢家，也未必就需要更多的劳动力来促进经济发展。

这种人口促进论的主要论据是：人口增长缓慢甚至不增反降会缩小一个国家的经济规模；日益减少的年轻劳动力必须赡养越来越多的老年人，而背负沉重的财务负担。此外，由于老年人不如年轻人有创造性，当代经济最重要的创新能力也会因此萎缩。无论是在日本，还是意大利，我们总会担心出现这样一幅可怕的场景：在许多行将就木、苟延残喘的经济体中，年轻一代愤而反抗，拒绝为老弱病残纳税。许多富裕的社会确实正在逐步进入老龄化，在美国等一些国家，“银发力量”已经成为一股政治力量。事实上，我们之所以会低估人口增长的影响，原因之一是我们没想到人类寿命会增长得如此之快。“人们并不是忽然开始像兔子一样疯狂繁衍的，而是人们不再像苍蝇那样大批死去了。”这是一位联合国顾问的解释。人口学家弗兰克·诺德斯坦在半个世纪前就说过，“老龄化问题根本不是问题。这只是对人类文明伟大成就的一种悲观看法而已。”

不过，对老龄化的担心并非没有道理，尤其是当一个国家从原本人口增长忽然转为人口降低的时候。经济学家和各大国际银行的分析师们——他们都倾向把绝对经济增长视为成功的最重要指标，都错误地认为人口老龄化唯一的解药是制造更多的婴儿。这一论调之所以荒谬，归根结底在于他们设想特定国家与整个星球上能够居住的人口数量是可以永远增加的。但更好的理念应该是，在经历了人口稳定和略微下降的过程后，力争逐步减缓人口增长。

无论是对于印度，还是世界其他地方，从经济角度要求人口进一步增长的论调都有明显的缺陷。第一，随着人口寿命的延长与医疗条件的改善，人们可以在劳动岗位上工作（他们往往也愿意继续工作）的时间比以往所能想象的更长了。第二，一些近期研究发现，上了年纪的人依然可以进行创新并保持高水平的生产力。第三，像日本和印度等国家若能鼓励女性加入劳动力大军，就可以减轻其他工人的财务负担。第四，劳动力不足的国家还可以通过移民政策，从劳动力盈余的“年轻”国家输入劳动者。第五，机械化程度的提高也意味着对年轻劳动者的需求减少，目前的情形正是如此。第六，单纯关注经济规模或总体增长会令人忽视经济增长背后的政治与社会目标，那就是提高人民的福利水平。许多非洲国家确实实现了经济增长，但因为人口的高速增长，人民生活并未因此变得更加富裕或更加幸福。用人均经济增长与人均财富的数据才能更好地衡量福利水平，而此类数据未必会受到人口降低的影响。

像印度这样的一些国家热衷追捧巨大的年轻人口数量，将其视为“人口红利”，最终很可能会成为一场人口灾难。年轻人的生活与教育都需要花钱，而在当今的高科技世界又很难找到工作。现实的例证比比皆是：那些有着大量失业的年轻人口的国家往往更有可能发生战争或暴力行为。总而言之，那些鼓吹人口增长的人不仅夸大了老龄人口带来的风险，也夸大了年轻人口带来的好处。

当然，目前人口降低的情况仅限于很少几个国家。从目前到 2050 年期间，只有欧洲可能出现人口数量减少的情况。就全球范围而言，我们还是处于全球人口爆炸的阶段。根据 2016 年年中的数据，全球每分钟有 251 个人出生，有 108 个人死去。全球人口是否会与预测数据一致，目前尚未可知。全球人口数量若要最终实现稳定，关键在于几个地区——例如非洲——的人口增速能否降下来，眼下都尚未发生。

半个世纪前，人们为印度以及全球人口爆炸问题忧虑过一阵子，最近又出现了一些令人焦虑的现象，似乎预示着情况越发不容乐观。20 世纪末，联合国曾预测世界人口在 2050 年将达到 89 亿，但在 2007 年初，联合国将此数据上调至 92 亿。到 2015 年时，再度上调。据称，2050 年世界人口会增长到 97 亿，而到 2100 年时，会达到 112 亿。也就是说，从 2015 年到 2050 年，世界人口增幅差不多等于 1950 年全球人口的总数。在最近一次人口预测中，联合国还警告说，贫困国家生育率降低中存在很多不确定性：

生育率下降速度低于预测水平，会令未来人口数量大大增加。例如，如果所有国家的出生率都比中位数变量（即更替出生率）高 0.5 个孩子，那么 2100 年，全球人口总数就会达到 166 亿，比基于中位数变量进行预测的人口多出整整 50 亿。

无论我们如何精心措辞、委婉陈述，都不得不直面这些惊悚残酷的数字。毋庸置疑的现实就是，从现在起到 2050 年的几十年间，世界人口数量大约将增加 10 亿。

至于印度面临的许多现实问题——水资源短缺，传染病盛行，失业问题，高度依赖石油进口，还有气候变化带来的影响，在一定程度上都源于该国人口令人不安地疯狂增长。今天，该国激增的年轻人口迟早会让领养老金的人口也出现激增，而且目前只有 11% 的劳动力人口拥有正规的养老金保障。也就是说，今天的日本与欧洲所面临的老龄化与高抚养比例问题正是未来的印度要面对的问题，而且规模更大。而在那之前，印度大约 8 亿的庞大劳动力大军给这个国家带来的威胁将远超过机遇。每年会有 1200 万新人涌入求职市场，其中只有一小部分人能找到稳定的工作。谁给他们提供就业呢？谁给他们提供基本生活保障，供应所需的水和燃料呢？印度人口占世界总人口的 18%，可淡水资源仅占 4%，土地面积更是只有 2% 多一点。

与其吹嘘所谓“人口红利”给印度带来的不确定（而且短暂）的经济效益，印度的政客与官僚们眼下应该想办法提高粮食产量，提供生活用水，增加学校老师数量，修建公路与电厂——这些才是该国现有及未来的居民迫切需要的。而我们下一章探讨的主题——水——就是其中最为严峻的挑战之一。

第十一章

水与井

为什么水龙头不出水

眼下这场危机如果我们还不解决，那 10 年以后，我们就会为抢水而发生战争。旁遮普邦和哈里亚纳邦就会陷入战火之中。

——沙希·谢卡尔，水利部秘书，关于各邦之间为了供水缺乏而发生争斗

贝蒂·阿利姆·汗在夜晚古西亚里村古井旁的人群中显得格外引人注目。这位年届50的妇人不假思索地冲到我们面前，要求我们帮助提供水源。这是印度各级官僚与政客——从总理纳伦德拉·莫迪到各级地方官员——至今都未能解决的问题。2016年4月，正是雨季来临前的旱季，我与一位同事来到了这个位于恒河平原南部、旱灾肆虐的村庄。我们只想弄清楚，像这样有着丰沛降水与大川长河的国家，何以会出现缺水的情况。

这个村子所在的地区名为本德尔坎德，就在我遇见兀鹫的潘纳老虎保护区附近。该地位于印度腹地，横跨北方邦和中央邦。2016年的缺水问题格外严重，不过旱灾在这一带并不罕见，当地不少人都不堪农耕之苦而背井离乡，前往沙特阿拉伯、科威特、迪拜或德里市郊充当外来劳工。我们在那个炎热的下午遇见汗和其他村民的地方，有一口用砖砌的大井，是为古西亚里的3500位居民提供淡水的唯一一口井。村民们说这口井建于300年前，多年来，人们用金属水桶从地下15米的地方取水，井沿的红砖都已经被绳索磨出了深沟。印度乡间常见的政府安装的水井，还有长把手的金属水泵，这个村子里也有，不过打出的水非常咸，基本上只能用来洗洗涮涮。砖井100米开外有个水泵，我打水尝了一下，果然又苦又咸，难以下咽。村民们说，眼下的麻烦并不是庄稼灌溉与农场牲口缺水，而是村民们连自己的洗漱用水也常常不够用，还得到很远的地方打水，因此很少有女孩愿意嫁给古西亚里的男人。就在古井旁边，还有一个肮脏污秽的水坑，黏糊糊泛着绿色的水流淌在干涸的河床里，汗领我们去看，还用印地语向我们做了一番详尽的解释。

这里用水危机非常严重。这是一个大问题。我们花了 1000 卢比挖出这个洞来取水。全村的女人都在这里洗澡洗衣服。没过几个星期，这里的水就会变得又脏又臭，满是细菌。这时，每个人都会贡献出半升煤油，再买一个泵，把这些水抽走，然后等上几天，等地下水浮上来，再把这个水坑灌满。女人们都得轮流洗澡，因为这里容不下太多的人。每次只能洗两三个人。我已经快 50 岁了。从小时候开始，我们这儿就一直缺水。人们满身臭汗，却不能每天洗澡。有些人可能一连四天都不洗澡。谁也不愿意把女儿嫁过来，因为他们不愿自己的女儿一辈子都要头顶着水罐打水，一直到死。所以，那些来我们村子给女儿找对象的人，在这儿吃了烤面包、蔬菜咖喱和甜品回家后，只会打个电话说：“喂，你们村子太偏远了，我们不想让女儿去。”我们这可怜的村子把所有的钱都花在给儿子讨媳妇上了。

拉杰什・库马尔・蒂瓦里是当地一位 48 岁的农夫，家里种了些小麦和鹰嘴豆。他说街坊邻居里至少有“18 ~ 20 个小伙子”因为用水危机而无法娶妻结婚：

在我小时候，我们村里就已经有这个问题了。这里没有灌溉设施，没有管井，也没有水渠。你们能看到连饮用水也短缺了。你刚刚看到的那个洞是为了洗澡才挖的——人和牲畜都在这脏水里洗澡。大概 3 年前，拉胡尔·甘地先生（国大党政客）到这儿来，花了好长时间研究这个问题。我当时对他讲了同样的话——我说，如果你真的希望解决我们的麻烦，那应该给我们提供管井或者水渠。无论是邦政府，还是中央政府的许多官员，都来了又走，全都毫无作为。在哈密尔普尔县有三四个村子都和我们一样面临严峻的缺水问题。这里的地下水还有一个主要的麻烦，那就是在地下160～170英尺有很多岩石，我们没有合适的设备能挖到更深的地方。而在这个深度取水又太苦太咸，没法饮用……这里的村民都快要饿死了，有些人被迫自杀了。

2016年初，印度缺水危机尤其严重，29个邦中有10个邦都宣布进入了紧急状态，其原因是在此前两年间，雨季降水不足。不过印度确实也面临着长期的危机。那些缺乏灌溉的土地上的每一位农民（如蒂瓦里）都要求开展灌溉工程或建设管井。可现在的情况是，就算在尚未修建水坝和水泵为农民汲水灌溉前，包括恒河在内的印度各条河流的一些河段在旱季来临时也会断流，地下水也早已遭到过度开发。在恒河的上游和一些支流，通常会修建一些拦河坝把河水分流用以灌溉，只有一小部分河水能够自由流淌，直至下一个分流处。

恒河在一路流到西孟加拉邦时，从北方和南方均有支流注入。可即便在这里的法拉卡建起的大型火电厂，因为需要从河流中汲取冷却水，在2016年3月雨季到来之前，也因河道水量不足而停工了。印度的缺水危机日益严重，根源在于前几章讨论过的几个问题：全球气候变暖，人口过度增长，还有落后的资源管理。因此，这一事态的发展有赖于能否有效解决上述几个棘手的挑战，这也决定了未来一个世纪里恒河与整个印度的命运。

论及用水，整个印度处于重重危机中的地方绝不只有本德尔坎德一处。到村中拜访贝蒂·汗的 6 个星期之前，我曾前往德里以北的索尼帕特报道一起非比寻常的蓄意破坏事件。这次破坏切断了印度最大的集合城市的供水。当时，首都德里的大多数居民并不知道，他们的饮用水竟然依赖如此遥远的水源。毗邻哈里亚纳邦的暴乱分子控制了水渠，破坏了河岸，导致全城的水源都干涸了。政府派遣军队夺回水道，两人因此丧生。而整个事件的原因却并非为了抢水：抗议者多为当地拥有土地，但是教育程度很低的贾特人，他们要求享受与低种姓一样的优待特权，以获得在政府部门工作和进入大学的机会。他们还焚烧了卡车和学校教室，关闭了当地的工厂。不过关闭水渠事件暴露出印度首都供水极端脆弱的问题，随即引发了军事行动。

“这是德里经历过的最严重的一次危机，（9 个中的）7 个水处理厂都被关闭了，”当时担任德里水利部部长的卡皮尔·米什拉说，“目前水渠受损十分严重。我们从未遇见过这样的情况……不过并未引起恐慌。”另一条水渠填补了一部分供水，不过修复过程耗费了两个星期。每天德里居民要消耗 40 亿升的水，其中绝大部分都来自喜马拉雅山山脚下的水源地。人们在相对亚穆纳河、恒河与萨特累季河较为洁净的上游河段汲水，然后通过众多水渠，跨越哈里亚纳或北方邦，输送到南方。被贾特人抗议者毁坏的是现代版的“两侧排满运水车的河道”，即 100 千米长的穆纳克运河——用混凝土连接而成的防漏高架渠。尽管亚穆纳河本身流经德里市，但是因为河水被哈里亚纳工厂排放的氨水污染了，市水利局有时不能直接汲取亚穆纳河水取代水渠供水。

“这是蓄意破坏。”哈里亚纳灌溉部首席工程师S. S. 其卡拉看着修复工程说道，“德里的饮用水都依赖这个（穆纳克），而且德里是印度的首都。我们不能再出问题了。”海曼舒·塔迦尔在一个名叫“南亚水坝河流与人民网络”的压力团体中担任协调员。他说这场危机反映出德里与其他印度城市需要改善自己的水资源管理——做好废水处理回收工作，在雨季期间治理好当地的湖泊、池塘与所谓的传统蓄水池。“德里就像是个被宠坏了的小孩。只要他想要，就可以从遥远的水源地取水。”他评价说，“我们应该尽量减少这种依赖性。”

水的获取、成本、质量，以及可能含有的毒素是印度城市居民与乡野农夫共同谈论的话题。我曾住在德里一个较为昂贵的地区，可每天也只有几小时的供水。水压太低无法使用水龙头，于是大部分居民让总管道中的水流到平地上一个大塑料桶里，再用水泵抽到屋顶的水箱中。饮用水必须经过过滤才能使用。无论是家庭，还是办公室，都安装了复杂的净水装置用以除沙和杀菌。

就在离开德里前不久，我在朋友的推荐下，读了萨那斯·巴纳吉写的一本很独特的小说。这本《维卡斯普里无战事》漫画小说反映的正是印度用水的政治问题，这个反乌托邦式冒险的故事背景是“虚构的却十分现实的德里用水战争”，其中昌普拉和乔巴格（我办公室所在地）这些城区为了争夺稀缺水源而相互搏杀。在近郊吉尔冈豪华的高层公寓楼中，居民用水泵从地下随意抽取并使用大量的地下水（这一点并非虚构），却“把自己的公寓楼说得好像是亚马孙丛林里自给自足的生态系统似的”。现实中的德里居民尚未想到为了用水而发动全面战争，但书中的想法也不算太荒谬离谱。

就在穆纳克破坏事件发生前两年，我前往首都德里近郊的富人区德瓦卡调查该地区因未能连接到穆纳克水渠而发生的用水危机。（印度的地区通常并不小；德瓦卡就是一个发展迅猛的卫星城市，有 50 万人口，大多居住在高层公寓楼里）我在那里认识了一位名叫拉克文德·辛格的当地居民，是印度电信局的退休公务员，当时正在为自家的用水保障而抗争。当时气温高达 45 摄氏度，辛格和当地其他的中产阶级居民为了购买水罐车装的水，不得不与政府和相邻的哈里亚纳邦的黑帮们讨价还价。“我们每天从德里发展局获得一罐车的水，也就是 1 万升，可是我每天想要 6 万升水。”23 年前，德里发展局启动了在农田上建设住宅区的项目，成立了 349 个住房合作社共同建设公寓小区。辛格就是其中一个合作社的秘书。“他们规划新城镇的时候，一点也没有考虑过用水问题。供水系统根本就没有人管。”他这样说。他们这个有 120 户的住房合作社自己开凿了一个井眼，可在 10 年前就已经无法提供可以饮用的水了。

“地下水的问题到处都有，特别是在印度北方。”德里发展局副主席包文德·库马尔说，“一天又一天，情况会不断恶化，特别是在供水问题上……地下水位正在不断下降。这是印度政府和规划人员都必须考虑的重要问题。”库马尔还坚持说，德瓦卡还不算是德里这个超级都市中情况最糟的地区，但他也承认，德里发展局只能为德瓦卡一半的居民提供每天 4000 万升的用水，其中有一部分还是来自德瓦卡自己修建的 70 个管井。

此外，随着更多的人陆续搬入空房，德瓦卡的居民人口数量预计还将翻一番以上，达到 130 万人。

苏达 · 辛哈是德瓦卡住房合作社协会联合会的秘书长，她的丈夫穆克什是房地产开发商。她说有些地方的缺水情况实在过于严重，当地居民都开始使用消防用的备用水源了。还有些控制水源的恶势力从哈里亚纳非法运送罐车水。当地专门针对这种情况发起了反贪运动，却无法制止这种非法交易，反而令真正需要的人不得不付出两倍的价钱才能买到水。这对夫妻住在 22 区的一个现代公寓里。“这里确实很漂亮，整个城市规划得很好，”苏达·辛哈说，“可他们建设这个城市时，居然从来没想过供水问题，这太让人惊讶了。”这附近还有南德里的机场与商业区，还有大约 100 所学校。“基本上所有的设施都很齐全。可我们就是没有水。”

一年后，也就是 2015 年，水渠终于连通了，德瓦卡也解了燃眉之急。此后又过了一年，公众的注意力再次转到了古尔冈，这是一座集居住、工业与商业为一体的大型城市（最近更名为古鲁格拉姆）。这座城市地处德里南缘，但归属于哈里亚纳邦管辖，有着 200 多万人口。这里的地下水位逐年迅速下降，许多人预言古尔冈地下的含水层很快就要无水可用了。

可是，每当 7 月雨季来临时，干旱随即便被洪涝取代。路边的汽车一半浸没在积水中，古尔冈看起来就像是丑陋肮脏版的威尼斯。在恒河两岸，2016 年雨季之前的旱灾是史无前例的，而雨季带来的洪涝灾害也打破了历史纪录。在巴特那，当年 8 月 26 日的河水水位达到了 50.52 米，稍高于 1994 年的记录。不过有些分析家认为真正的问题并不在于洪水本身，而是这些年大量淤泥沉积，抬高了河床的高度。对于生活在河谷盆地里的农民而言，这些淤泥既是福祉，也是诅咒：淤泥可以令土壤肥沃；但是在平原地带，它会改变河流每年的特征和位置，从而导致意外的洪水以及河道的改变。在 19 世纪初，印度总督黑斯廷斯勋爵曾沿恒河逆流而上，一路上不停感慨洪水频发，以及肥沃的土地上每年能产出三季稻谷的情况。他还在日记里写道："如果从恒河里舀起一大杯水，很快就会看到沉淀的泥沙占据了玻璃杯的四分之一。"

这些话题早已见怪不怪——旱季的旱灾，雨季的涝灾，从外地取水赖以生存的大量人口，落后的水源保护，还有不同社会群体为用水而发生的争斗。类似的事件在印度全国各地不断重演，有时是在恒河流域，有时是在其他地方，每过几年就会上演，而接连不断的灾祸之后，情况往往会变得越来越糟。

在印度南部，泰米尔纳德邦和卡纳塔克邦一直为了高韦里河的河水而长期交恶。在 2006 年为了有关超级都市与城市化的报道，我首先去了泰米尔纳德邦的首府金奈，发现这座城市已经深陷淡水危机。金奈是一座典型的亚洲新兴城市，吸引着汽车制造厂与信息技术外包服务的投资者们，但与印度其他城市一样，也深受环境污染与资源短缺等问题的困扰。市政自来水公司与几百家私营水商都从金奈 100 千米以外的河水与井眼运水回来，勉强为这座饥渴的大都市供水。城里的许多房子里都有自己挖掘的井眼，但地下水资源因过度开采已经干涸枯竭，还受到沿海地区咸水的渗透影响。那些在偏远地区出售地下水的农民的日子也不好过，当他们发现自己的地下含水层已然枯竭时，已为时过晚。正如金奈不停地往西寻找水源一样，卡纳塔克邦的班加罗尔也在一路往东寻找水源。

金奈后来建起了一系列耗资不菲的海水淡化厂——第四座尚未建成。这样就可以从海中提取淡水，以解决眼下迫切的缺水问题。但这样并不能解决水资源管理不善导致的另一类灾害：洪涝。在 2005 年雨季洪涝灾害最为严重的时候，金奈的大部分城区一连数周都浸泡在洪水里，因为住宅区就建在以往的湖床与传统的蓄水池上面。这种蓄水池一度遍布整个印度次大陆。“当雨季来临，（流水）沿着以往熟悉的路径流淌，整个城市就被淹没了。”市民消费者与城市行动小组的巴拉蒂·杰拉吉对我们说，“金奈有两个问题。其一是完全没有规划；其二是完全不考虑水的问题。”10 年后，也就是 2015 年 12 月时，金奈再次因暴雨而被淹没。洪水淹过国际机场，飞机被困，福特和雷诺等公司的工厂不得不停产。总理莫迪当时把这场灾难归咎于气候变化——整个印度东部共有 188 人因洪水而丧生，但糟糕的市政规划也难辞其咎。

印度北部的水资源管理情况与南部一样混乱落后，每一个村庄、城镇与地区都在为自己的利益而争斗不休。在邦政府的唆使下，旁遮普邦的地主竟然用推土机填平了一条尚未完工的水渠，而这条水渠计划是将萨特累季河的河水往南输送到哈里亚纳的。“眼下这场危机如果我们还不解决，那 10 年以后，我们就会为抢水而发生战争。”印度水利部秘书，也就是一位高级官员——沙希·谢卡尔说：“旁遮普邦和哈里亚纳邦很快就会陷入战火之中。”布拉姆·切拉尼撰写过多部反映国际水争端的著作，他说“印度正在为水而发生战争”。

在印度西部旱灾不断的马哈拉施特拉邦，就在 2016 年上半年，当地政府不得不用卡车甚至火车运输饮用水，以缓解马拉特瓦达地区的焦渴之苦。在干旱最为严重的地区，供水点周围严禁聚集 5 人以上，以免发生争斗。在该邦首府孟买，环保主义者要求将印度板球超级联赛的举办地搬离马哈拉施特拉邦，法官还曾要求进一步了解板球场用水是否存在“浪费的罪行”。

这场旱灾不过是 3 年前历史的重演。当年的旱灾肆虐整个马拉特瓦达地区，受灾人口多达 2000 万（比罗马尼亚的全国人口还多）。我在 2013 年 4 月前往那里的时候，发现当地政府用水罐车和饲料站供水，才能让当地居民与牲口勉强度日。谷物和棉花都干死了，农民们种不出粮食，没有饲料，也没有现金。在一座座的果园里，蜜柑树上原本翠绿的枝叶都变成了棕黄色，因缺水无法灌溉而死去。果园主人们正在砍下那些枯枝败叶当木柴用。河流、水渠与水坝都枯竭殆尽。大型工程项目也不得不因断水而停工。

尼扬杜·马斯克说，他无法确定自己是什么时候出生的——他估计自己 70 岁了。可他能够清楚地记得 1972 年，正是在那一年，马拉特瓦达最后一次遭受了与当下同样严重的旱灾。“那时候的情况是没有粮食。”这位不修边幅、胡须花白的农夫说。他坐在比德南部一个紧急饲料营的树荫下，身边是他家的牲口。“可现在连水也没有了。”环保人士与政府官员除了把最近这场旱灾归咎于难以预料的季风，还指出了其他一系列原因，包括灌溉工程中出现的贪污腐败，当地把河水分流到奥兰加巴德这些新兴城市，以及富裕的农民从河流与地下含水层中非法抽水，飞速增长的人口数量（今天马哈拉施特拉邦的居民数量已经比 1972 年旱灾时翻了一番多，达到了 1.2 亿）等。此外，还有一个重要的原因，自 20 世纪 70 年代以来，当地将甘蔗作为重要的经济作物而大力推广。

印度的旱灾与洪灾通常总在同一个地方的同一年发生，令人倍感迷惑。印度到底缺不缺水呢？恒河的命运究竟会不会像巴基斯坦境内的印度河那样，上游的河水被大量用作灌溉，导致下游三角洲地区和生长着红树林的溪流最终干涸断流，并导致苦咸的阿拉伯海水倒灌进入内陆呢？

上述问题的答案是，总体而言，印度并非处于绝对意义上的干旱。它每年的降水量有 1000 毫升，大约居于全球降水量排名的中段水平。像恒河这样的北部河流还从国境外的喜马拉雅山区带来大量的冰川融水。不过印度的降水在时间和空间上分布都不均衡——大部分的降水是每年 7 月到 10 月雨季带来的暴雨洪流，而且东部比西部降水更多。此外，国家人口数量实在太过庞大。根据能源、环境和水委员会首席执行官阿鲁纳巴·高希提供的数据，在印度独立后不久的 1951 年，全国人口为 3.5 亿，当时平均每个印度人每年能获得 5200 立方米的水。到 2010 年时，这个数字已经下降到 1600 立方米，也就是国际组织认定的“水资源紧张”的水平。如今则为 1400 立方米左右。还有分析师指出，在未来的二三十年间，这一数字还可能继续下降至 1000 立方米，达到“水资源匮乏”的下限。因此，按人均量计算，印度既算不上水资源丰裕，就目前水平而言，也算不上极度缺水。与邻国相比，印度的水资源虽然比缅甸和尼泊尔少，但比孟加拉国和巴基斯坦多。“人口增长也会带来影响，水资源短缺是不可避免的，”高希说，“我不想说得像马尔萨斯人口论那么悲观。”

除了人口增长，印度季节性缺水还有许多其他原因：水运输效率低下；使用大约 5000 座大型水库中的地表水；在一些有政治权势的地主的影响下，干旱地区种植稻谷和甘蔗等耗水量大的农作物（马哈拉施特拉邦正是这种情况）；数亿农民的水泵都可以免费用电或获得柴油补助，所以无法控制他们的用水需求。“我们总是从供应的角度考虑这个问题，却从未从需求的角度考虑过。”水利部的谢卡尔说，“无论是执政阶层，还是知识阶层，都明白我们正面临着严峻的水资源危机。这方面的工作一直以来都掌握在技术官僚，特别是土建工程师的手中。他们只知道如何修建……大多数人的感受就是，‘我们有足够的水，免费就可以得到，政府的责任就是给我们供水’。”

眼下的问题远不只是水渠被破坏，也不是农民浪费了政府提供的水（这些水最终会回到地下水，而那些高效的汲水设备也剥夺了水源地下游居民的用水）。一个更严重的问题是地主们可以随心所欲地抽取地下水。欧盟委员会最近有一项关于印度水资源立法的研究表明，井眼或管井的数量已经从 20 世纪 60 年代的几万个猛增至如今的 2000 万个。在旁遮普邦的一些地方，这一做法已经导致地下水位每年下降 0.9 米之多。该报告还指出，印度每年用水泵抽取多达 2300 亿立方米的地下水，比其他任何国家都多。

在印度，60% 以上的灌溉农业和 85% 的饮用水都依赖地下水资源。（人们可能会错误地认为有权势的城市居民与工业企业会从乡村穷人手里偷水，但联合国粮食与农业组织的数据表明，印度抽出的地下水中，91% 都用以灌溉农田和喂养牲畜，只有 7% 流向城市，也只有 2% 用于工业。）联合国粮食及农业组织的希亚姆·卡德卡认为，旁遮普邦的地下水总体已经降至地面 122 米以下，深度是以前的四五倍，因此汲水所需的能量也大大增加。“从地下水的角度而言，印度现在的状况实在有点恐怖，”他说道，“执政官员们虽然大体了解了情况，但还是无意监管地下水的使用。”

根据5年前的政府数据，2011年，印度全国5723个行政区片中有839个存在过度开发地下水的问题。更麻烦的是，在整个江河流域中的地下水——有报告说占比达到60%——已经出现盐和砷污染，无法用来饮用或灌溉。加上印度各地过度开发地下水，又没有足够的淡水补充，地下水污染问题将越发严重。还有一个隐忧则是化肥中硝酸盐也会污染地下水。

高希还补充说，气候变化也会带来水患。印度北部的温度可能会升高几摄氏度，用水量会随之增加，同时降雨也会变得更难预测。面对这些现象，无论是环保主义的敌对阵营，还是关注发展的国家政府，人们都已经形成了广泛的共识，想要采取一系列措施规避未来可能发生的用水灾难——许多官员依然支持耗资不菲的“河系连通”工程，不过环保主义者们认为这种做法会破坏环境。

一些分析师认为，可以通过规定水价，以及重建城镇和乡村里被遗忘的古老蓄水池和当地储水系统来控制用水需求。除了这些举措，政府官员们还应该合理维护水渠，减少漏水，停止在干旱地区种植甘蔗等耗水量大的作物，并以整个河流水域为基础管理水资源，而不是各邦各管各的。城市废水也有待大规模回收利用。若非如此，只怕我们就要看着印度在一次次的旱灾打击之下深陷缺水危机，看着人们因为缺水而背井离乡，大片沃土惨遭抛弃——事实上，有些灾难已经在旱季到来时发生了，数以百万计的印度农民因为家乡缺水而沦为难民，涌入城镇寻找工作。

可惜没几个专家相信政府会迅速采取行动。“政府已经做了一些象征性的工作，”塔迦尔说，“可是在具体项目、政策和实践方面，根本没有一丁点的变化。”联合国粮食及农业组织的卡德卡认为，印度农业生产率较低，这就意味着有可能在提高农田产量的同时，更合理地使用水资源，这也是一个好消息。不过他也指出，水资源很快就会成为一个“巨大的麻烦”，并担心印度正在“梦游一般地走向”更为严重的问题。

第十二章

水坝与旱情

恒河上的水利工程

每当我看到那些大型工程项目，就感到兴奋和喜悦……它们是我们建设新印度、为人民提供生活保障的象征。

——印度首任总理贾瓦哈拉尔·尼赫鲁将水坝称为“现代印度的寺庙”

如果没有水，这些工程还能改善什么呢？

——拉梅什·钱德拉，恒河纳罗拉拦河坝水流管理员

旱季时有多少水流入了恒河上游的水库里？又有多少水可以继续沿着河床往下游流淌？答案分别是：“没多少”和“更加少”。如果你了解灌溉技术，也曾听恒河沿岸的印度民众抱怨过缺水问题，那眼下的情形是显而易见的。但如此神圣的河流被众多水坝一一截断，大部分河水都被用于灌溉农田，这一幕仍不免令人心惊。

我前往赫尔德瓦尔和坎普尔之间的纳罗拉拦河坝时，想要亲自弄清楚一个问题：来自恒河上游的河水为什么在一年中大部分时候都最终流进了某些人的田地，而不能沿着河道顺流而下呢？19世纪末，英国人曾在这里修建了一条拦河坝，在河坝西端还修建了一座石塔，附近面对面立着两块石碑，一块石碑上写着英文，另一块石碑上写着乌尔都语：“下恒河运河——纳罗拉水闸——V. I.（意为维多利亚女王，因为维多利亚女王也是印度的女王）1877年。”在20世纪60年代又新建了一条61个水闸的拦河坝。20年后，第二座巨大的水渠——平行下恒河运河——修建完成，就在原先那条水渠的旁边，以便从恒河分流出更多的河水。此外还有两座较小的排水渠专门供水给纳罗拉核电站，在河流下游都可以望见电站的冷却塔。

那天天气非常炎热，水库旁的大树上悬挂着的大果蝠也不肯休息，拍打着翅膀给自己扇风纳凉。正午时分，它们还轮流俯冲到水面上喝水。灌溉局的办公楼旁有一条倾斜的护坡道，上面绘着一幅巨大的水泥地图，展示着恒河、亚穆纳河以及河上众多的水坝、拦河坝和水渠。

那么到底有多少河水流入水坝，又有多少河水流出呢？以立方英尺每秒[①]为单位计算的流量数据很能说明问题。当时正是一年中最干旱的时候（也就是 2016 年 5 月）。信号员或称水流管理员的拉梅什・钱德拉向我介绍了基本情况。流入上游赫尔德瓦尔拦河坝的河水来自高山融雪，通常情况下，大约是 1.2 万立方英尺每秒，在旱季只有平时的一半。但是其中只有十分之一，也就是 600 立方英尺每秒的水会继续在恒河中流淌（其他都被分流到了上恒河运河；拦河坝通常也会把河水分流到东恒河运河，但是在缺水时会被关闭）。

当恒河流经纳罗拉的时候，已经补充了不少水量，不过是使用人工手段，即通过水渠从拉姆根加河上的水坝引入河水。拉姆根加河是恒河的支流之一，原本自然汇入恒河的出口在下游更远处。就这样，共有 2700 立方英尺每秒的水量流入了纳罗拉拦河坝。其中，纳罗拉必须释放的水量是至少 357 立方英尺每秒，也就是区区每秒 10 立方米的水可以自然流入河道。“这点水量真的是微乎其微。”钱德拉说。不过，因为下游的工业城市坎普尔极度缺水，我去的那天，他非常慷慨地放出了 1300 立方英尺每秒的水量。那些流经纳罗拉后剩余的水量——1400 立方英尺每秒——被分配给了下恒河运河。考虑到下恒河运河和与之平行的姐妹水渠容量分别是 8500 立方英尺每秒和 8900 立方英尺每秒，你就能明白，其实这条河的大部分水量通常都被分流，用以满足印度北部农民的需要了（其中至少 60%

① 立方英尺为英制体积单位，1 立方英尺约为 0.03 立方米；立方英尺每秒为英制流量单位，1 立方英尺每秒约为 0.03 立方米每秒。——译者注

用于大规模灌溉，而且这一估算还是基于10多年前的数据得来的）。

当然，有时候水量是太多，而不是太少。钱德拉和同事们绘制了一幅精美的小地图，上面标注着各种数字：2013年6月，从喜马拉雅山区奔腾而下的恒河洪峰带给纳罗拉的水量达到了610859立方英尺每秒，是最低水量的几百倍，也超出了拦河坝的设计容量，即50万立方英尺每秒。他们告诉我，60万是“很麻烦的”。不过像2016年旱季缺水的情形连年发生，也表明在雨季之外的其他时间，更应该严格管理恒河及其灌溉系统。官员们应当就水渠制定优先级配给制度限制分流。首先考虑的应该是上恒河运河，其次是两条下恒河运河，再次是东恒河运河，最后是比杰诺尔拦河坝分流出的中恒河运河。在灌溉局会客厅里有一幅新修的混凝土水渠的照片，照片上方挂着时任北方邦首席部长阿基莱什·亚达夫与他的叔叔，也就是当时国家水利灌溉部部长希尔帕尔的合影。但是2016年的水量甚至不足以完成官方分配的要求，这也说明，自英国统治时期以来一贯热衷建设宏伟的灌溉工程，这种理念恐怕也是有局限性的。“只有有水，我们才能有所作为。”钱德拉已经在灌溉局工作了36年，干信号员的工作也已经20年了。“如果没有水，这些工程还能改善什么呢？”

这座双层拦河坝就像是座公路桥，助理工程师拉姆·克里希纳站在河坝上，带我们参观恒河流域别具特色的印度水坝：一个永远不会合拢的缺口，他将其称为罗摩达拉，也就是罗摩的“长流之水”。这个缺口就在水坝鱼梯的一侧，宽1米，没有闸门，河水以140立方英尺每秒的流量穿过缺口，且奔流不息。对于印度教教徒而言，这是一个安慰，让他们确信恒河并未遭到拦截而断流。“在印度教中，你不可能完全截断恒河，所以我们也永远留着这个缺口。”拦河坝下游就是核电站（大门上写着“ISO 14001——生态友好认证”），此外还有一排沿河的台阶，被称为罗摩河坛。恒河在流经这一地区时，水流变得很小，河水被几片沙洲分割成几股，水位也变得很浅。我看见出殡的人群抬着黄布包裹的遗体，涉水过河，走上小岛。一辆拖拉机和拖车跟随其后，里面装满了火化所需的木柴。

有些虔诚供奉恒河的印度教教徒一直反对任何人控制恒河的水流，不论是穆斯林的国王、英国的工程师，还是独立后的印度政府，在他们眼里，一律视同犯罪。可如今大多数膜拜恒河的教徒看起来已经不在乎了。在水库旁公园的一座大理石恒河女神塑像附近，我在一处专供沐浴的河坛上遇到了一位来自阿格拉的农民桑杰・帕玛，他在家主要种植土豆和小米。这次和 30 多人的大家族一起开车来到这儿，为老家村里的新寺庙安装神像而做些准备工作。他把神像带到河边，浸泡在神圣的恒河水中。“我们是在帮助神灵沐浴——主奎师那、湿婆神、罗摩神。”他解释了一通，然后开始抱怨今年家中庄稼因为旱灾而遭受了损失。我问他为什么没有浇灌，他说他做了，可总是停电，水泵常常无法工作。我又问他家里有多少田地，这时他忽然变得警惕起来，也许是觉得我太多管闲事，或者怀疑我们与税收部门有什么关联。

在纳罗拉上游有一座恒河旁的小镇，名叫阿奴普斯哈赫尔，意思是“小卡西”。这座小镇自带一种神圣气质——吠陀圣人之一的布里古曾经拜访这里，令人不免联想到瓦拉纳西或者卡西，也就是下游的“光之城”。小镇的主干道旁贴着曼朱・沙玛的大幅海报——她是当地市政厅的主席，海报中的背景是恒河上游清澈的河水。此外还有一列指令：河水中不许有残破的神像、肥皂或洗发水；不许大小便（除非使用马桶）；严禁使用聚乙烯制品。

在河坛上，几头长毛猪正泡在河水中享受河水带来的清凉，只穿着短裤的男人站在没膝的河水里。在台阶顶端，因为我们的到来，一群人开始热烈谈论起恒河的情况（在印度，只要有陌生人出现或者发问，总会立即引来一大群人凑热闹）。“这种水在世界其他地方都没有。”一位老者刚说完，众人都低声附和表示赞同。“几千年来，人们都相信恒河是神圣的。”62 岁的泰杰 · 辛格补充了一句，他是从亚穆纳河畔的马图来的。

40 岁的退伍军人阿肖克 · 库马尔留着短发，穿着牛仔裤和黄色航海衫。他开玩笑地说印度到处都充斥着塑料袋，不可能禁止聚乙烯。“这是人们的观念问题。”他说，“印度自己都要变成个塑料袋了！”库马尔是当地国会中一位人民党议员的侄子，自称是孟买的房地产商。他赞扬人民党负责水利与恒河的部长乌玛 · 巴蒂，说她取得了很大的政绩，却饱受诟病，因为人们未能意识到她的贡献。至于恒河，“无论它多么肮脏，多不纯净，对我们而言，它还是神圣纯洁的。”他这话的意思是，现实的污秽不会影响圣河在精神上的圣洁。“如果你朝着神灵投掷石子，他不会就此消失。”他说道，“我也知道恒河遭到了污染，但它毕竟是全国最著名的河流，它永远不会消亡。”

自古至今，印度的村民和城市管理者们想尽办法为人民与动物提供持续不断的水源，帮助挨过旱季。在整个次大陆都可以看到他们挖掘或维修的池塘或蓄水池，以及水井和梯井（可以沿着梯子走下去）。环境保护人士通常都竭力反对建造大型水坝与灌溉工程，他们会批评当今的政府忽视当地已有的蓄水系统，例如德里和金奈等地在这些系统上修建建筑，这种后果不难想见：旱季缺水，而雨季则会出现洪涝。

不过即使在以前的时代，印度统治者们也从不反对在水量丰沛的大河上建造大型分流与灌溉工程。在印度河谷地区，大约距今 5000 年前就有了灌溉农业，而马哈拉施特拉邦在 3700 年前就建起了灌溉工程。有研究发现，大约 2500 年前的孔雀王朝时代，农民取用河水进行灌溉还需要纳税。早在 1800 多年前，朱罗国王就在泰米尔纳德邦修建了一座横跨高韦里河的古大阿尼卡特坝，该水坝至今仍在使用。

在印度北部，人们对亚穆纳河的开发利用至少在 14 世纪时就开始了。据说当时德里的苏丹菲鲁兹・沙・图格鲁克在 14 世纪 30 年代时修建了如今的西亚穆纳运河，用以灌溉农田，并把水从山上引下来为他在德里西面希萨尔的兵营供水。不过也有人认为他只不过是将以前拉起普特人的国王建成的水渠重新挖掘修理了一番而已。莫卧儿皇帝阿克巴曾在 16 世纪时下令修缮淤泥堆积的运河，到了 17 世纪，沙贾汗皇帝将运河的终点从希萨尔移到德里，以便为都城里的兵营供水。当时负责执行这项工程的是阿里・马尔丹・汗，这位萨法维王朝的贵族担任过坎大哈的总督，与莫卧儿王朝同时期执政。

到了 19 世纪，英国人也很快意识到重建运河带来的社会、政治与经济效益。黑斯廷斯勋爵弗朗西斯・罗顿（之后也被称为莫伊拉伯爵）在 1814 年至 1815 年担任印度总督期间，从加尔各答出发沿着恒河逆流而上周游印度疆域，曾经偶遇古老运河的遗迹：

这是成就了这个国家的伟大艺术品，它在大地上流淌，经过一座隐秘的花园。为了能从运河中获得汲水的权力，许多村庄按照人口比例缴纳钱款，由此也成为一项可观的财政收入。运河对于农田耕种的作用非常显著，由此得名为“丰饶之海”。

黑斯廷斯勋爵还写道，这一地区的地表水太咸，运河又疏于维护，导致村庄败落，田地里散发着“朽败之气”。印度艺术家西塔·拉姆曾陪伴黑斯廷斯勋爵同游，并绘制了一幅水彩画，画面中，卡尔纳尔一带的运河露出干涸的河床，士兵沿着运河行军，运河两侧都是帕蒂亚拉王侯的兵营。此后不久，这条运河经黑斯廷斯勋爵的批准得到了修复。

重建后的西亚穆纳运河以及东亚穆纳运河（另一条在莫卧儿王朝时代重建的运河）至今均仍在使用。两条运河都是在同一个地点被分流引入河水的。大卫·哈伯曼写过一本关于过度使用亚穆纳河的著作，他也和我一样，对于印度人从河流中汲水灌溉的程度之深、范围之广甚为惊讶。他前往的是塔赫瓦拉拦河坝（后来被上游一个新建的分水坝取代了），在当时，给上述多条运河供水。他在书中写道，亚穆纳河自山间奔腾而下，其水量中仅有十分之一最终能够流到德里。而到了干旱季节，“从亚穆诺特里流淌而来的河水没有一滴能够抵达首都。很显然，水坝对河流产生了极其巨大的影响”。

但是，印度北部最著名，同时也是最重要的运河——上恒河运河，原名为恒河运河，在圣城赫尔德瓦尔一带直接从恒河取水，用以灌溉恒河与亚穆纳河之间被誉为Doab（即双河）的肥沃地带。对于普罗比·考特利而言，他毕生的梦想就是建造东亚穆纳运河。这位来自萨福克村的牧师的儿子长大后成了东印度公司的工程师，当他在 1838 年目睹了印度北部的饥荒惨状后，感到无比震惊。

彼时东印度公司的董事们关心的是阿富汗的惨烈战局，想要说服他们进行投资，克服艰险地形驯服恒河简直难如登天，但是考特利做到了。运河在 1854 年 4 月 8 日通水——已经是项目获批后的第 13 个年头了，主运河长度为 560 千米，其他分支与小分支总计绵延 5000 多千米。为了让运河跨越索拉尼河，工程还包括鲁尔基附近的一座大型高架渠。至今，在从德里通往赫尔德瓦尔的路上都能看见这座高架渠。最初的运河可以为 3000 多平方千米的土地与 5000 个村庄提供水源。时至今日，那些熟悉恒河历史的印度人和英国人还会常常提及考特利的大名——他曾在什瓦利克山区搜寻化石，并发现了一具史前长颈鹿的遗骸。“巨大的鸵鸟与鹤，原始野牛的头骨，笨拙的乳齿象的骨骼碎片，犀牛家族的成员，当代骆驼的祖先，所有这一切都可以追溯到上新世末期。”就供水量而言，这一工程在完工时可谓是全世界最大的灌溉渠。

詹姆斯 · 布龙 – 拉姆奇，也就是达尔豪斯伯爵，在担任印度总督的最后一届任期内，曾夸口说运河的长度超过了“伦巴第和埃及所有灌溉线路的总长度”。运河在 1857 年印度民族大起义期间（印度人将这场暴动称为第一次独立战争）还被用作货运干线，将效忠英国的军队从鲁尔基运送到南方镇压反叛的印度军，“人们在激流中划船前进，身后是喜马拉雅山白雪皑皑的峰顶，每次经过桥下时，他们都会反复唱诵‘GungaJee Ka Jai’（胜利属于神圣的恒河）以求好运”。

当然，运河的主要功能始终是灌溉，遍布英属印度各地的恒河工程与其他运河工程一度被视为帝国建设的伟绩。“新任总督来到印度，增长了见识，大开眼界。”柯曾勋爵 1899 年在莱亚尔普尔的演说中这样说道。莱亚尔普尔是如今巴基斯坦的城市费萨尔巴德。“最令人新奇和欣慰的当属宏伟的灌溉系统，我们在英国尚未知晓，但印度的广袤版图上已遍布灌溉系统，使荒原上绽放鲜花，为上百万劳工提供生活补给。”到 1947 年英国人离开印度的时候，这类公共建设工程已经创造出了“长达 120147.19 千米的主干运河和支流，为大约 19911 万亩的土地提供灌溉，差不多占了印度耕种总面积的四分之一”。

考特利在恒河上建坝、将圣水分流的宏伟计划也遭到了赫尔德瓦尔当地印度教祭司的反对，英国人后来在大坝上留了一个缺口——就像我在纳罗拉看到的那样，好歹让一部分河水可以畅行无阻地一路从高山奔流入海，对当地印度人而言，也算是一种安抚。在大坝建成典礼上，还为新开端之神伽内什举行了祭典，同时重建了沐浴河坛。我第一次看到赫尔德瓦尔的时候，第一眼的印象多少也有些震惊，那些神圣的河坛并不是坐落在神圣的恒河两岸（瓦拉纳西也是如此），而是建在人造的运河旁。这也可能是因为当时的英国工程师们改建了相应的河段，将其改建成新运河的入水口。恒河在这一段的河道素来复杂，所以依然让它沿着自己蜿蜒曲折的河道继续流淌。凯利·阿利专门研究过恒河的现实污染与精神纯净之间的关系，她是这样描写 19 世纪时的情形的：

恒河流过许多沟渠，这些宽 1.6 千米的沟渠跨越了空阔的峡谷。其中一条，在赫尔德瓦尔上游约3.62千米处的主渠分岔出来，流经赫尔德瓦尔与朝圣地玛亚普尔和坎克哈尔，最后重新汇入它的母亲河。为了开发这条恒河支流的水力资源，印度政府建造了上恒河运河。

当20世纪初期英国人计划再次组织扩建运河渠首工程时，印度当地再次出现了反对运河建设的宗教骚动，领导者是马丹·莫罕·马拉维亚和斋浦尔大君。前者是一位印度民族主义者，创建了贝拿勒斯印度教大学。后来双方都做出让步，并在1916年达成了一项非同寻常的决议——时至今日，这项决议依然有效，不仅作为水利灌溉渠的长期规则，恒河保护人士也常常引用该文件来保证河水不受拦截而持续流淌。这项决议对河水分配的细节提出了精确的要求，明确规定多少河水可以流到哪个方向，还包括一则条款，规定流经河坛的最低流量是1000立方英尺每秒（维修时期除外），还有水坝上要留有永久缺口，即使在旱季，也要保证至少400立方英尺每秒的水流常年不断地流过这个缺口，流入恒河。玛拉维亚在印度人心目中是捍卫恒河长流不息的宗教英雄，而考特利受到世人的敬仰，是因为他用自己的技术才干开发恒河，为农民造福。

赫尔德瓦尔在很多方面都是一座典型的印度北方城市，最有特色的是当地著名的沐浴河坛。另外，鉴于印度教不食肉不饮酒的神圣传统，酒类与肉类在城里也是被禁止的。赫尔德瓦尔距离首都仅200千米，但无论是通过公路，还是铁路，都需要花费数小时才能抵达，连从德里出发的新修路段看起来也十分破旧，令人觉得不可思议。当车子沿着凹凸不平的路面在山谷与山坡上行驶时，司机与乘客都在座位上起落颠簸，左右摇晃。城郊地带的路边散落着腐烂的垃圾与不可降解的塑料废品，但市中心和酒店区欣欣向荣，挤满了从印度各地前来朝圣的人。

一些瘸腿的乞丐在及踝高的推车上安装了万向轮，权且当作代步工具，双手撑着地，努力靠近那些可能给他们施舍的人。一个人把一堆圆形大磁铁拴在红绳上，使劲甩动后抛入河中，期待能打捞到别人遗失的珠宝或其他金属物件。商贩们生意颇为兴隆，忙着售卖塑料水罐和水瓶——用来盛放神圣的恒河水带回家乡。即使是在干旱季节，河道中流经河坛的河水速度依然很快，就连水性最好的人也要抓住台阶旁边的铁链，才不至于被急流冲走。似乎没有人怀疑这么狭窄的水道其实并非恒河天然的河床，而只不过是一条人工的运河而已。朝着鲁尔基与德里的方向沿路再走上几千米，穿过道路走到运河旁，我在台阶上遇到了一个人，他坚称这条水道就是恒河。我向他保证，他肯定弄错了，这条运河笔直得像一把尺子，而真正的河流在我们身后的道路对面，河水湍急，水面宽达数百米，但我觉得他根本不会听信一个好事的外国人说的话。

从尼赫鲁到莫迪，印度独立后的历届政府依然秉承殖民地时期的理念，笃信河道管理大有裨益。在灌溉堤坝方面，从古至今都以农耕为主的印度人一直以来也是这样做的。“在印度发展经济现代化的过程中，巨大的水坝占据着非常特殊的地位。”历史学家拉玛钱德拉·古哈在书中写道，“一方面，水坝可以让农业免受雨季洪涝肆虐。而另一方面，水坝还能为 5 年计划要求建设的新工厂提供电力。”水坝还可以用来控制洪水。刚刚独立后，印度的知识分子们极度推崇苏联和美国田纳西河流域管理局在水利建设方面的成就，连尼赫鲁本人也对水坝深深着迷，并将其称为“现代印度的寺庙”。他还曾写道：“每当我看到那些大型工程项目，就感到兴奋和喜悦……它们是我们建设新印度、为人民提供生活保障的象征。”此番激情正是当年数百万印度人的心声，也令不少外国人士对印度仰慕不已。

当然，并非所有的大坝都无可指摘，大多数水坝在建设时会导致村民搬离家乡为建设让路。印度大大小小的水电站大坝都曾受到当地民众与环保人士的强烈反对。（有些大坝有双重功能——发电与引水灌溉。而在印度，为水电建设而设计的大坝往往坐落在上游陡峭的峡谷中，而用以灌溉的拦河坝往往长而低平，坐落在下游的平原地带。）

印度的环保主义者最反感的是特赫里坝。这是印度全国最高的水坝，利用巴吉拉蒂河的河水发电。大坝的名称就来自恒河在喜马拉雅山山脚下最高一段河流的名称。环保主义者认为，受到地震与山体滑坡等严重地质灾害的影响，这一带生态系统原本就很脆弱，而水库的建设进一步破坏了当地生态系统的稳定。来自穆索里的作家斯蒂芬·奥尔特曾经徒步前往恒河源头的朝圣地，当他第一眼看到特赫里大坝工地的时候，不禁停下了脚步。“对面的山谷从来是躲藏在山脊后面的，如今已经变得寸草不生。”他在书中写道，“眼前是一片完全被毁坏的景象，是人为的灾难现场。”

印度在水电开发建设方面的进展缓慢，很大一部分原因是印度的民主制度喧嚷吵闹、纷争不休，一些基础建设项目反反复复地经历提案、反对、启动和撤项。特赫里坝第一期 1000 兆瓦工程自 1978 年开始建设，直至 2006 年才终于投入使用，花费了将近 30 年时间。印度可开发的水电资源中只有大约 16% 得到了开发。印度全国的发电总量不断增长，近几年，水电占比却不断下降，因为大量投资用在了使用煤炭的火电站、风能电站与太阳能电站建设上。

布拉姆·切拉尼是水利方面的专家。他将中国快速实施的工程项目与印度善于纸上谈兵的做法进行了对比。早在20世纪50年代，印度就考虑在干旱的西部古吉拉特邦的纳玛达河上修建一座1450兆瓦的撒多撒罗瓦坝，及其附属的水电与灌溉项目，但时至今日，仍未完工。“按照中国的标准，这甚至都算不上一个大型水坝。”切拉尼说。他进而批评印度未能充分利用雨水，以增加淡水储量（不需要建设大型水坝也能做到）。他还说，印度人均淡水储量大概和埃塞俄比亚一样，只是中国的很小一部分。在莫迪执政后最初的两年，最关心的就是恒河的净化问题。“可那只是一件事情而已。他们还没有形成一个全国水资源开发战略，因为他们压根儿没有把水当作战略资源。”

印度的水力发电量不及中国，人均淡水储量也比不上摩洛哥，不过印度仍有大量的水坝，其中不少都建在恒河及其支流上。根据中央水务委员会的资料，印度全国已经建造了4877座“大型水坝”（是指那些从地基到坝顶高度超过15米的水坝），其中一半多都是在20世纪70代至90年代大肆兴修水坝的时期完工的。此外还有313座水坝正在建设中。仅仅在喜马拉雅山区加瓦尔一带恒河上游的支流上，就曾有60多个水电项目进行过论证，其中许多只是径流式项目，即将奔腾的河水通过陡峭的通道分流，然后直接流过涡轮机，而无须将水储存在大坝巨大的水库中。在这60多座水电项目中，至少有10座（包括特赫里坝）已经建成，另外还有15座正在建设中，或者正在等待批准。

恒河的干流被多次拦阻截断，其中在赫尔德瓦尔就发生了两次（一次是为了水电站，另一次是为了灌溉渠）。无论是在恒河上游还是下游流域，这些大坝都存在不少问题。首先，淤积问题会带来两方面的隐患，它会减少水库容量，从而降低水力发电的效率，而下游的农田也无法获得肥沃的淤泥来滋养庄稼。位于印度和孟加拉国交界处的法拉卡大坝的设计初衷是涤荡胡格利河的河水，提高这条河在加尔各答两侧的通航能力。但这座大坝自 1975 年立项之初，便一直争议不断，反对声不仅仅来自憎恨分流的孟加拉国人。（根据 1996 年的双边协定，当旱季恒河的水量降低时，也应保证孟加拉国获得其一半的水量。）

与布拉马普特拉河一样，恒河下游每到洪水期，就变得毫无规律，每年的流向都有很大变化：将一侧岸边的村庄与农田冲毁，却给另一侧河岸留出更多空间。按照反对人士的说法，法拉卡大坝会让情形变得更加糟糕：洪水继续肆虐人间，而且变得更为狂暴。因为拦河坝后面沙子堆积，令河床抬高了 7 厘米，原本自然流过山谷的河水就变得更不稳定。环保主义者海曼舒·塔迦尔还指出，马哈拉施特拉邦造的水坝比其他任何邦都多，但依然遭受着严重的缺水问题，正是因为它未能从根本上解决危机，其中包括过度汲取地下水用以灌溉耗水量大的经济作物。官方数据表明，印度境内建成与在建的 5190 座大型水坝中，至少有 1845 座都在马哈拉施特拉邦内。

纳伦德拉·莫迪与他执掌的政府并不畏惧这些批评，也不在意印度教的激进支持者们反对阻断恒河圣水的呼声。正好相反，基础设施建设——特别是大坝与水渠这些水利设施建设——正是莫迪治国大计的核心内容，他想要加快印度的现代化建设，创造更多工作机会，让印度成为亚洲经济强国。莫迪在古吉拉特邦（大部分是半沙漠化地区的一个干旱的邦）作为首席部长执政 13 年，经济建设成效显著。2008 年以纳尔默达河为起点的灌溉水渠成功贯通，更让他人气倍增。

莫迪在 2014 年成为总理后，他所领导的政府简化并加速了原本烦琐冗长的大型工程项目环保审批手续。莫迪不仅努力清理恒河，恢复河流航道，还重新启动了一个野心勃勃的计划，那就是将水从北部与东部较潮湿的地区调动到中部、西部和南部较干旱的地区。这就是“国家河流连接工程”，共涉及 15000 千米长的水渠，理论上将使可用农业土地面积扩大三分之一，增加 34 千兆瓦的水力发电能力，还可以控制洪水。这项工程将耗时 25 年，花费 1680 亿美元。有评论说莫迪想要“以建设大坝而名垂青史”，同时也有人批评这个计划是“水利建设的极端之举”。

莫迪政府中的水利部部长乌玛・巴蒂是一位虔诚的印度教教徒，为捍卫恒河圣水的命运而与其他部长周旋争斗过（她曾引用 1916 年条约的内容确保河水会流过赫尔德瓦尔，还说不会再在上游的 3 条支流上建造水坝）。但在政府上台后不到 6 个月，她又毫不犹豫地宣布，“若当地各邦允许”，全部 30 个河流连接项目都将在 7 年至 10 年后完成。她还说河流连接将成为国家发展的重要里程碑，也会向世人证明，经济发展与环境保护是可以携手并进的。“连接河流是全国民主联盟政府的梦想。”她在这里所指的是在印度人民党领导下被称为全国民主联盟的联合政府。

财政部部长阿伦・贾特里在制定 2016 年政府预算时，提出了一个他所谓的转型计划，就是到 2022 年，帮助印度数亿农民的收入翻一番。这个计划包括每一个财政年度花费大约 25 亿美元加速建设十几条延期未完工的灌溉工程。这些举措引起水资源保护人士的不满，他们抱怨这种多部门系统管理恒河的机构只会促使修建更多的水坝，却未能确保恒河持续的“生态流量”。“在机构内部讨论时，他们指出冬季应该保证至少 75% 的生态流量，夏天应该保证至少 50% 的生态流量。”该机构的成员之一拉金德拉·辛格在一份反对意见书中写道：“可是，在最终报告里，这些数据却分别减少为 30% 和 20% 了。”他还指出，这些立项建设的新水坝势必会“毁灭我们今天所见的恒河”。

即使一些水坝与水利灌溉工程进展得比以往更快一些，但将整片流域连成一体的宏大工程也未必会按照巴蒂雄心勃勃的计划顺利推进。130 年前，亚瑟·科顿爵士就曾提出这种想法，并估算了花费。印度南部戈达瓦里河与克里希纳河上的灌溉工程就是他设计的。由于他认为考特利设计的恒河运河有很多缺陷，在一次偶然的情况下，他还与考特利发生了激烈的争吵。巴蒂还顺带提及了另一个问题，这个计划影响到印度多个地区，所以需要得到国内各邦的批准。即便相关地区的村民允许工程的进行，但这一批准过程也可能阻止或至少延缓主要水渠的建设。事实上，新修水坝的实际灌溉面积只有计划中的 50% ~ 70% 而已。按照国家水利部秘书沙希·谢卡尔的说法，效率低下的原因要么是水量不足，要么就是农民种植的庄稼并不适宜。

印度的水资源危机不仅非常严重，而且还在日益加剧。而恒河及其支流正好流经缺水最为严重的喜马拉雅山以南地区的中心位置。气候变化不仅带来气温升高，而且导致喜马拉雅山上的冰川迅速消融。这些冰川本可以在雨季到来前最为干旱的5月和6月为人们提供融水。可是森林被毁坏，土地被侵蚀，早已令整个地貌面目全非。（在1938年，本德尔坎德58%的地区都被森林覆盖，如今，官方允许的最低森林覆盖率只有33%，可根据当地一位反贪污人士的说法，实际森林覆盖率只有1.21%。在过去的10年间，有大约3000万美元的资金用在了重新造林的工作上，每年从7月到10月的雨季都会轰轰烈烈地大搞造林运动，但等到雨季过去，这些树木往往就因为缺乏维护而枯死了。）

未能正确使用政府补贴的肥料也导致土壤质量不断恶化。尽管水坝与拦河坝确实可以为印度北部的农民输送急需的灌溉用水，但每一条水坝都会使下游的水流减少，既不足以补给地下水，也不能为下一处水坝提供足够的水量。这里原本就是地球上人口最为密集的地区，而且居民人数还在不断增加，他们毫无节制地从河流中抽水，或者不断深挖管井，这一切都让印度走上了一条不可持续发展的道路。

当然，灾难并非不可避免。印度最近遭受的洪灾与旱灾引起了激烈的讨论，人们呼吁应该保护、修缮和发现更多的地方性水库、池塘和蓄水池。上千年来，人们依赖这些当地的设施在雨季收集淡水，留待缺水时取用。在加尔各答，环保主义者莫希特·雷记录下了城市里5000多处小型贮水池，并一一解释了它们的重要价值。在印度西部，记者米拉·苏布兰马尼安还调查过被称作拉贾斯坦“雨人”的塔伦·巴拉特协会如何帮助民众修建了12000多个贮水池，用以采集储存雨水，为当地13个区补给地下水。（她还提到其中一个位于豪兹卡斯的水池。这个水池早在1295年就已经建成，当时不仅为灌溉提供水源，还可为皇家行宫降温。如今，水池所在地是新德里一个遍布酒吧、餐馆的喧闹商业区。）在德里，居住在新兴城镇德瓦卡的迪万・辛格是一位环保人士，他带我去看了镇上23区里一座即将干涸的水池。他说应该将水池中的淤泥清理干净，继续挖深，使其成为一座“模范贮水池”，用于补充该地区枯竭殆尽的地下水资源。

不过，印度政府首先应该做的是停止废水排放，控制农业用水。如今，农业用水的需求可谓毫无节制，因为水（只要有）是免费的，即便用水泵汲水，也非常廉价，与免费相差无几。若要管理好水资源的需求，就需要配给用水，或者付费用水。印度政府需要极大的政治决心才可能推动这一政策的变化，因为这个国家有个传统，那就是无条件地迎合农民和农村选民的需求。若不能改变免费用水的情况，地下水的水位会持续下降，并越来越低。河水在每个雨季来临前都会断流，人们只能被迫逃离干涸的乡村，大批涌入相对安全的城镇。农业专家评论说，如果没有外来供水，有些地块已经完全不适合人类居住了。“政府所做的都是象征性的项目、政策和活动，根本没有任何变化。”环保活动家塔迦尔说。

古西亚里的村民们围拢在村中唯一还能用的水井旁边，忧虑着自己的家园是否也濒临不宜居住的困境了。绝大多数村民对2016年初的严峻旱情记忆犹新。有人说60%的当地人都背井离乡，前往加济阿巴德、德里、沙特阿拉伯、迪拜或科威特当劳工或者保安以谋生计。

一个男孩推着自行车经过，车上4个蓝色塑料水箱里装满了水，他靠售卖这些水能挣到30卢比。一位名叫贝蒂・汗的女士在临走前又发了一顿牢骚，指责当地官僚无所作为。“我们可以问谁呢？阿克希莱什・亚达夫，还是纳伦德拉·莫迪？”她愤怒地大喊，“我们家的牲口都快死了。我们也不想到处乞讨，苦苦哀求别人……我们再也不会给任何政党投票了。”有一位退役的摔跤手长着威风凛凛的胡须和一双湛蓝的眼睛，他吹嘘着自己过往的辉煌战绩，令众人大笑，让现场的气氛缓和了不少。他用拳头捶打着自己的胸膛说：“我已经 80 岁了，可依然宝刀不老。”不过最后同我交谈的是另一位村中的老者，我听他描述了五六月间严重的干旱与酷暑，还说人们“在凌晨 3 点醒来，用清凉的井水解暑”。可如果这口井也干了呢？他回答说：“真到了那一天，古西亚里村也就不存在了。”

第十三章

宝莱坞的明星

电影中的恒河

倾听恒河的轻语：
来到岸旁的人们，
曾经遵从着一个法则——
一旦许下诺言，至死遵从不得背叛。
我们的恒河，
我们的恒河在哭诉，
哦，罗摩，您的恒河已遭玷污，
涤荡罪人的罪孽。
哦，罗摩，您的恒河已遭玷污，
涤荡罪人的罪孽。
恒河流经故土，吾等皆为子民。
曾与圣人同住，如今奸佞环侧，
口无真言，心无诚意，

玷污圣河，又来乞求救赎。
可悲可叹，如何是好?
哦，可悲可叹，如何是好?
她已身陷绝望，无法自拔!
哦，罗摩，您的恒河已遭玷污，
涤荡罪人的罪孽!
……
山河依旧，物是人非。
他们的手上沾满血迹，容光焕发，却内心阴暗。
他们早已忘记誓言，背弃承诺。
他们品行低劣，却昂首阔步。
这些罪人啊，
如今这些罪人，就连恒河圣水也无法将他们净化。
哦，罗摩，您的恒河已遭玷污，
涤荡罪人的罪孽。

——宝莱坞电影《罗摩，您的恒河已遭玷污》的主题曲，词曲作者为拉温德拉·贾恩从19世纪的水渠建筑师普罗比·考特利到21世纪的总理纳伦德拉·莫迪，无论谁想干扰恒河的流淌，都必须考虑激惹印度民众的后果。就连那些从未见过圣河的印度人对圣河也怀着同样炽热而强烈的情感。旅居印度的外国人会有许多惊奇的发现，其中之一就是恒河女神不仅仅存在于2000年前的《罗摩衍那》中，而且还活生生地出现在现代宝莱坞的电影中。在古时候，埃及人崇拜尼罗河，英国人崇拜泰晤士河，不过如今这些圣河几乎都不再拥有宗教意义了。

但是恒河不一样，她依然是受到众生敬仰的女神——数以亿计的印度人仍然积极踊跃地信奉着她。对于世俗的工程师与政客而言，恒河的文化中心地位既有助益，也是阻碍。几乎所有的印度人都理解恒河的重要性，也都支持保护河流的洁净，确保流水自然通畅。另外（当年的考特利与独立后历届印度总理都应该深有体会），他们也丝毫不介意在圣河上开渠分流，为农田与工厂这些世俗产业供水。

不可避免的是，恒河的形象经过数个世纪也发生了变化。在《罗摩衍那》中，恒河女神是超自然的神秘存在。相传出身为王子的天神罗摩从众友仙人那里听闻恒河女神降临地界的传奇之后，尽管身旁的兄弟早已入睡，他却躺在河边久久无法入睡，侧耳倾听着河水的声音。“她对他悄声讲述着陌生而辉煌的岁月，他惊讶地发现自己居然能够听懂她的话语。在他的脑海中，宇宙洪荒时代的传奇清晰再现，宛如澄澈的梦境一般。圣河就是他月光下的领袖。”在 1985 年宝莱坞的热门影片《罗摩，您的恒河已遭玷污》中，恒河女神是一位身材丰满的乡村少女，站在瀑布下翩然起舞，曼妙的身姿在湿透的纱丽下若隐若现。影片中的少女沿河而下，前往匪徒猖獗的地区寻找心上人，却险些被卖进妓院，后来又差点被祭司奸污，最后被迫在瓦拉纳西当了一名舞女，又被辗转卖给了一位加尔各答的富商做情妇。不过，无论是印度古代的传奇，还是现代电影，深层的寓意始终是相同的：在一个满是奸淫掳掠、毫无公道的邪恶世界里，恒河女神始终象征着纯洁与救赎。

无论是在印度北方流行的印度语电影里，还是比哈尔方言的电影里，又或是孟加拉语、泰米尔语、泰卢固语甚至玛拉雅拉姆语的电影里，宝莱坞的导演们都很喜欢在电影名中使用 Ganga（还有其他的河流女神姐妹们，如亚穆纳和萨拉斯瓦蒂）。不少电影的名字就叫 Ganga，还有一些包含 Gangotri（根戈德里，恒河发源地附近的圣城）、Gangasangam（甘加森格姆，亚穆纳河汇入恒河的汇合地）或者 Gangaajal（恒河水）等字眼。依靠当代技术手段，电影制作人可以把印度教教徒（和绝大多数非印度教教徒的印度人）耳熟能详的宗教或道德典故再现出来，为平淡无奇的剧情增加一些思想深度；他们也会在影片开头增加一些画面，比如恒河发源地的高穆克地区，以及狂野的喜马拉雅山区风貌，以此取悦都市观众；还会在浪漫的河畔景点穿插流行的情歌，让德里、加尔各答或孟买贫民窟的居民们大开眼界。

《罗摩，您的恒河已遭玷污》是宝莱坞著名演员兼电影制作人拉杰·卡普尔执导的最后一部电影。它比同类电影更进一步，将女主人公 Ganga（由曼达基尼饰演）明确等同恒河，影片中还有另一条平行的剧情，那就是加尔各答的匪徒不仅想要玷污她贞洁的身体，还试图建造非法工厂污染恒河。电影大体上是基于 1500 年前古典作家迦梨陀娑的梵文戏剧改编的，而迦梨陀娑的戏剧也是基于《摩诃婆罗多》史诗中一个故事改编而成的。电影中展现的都是现代环境——电影上映时，正巧当时的总理拉吉夫·甘地准备推行第一个“恒河计划”。

影片中的男主角纳伦德拉·萨海非常反感工厂建设计划（他的父亲是一位自私世俗的富豪，正大力鼓吹这个计划），于是参加了去恒河上游的游学活动，并许诺祖母将带回纯净的恒河圣水。他在影片中戴着一顶登山帽，看上去就像一位唱着约德尔调的奥地利人。他正是在那里遇见了甘嘎（Ganga，意为“恒河”）。当时他听见河流的方向传来欢声笑语，并非常仰慕在瀑布下唱歌的女郎。他们一见钟情，还有了一个儿子（在宝莱坞电影里，人们生的几乎都是儿子），但是因为恶人的奸计而被迫分离，甘嘎为了寻找心上人，踏上了从根戈德里到加尔各答的漫漫长路，两人直到影片最后一幕才终于团聚。

宝莱坞的电影看得太多了，就算最纯真的人，也难免对流淌着恒河水的印度社会感到沮丧和悲观。在宝莱坞明星阿米塔布·巴沙坎骑着白马疾驰进城之前——他所饰演的角色在 1978 年的影片《恒河的誓言》中经常这么做，那些善良的低种姓农民的命运都掌握在残酷的地主、贪婪的商人和见利忘义的祭司手中。这些恶人还常常与腐败的警察勾结作恶。强奸与强奸未遂是村中司空见惯的常事。不幸的是，在比哈尔邦、北方邦和哈里亚纳邦这些恒河流经的各邦中，这样的情形可不是天方夜谭。异想天开的部分在复仇和救赎的情节，因为宝莱坞就是为那些饱受践踏的穷苦人出恶气的——在这个虚构的世界里，贪赃枉法的警察会被解雇；冤屈最后会昭雪；罪犯会锒铛入狱，而不是平步青云，官场得意。

《恒河的誓言》中充斥着上述陈旧的电影套路，新增的亮点是一段道德说教的剧情，强调了应该彼此包容，还揭露了印度农村一些人（他们在 2016 年依然很有影响力）利用印度教教徒对牛的崇拜而谋求政治目的或个人利益的恶行。影片开头有一段褪色的音像资料，展现了恒河上游与山区的景色，画面中还有一位圣人坐在岩石上，并以一首名为“假如我是恒河母亲”的印度歌曲点明主题：“如果你心怀信仰，我便是恒河母亲；若你并无信仰，我便只是一条河流。”

从天堂降落人间的礼物，我是爱的象征。
苍穹之下，我已流淌了数百年的光阴。
数百年来，我灌溉着爱的土壤……
民族的不朽历史，镌刻在我的波浪上。
有人掬起河水祈祷。有人沐浴神像。
在有些地方，（低种姓的）修鞋匠在清洗皮革，
而在另一个地方，（高种姓的）祭司在饮水解渴。
宗教纷争与种姓制度，都是人类的愚蠢。

影片开头讲述村中恶少塔库尔·贾斯万特·辛格奸污了一位妇女，还将她的尸体从桥上投入了恒河。与此同时，巴沙坎扮演的男主人公杰瓦爱

上了补鞋匠的女儿达尼亚（由瑞卡扮演）。在杰瓦当军人的父亲去世后，家中的田地又被恒河洪水冲毁，母亲不得不典当了家中仅有的结婚首饰，还偷偷在塔库尔家帮佣以资助儿子。后来他母亲不幸被赶出塔库尔家，随后去世。杰瓦对着恒河女神发誓要为母亲复仇。当邪恶的债主塔库尔想要强奸达尼亚的时候，杰瓦出手把他打伤了。于是塔库尔和可恶的祭司设计陷害杰瓦，指控他让神牛挨饿，还怂恿村民惩罚他。

在这种时候，杰瓦别无选择，只能落草为寇。不过他的言行举止并不像一般的匪徒那么粗鲁野蛮，倒更像是罗宾汉与圣雄甘地的结合体，他甚至还建立了一座多教派的孤儿院。影片最后是一场戏剧化的追逐戏——塔库尔乘坐黄色的小型飞机逃跑，却坠入了恒河。他坠机的地点恰巧就是影片开头他奸污妇女并抛尸入河的地方。杰瓦高喊："恒河母亲胜利了！"然后影片结束。

有些以恒河命名的电影中并未突出展现河流本身。例如在 1960 年拉杜・卡马卡尔执导的卖座影片《恒河流淌过的国家》中，拉吉・卡普尔扮演一位孤儿，他参加了匪帮，最终面临两难的困境：是该忠于残暴的匪徒，还是不知廉耻的警察。

1961 年，尼廷・博斯执导了片长 3 小时的《恒河亚穆纳》。影片的主角是两兄弟，正好与恒河和亚穆纳河同名。其中叫恒河的哥哥性情刚烈却内心善良，他资助自己的弟弟亚穆纳在城里读书。有一次，他见到地主意图奸污一个少女而出手相救，结果被诬告偷粮而投入监狱，因此无法再给亚穆纳寄钱。亚穆纳穷困潦倒，却坚持拒绝支持犯罪，后来遇到好心的警察相助，自己也成了一名警察。可是与此同时，冤屈而恼怒的恒河却变成了一名匪徒。就这样，神圣的汇合即将拉开序幕，象征着兄弟俩和两条河流的伟大重聚（电影中欢乐的歌曲唱道：“今天恒河与亚穆纳就要会面了。”）。可是影片却是个悲剧的结局，亚穆纳忠于职守，谨遵法律，最终射杀了自己的匪徒兄弟。

2003 年拍摄的影片《恒河圣水》，导演是宝莱坞政治倾向较为明确的制片人之一普拉卡什·杰哈。这个以比哈尔邦为背景的犯罪片讲述了一个残酷的玩笑——当地警察会往犯罪嫌疑人的眼睛里喷洒一种酸性物质，他们把这叫作“恒河水”，并声称他们用此来清洗印度社会中的罪恶。2016 年，杰哈还导演了一个续集，名叫《恒河水的胜利》，其中，普里扬卡·乔普拉扮演一名正直的警察局局长。在影片中，政客、商人与警官相互勾结、贪污、强奸、抢夺地产，无恶不作。在这样一个恶行猖獗的社会中，警察局局长为了维护治安，奋力与恶势力抗争。

以印度北部为背景的电影并不都是这么悲观绝望、骇人听闻。戈文德·穆尼斯在 1982 年拍摄了一部引人入胜的乡村爱情片《渡河》。整个剧情的中心是一场暴力事件——一个女人意外跌落台阶而死。在甘蔗地和稻田中却呈现出非常天真烂漫的歌舞片段，例如：“你要带我去哪个方向，哦，拖车司机？”在北方邦酷热的天气中，舞蹈演员大汗淋漓，腋窝都湿漉漉的，而影片中女人在干活的时候，男人们大部分时间都坐在用木架和绳索制成的吊床上聊天，这种吊床在印度当地随处可见。由于鲁帕女士的意外死亡，她的鳏夫奥姆卡尔和她的妹妹古尼娅被包办结婚，这样，古尼娅就可以照顾姐姐的孩子。可是古尼娅一直深爱着奥姆卡尔可爱的兄弟昌丹。幸运的是，古尼娅未等婚礼完成就晕倒了，一切真相大白，奥姆卡尔也欣然接受自己的兄弟与小姨子结婚，并送上了诚挚的祝福。

在《渡河》中，那条无名的河流不过充当了一个背景。在 1996 年印度与法国联合制作的电影《贾耶 · 甘加》中，恒河则扮演了一个更为重要的角色。这部电影由维贾伊·辛格执导，剧本改编自他本人的小说《贾耶·甘加：寻找圣河女神》。这部节奏极其缓慢的电影充满了法国浪漫主义的情怀，全然没有宝莱坞电影中常见的喧嚷欢乐的配乐与歌曲，同时也真实展现了恒河沿岸的自然美景与人文意趣。

旅居巴黎的印度年轻作家尼尚特迷恋上了一位神奇的女子贾耶，她象征着浪漫的爱情，令人魂牵梦萦。尼尚特记得她是在蒙马特地区消失芳踪的，于是决定沿着恒河顺流而下，亲自去寻访。（“我想像恒河一样，一直流向汪洋的怀抱。”）这一路，他遇到了许多与河流相关的角色：一位是圣人的随从。而圣人本应待在根戈德里，却因为怕冷而外出拜访首相去了；一位是河上的船夫，他听见尼尚特抱怨河水遭到污染，却并不相信，还坚持说河水是花蜜，“有起死回生的神效”；一位是瓦拉纳西的祭司，喋喋不休地向尼尚特兜售各种各样宗教的或世俗的服务项目。他还遇到一位老友，他扮演过麦克白与哈姆雷特，可如今却摇身一变成了威风八面的地区治安官。最后，他遇到了一位名叫泽赫拉的舞女，这个凡俗现世的女郎与神秘幻境中的贾耶形成鲜明的对比，也可能就是河流化身的仙女。尼尚特花了 2000 美元把她从妓院赎身，两人在恒河岸边吃着鱼，然后乘船顺流而下。

故事最终也是以悲剧收场。尼尚特接到一封电报，要他前往瓦拉纳西的十马祭河坛与贾耶会面（可是她自相矛盾地不断留下一只黑色的手套，还有红色的心形折纸，上面还用法语写着“不要找我。没人能找到我。我走了……”）尼尚特将这一切告诉了冷漠寡情的泽赫拉——“她就是个疯子。”她这么评价贾耶。而事实上，贾耶是一个饱受折磨的灵魂，因为根戈德里的一个瑜伽士给了她一枚拥有魔力的戒指，使她拥有了两次轮回转世的双重人生，并不断地在往世与现世之间切换轮转。尼尚特在河坛上瞥见了贾耶，却未能找到她的肉身。而与此同时，泽赫拉下河沐浴后不幸失踪。她溺亡的尸体后来被人发现，尼尚特悲痛不已。在影片结尾时，他将泽赫拉的尸体火化了。画外音解释说，泽赫拉一直都希望能够像灰烬一样飘洒荡漾在恒河水中。“她来自大海，也将归于大海，听从那无可预见的命运的召唤。”

我一口气看了好几部与恒河有关的印度电影，在这漫长的观影马拉松临近终点时，我不想停留在那种过于煽情感伤的氛围中。疗伤治愈的绝佳选择是一部叫作《耿嘎的故事》[①] 的票房烂片，由曼莫汉·德赛导演，主演是 1988 年出道，已经有些发福的阿米塔布·巴沙坎。影片包含了所有喜闻乐见的元素：荒诞不经的剧情、服饰夸张的歌手、老套刻板的恶棍、喧嚷低俗的闹剧，当然也免不了粗制滥造地颂扬一番印度河流的崇高精神。

耿嘎（由巴沙坎扮演）、亚穆纳和萨拉斯瓦蒂是陷入三角恋的一男两女。他们和睦相处，互相帮助，却与当地的恶霸塔库尔·汗斯拉吉（也是耿嘎的叔叔）结了仇。这是一个非常典型的恶霸——戴着墨镜，手持长鞭，池塘里养着鳄鱼，动不动就强奸妇女，谋杀亲属，还偷寡妇的钱。他横行乡里，就是为了让地价降下来，好让他买地。“耿嘎、亚穆纳和萨拉斯瓦

① 耿嘎取自印度语恒河的谐音。——译者注

蒂带来爱的消息，”影片开头的歌曲是这样唱的，“当三颗心团结在一起，那就是汇聚。正义的道路曲折难行，犯罪却非常容易。”亚穆纳在火车上唱着，而萨拉斯瓦蒂则在卡车后面跳舞。（男：“耿嘎会将萨拉斯瓦蒂拥在怀中，带去远方。”女：“我们永远在一起，我愿意被你火葬。”）

影片中还有腐败的警官（这是理所当然的），英雄照例也会被判入狱。还有一位著名的男性卡瓦里歌手[①]，而他的名字就叫卡瓦里。耿嘎还有一条眼镜蛇朋友，它后来毒瞎了塔库尔家坏儿子的眼睛，还在耿嘎深陷鳄鱼池时，撑起身体变成一根长绳，帮他逃脱险境。亚穆纳一度跌入冰穴，为了救她，耿嘎和她赤身裸体地相拥取暖。他们后来还有了一个孩子。之后，亚穆纳又身陷火海（坏警察想要强奸她），耿嘎不仅把她从着火的房子里救了出来，还将一把大砍刀精准地掷向水箱，从而也救了失火的房子。萨拉斯瓦蒂是自甘牺牲的角色，当耿嘎身负枪伤时，她自愿站出来充当他的妻子，与其他妇女一起为各自的丈夫祈福祝祷。（妇女们唱道：“就算有天神比我丈夫好，我也不想要。”）

这部情节纷繁复杂的影片长达 187 分钟，勉强推动情节发展的是亚穆纳的失忆症。当时她和耿嘎在桥上遭遇伏击，然后跌入湍急的恒河，结果头部撞到石块导致失忆。令人难以置信的是，当她在另一座桥上再度遭遇伏击而跌落河中后，她的失忆症因为头部再一次遭到撞击而消失了。在影片的高潮部分，执意复仇的耿嘎将一只巨大的（显然也是填塞而成的）鳄鱼捆在肩膀上登场，最终与塔库尔展开了一场激烈的打斗。当然，塔库尔最后死在了假鳄鱼的利齿之下，男主角英勇地将他的脑袋塞进鳄鱼嘴里，

① 卡瓦里为伊斯兰教苏菲派的音乐。——译者注

看起来就像是鳄鱼正在吃他一样。不过这还不是大结局。最后，萨拉斯瓦蒂用自己的身体为耿嘎的儿子挡住了子弹，临死前说道："我就要融入黑暗了。亚穆纳，我把耿嘎留给你。"随着她的骨灰被撒入恒河，影片也结束了。

第十四章

河上的异国风情

恒河边的外国人

水色沧浪，波涛浩汗，灵怪虽多，不为物害。其味甘美，细沙随流。彼俗书记，谓之福水。

——玄奘，中国唐代高僧，630 年到访印度

这里有种类丰富的鱼类和禽类，例如天鹅、鹅、鹤等，不一而足。该国盛产水果，人口众多……在恒河之中有众多小岛。河水甘甜可人，此地物产丰饶。

——拉尔夫·菲奇，16 世纪英国商人

它是四面八方所有河流之首。

——英国旅行家托马斯·科里亚特 1616 年在对印度贾汗吉尔皇帝的演讲中如此颂扬恒河

若不曾来印度，古时候的那些地理学家与历史学家恐怕永远也不会理解恒河，而它在洪荒之初就已经深深嵌入了印度的文化与宗教之中。不过，外国人至少都知道这条大河的存在，也能感受到它的重要性——这种感觉 2000 年来一直没变，远远早于宝莱坞第一部以恒河命名的电影搬上银幕的时间。希腊大使麦加斯梯尼被认为是第一位来到印度的西方人，他曾在公元前 302 年到访印度的心脏地带并记录下了自己的见闻。根据他的说法，恒河是“印度最伟大的河流，受到全体印度人的崇拜”，有时河面宽阔，甚至无法望到对岸。恒河两岸的文明辉煌灿烂。当时麦加斯梯尼来到印度孔雀王朝的皇帝钱德拉古普纳的都城巴连弗邑（现在的巴特那），参观了城内 64 座城门与 570 座高塔，据说他当时写道：“我去过许多东方伟大的城市。我也见过苏萨城和埃克巴坦那的波斯宫殿，但此地当属全世界最伟大的城市。”

可对于世代居住在恒河旁的老百姓而言，此番壮丽盛世不过是稀松平常而已。当时的印度人不仅崇拜恒河，还将其用以贸易通航，早已有了数百年的传统。在外人眼里，恒河与其两岸人民的奇特习俗大多闻所未闻，至多也只是丝绸之路上四散流传的逸闻趣事或离奇传说罢了。麦加斯梯尼当时作为西流基的大使前去拜访钱德拉古普纳城。在亚历山大大帝死后，西流基统治了西亚地区，却未能将希腊势力向东延伸至印度。（据说年轻的钱德拉古普纳皇帝曾经面会亚历山大大帝，对他的军事才华甚为崇拜；

他与西流基达成和平协定，条件之一就是迎娶一位希腊公主。）

麦加斯梯尼当初详细记录下了他穿越开伯尔山口和旁遮普地区的陆路旅程，还有乘船沿亚穆纳河与恒河顺流而下的水路旅程，可惜原稿未能保存下来。不过他的语句却被古典作家广泛引用，其中有罗马地理学家斯特拉博、罗马自然科学家与作家蒲林尼，还有研究罗马时代的希腊历史学家阿里安。麦加斯梯尼是第一位记录下印度人崇拜恒河的西方人——此外，他们还崇拜雷电与雨水之神宙斯（或称因陀罗）以及其他一些本土神灵。他还详细说明了印度的种姓制度，还说钱德拉古普纳身边的保镖是一群女武士。

在西方文学中，恒河成为伟大河流的代名词，同时也带着些东方意趣。麦加斯梯尼应该见识过河水暴涨的场景，因为斯特拉博和阿里安都坚称恒河是世界上最大的河流，甚至比尼罗河和多瑙河都大。（我们现在知道，若论河流长度，他们都错了；但若论河口的水量，且不考虑当时尚未被发现的亚马孙河与刚果河，那他们确实是对的。）按照蒲林尼转述的说法，恒河从源头喷出时爆发出雷鸣般的巨响（属实），河水沿着陡峭的峡谷飞泻而下（属实），最后汇入平原上的湖泊（并不属实，但这一说法可能来自印度传统故事），此后，恒河一路流淌，河流宽度不少于 13 千米，平均宽度达 17.7 千米，深度不少于 36.58 米（全部不属实）。

在《埃涅伊德》第 9 卷中，罗马诗人维吉尔以有些牵强的明喻让人们感受到了恒河静水深流的力量。他形容前进中的军队“就像深沉的恒河，和他七条平静的溪流一起在沉默中不断壮大”。在朱文诺所写的第 10 首讽刺诗（名为“人心的虚荣”）的第二行中，他用恒河来表达东西之间的距离，而远在 1500 年后英国作家安德鲁・马维尔在《致羞怯的情人》一诗中也采用了同样的手法。诗人奥维德在写到亚历山大的时候，也曾提及恒河。2 世纪时，亚历山大港的天文学家及地理学家托勒密多方收集信息，绘制出一幅地图，不仅勾勒出印度与喜马拉雅山的位置，还描绘了恒河从山区一路流向孟加拉湾三角洲的南—南—东的准确流向。他还将印度分成恒河内印度（指恒河西边更接近西方人的那一侧）与恒河外印度（东边那一侧）。这一区分方法在此后地图绘制领域被沿用了 1000 多年，而且这条分界线似乎也被不断推移，甚至有人把恒河的流向错误地认定为自北向南，而事实上，它的流向总体上是自西向东的。不过即便可行，人们在绘制地图时最关心的问题也不是地理学意义上的精准。12 世纪有关巴勒斯坦的地图是根据早期基督教会神父之一圣杰罗姆的书面描述绘制的，地图的中心是耶路撒冷，右边是尼罗河，而恒河、印度河、底格里斯河和幼发拉底河都在这座城市的上方，从高加索地区与亚美尼亚流向耶路撒冷。

由于缺乏可靠的新信息，西方世界对于恒河的误解在中世纪变得更加严重。基督教神父曾将恒河等同于《圣经》中伊甸园的比逊河，这是一个很有吸引力的想法，因为这样人们就会认为天堂是在东方某一个美丽丰饶的地方。14 世纪有一部充满雄奇想象的著作《曼德维尔游记》，作者在书中把天堂描绘为地球上最高的地方，还说在天堂的最高处有一口井，这是世界上所有河流的源泉。井中汩汩冒出甘泉，形成四条大河——比逊河或恒河（河中多奇石，富含金沙）、尼罗河、底格里斯河和幼发拉底河。“第一条河流在他们的语言中被称作比逊，意为‘聚集’；许多河流在这里聚集，然后汇入那条河流。有些人把它叫作‘恒河’，因为印度有一位名叫甘吉斯的国王，这条河正好流经他的国土。恒河水在有的地方清澈，有的地方湍急，有的地方温暖，有的地方冷冽。”在这番描述中，至少最后一句确实说出了恒河的真实情况。

在有些地图中，天堂被描绘成恒河河口中的一座小岛。与此同时，自托勒密时代就有人认为南方有一座大陆桥将非洲与印度连通，而强大的信奉基督教的国王——祭祀王约翰就居住在非洲或者印度，身边围绕着异教徒。在这些传说故事中，印度河与恒河也常常汇聚一处，象征着亚历山大大帝四海征服的战果，而事实上，他根本未曾抵达恒河流域。在此我要感谢语言学与文学教授史蒂芬·达里安为以上论述提供历史依据，这段史料讲述的是挪威人艾瑞克的传奇历程以及他立誓找到伊甸园的壮举：

他以拜占庭国王确认了方向后，出发前往“恒河外的天堂”。沿途他经过了深邃幽静的密林与辽阔无垠的原野，最终来到一处被河流环绕，风景怡人的花园。他认出这里就是说明上写的天堂河比逊河。进入花园的唯一入口是一座小石桥，桥上有巨龙挡道。艾瑞克拔出长剑，勇猛地冲进巨龙的血盆大口。巨龙瞬间消失，艾瑞克顺利地进入了天堂。

当时的宗教期待是如此热切，而地理信息却又漏洞百出，导致克里斯托弗·哥伦布参考托勒密的理论，竟然将北美洲错认成亚洲，还把奥里诺科河的河口误认为是天堂的河流之一。在第 4 次航行途中，他离开古巴向西前往印度，却没有意识到印度远在半个地球以外，以我们现在的知识来说，印度正位于美洲的对面，中间隔着整个太平洋。可哥伦布把洪都拉斯误认为是中国，当他抵达巴拿马海岸时，坚信自己来到了印度，而且再前行 3 个星期，就能抵达恒河。1503 年，他向西班牙国王忠实禀报了这些发现，但迫于物资匮乏而不得不半途折返。他从未踏上过印度的土地，不过他一路向西航行寻找亚洲，并坚信自己找到了亚洲，此番雄心壮举也为世人留下两个重要的遗产：现在的美洲原住民被称为“印第安人”[①]；一连串加勒比群岛被称为“西印度群岛”。

如果中世纪欧洲学者能够读到一些中国文献，也许就不会对恒河与印度产生那么多混乱的曲解与荒唐的猜想了。中国佛学家法显大师于 5 世纪早期到访印度，还记录下了自己一路的旅程。他从中亚进入印度，跨越印度后，从当时恒河河口的重要港口多摩梨帝离开，进入斯里兰卡后，经东南亚返回中国。他曾赞叹恒河与亚穆纳河之间有一片“美丽而丰饶”的土地，当地人民“人数众多，安居乐业”（而且食素）。他还满意地发现，在以巴特那为中心的笈多王朝的各大城市中，佛教教徒、印度教教徒与耆那教教徒可以愉快地共同欢庆各自的宗教盛典。法显来到恒河边的曲女城，这里曾是佛陀在河岸旁向弟子传教的地方。“教诲代代相传至今，口诵的篇章是‘人生种种痛苦与虚妄，并非永恒不变’，还有‘身体无非是水中的泡沫’。”

在前往印度的中国朝圣者中，最为著名的当属唐朝初年博学多闻的高僧玄奘。在 5 世纪至 7 世纪，他前往印度拜访佛教寺院，收集整理佛经佛像，并辗转带回中国。人们称他为“三藏法师”，在印度或其他国家的文献里，他的名字常常被翻译成 Huisen Tsang 或其他类似“玄奘”的词语。

① 英语中“印第安人”与“印度人”是同一个词。——译者注

在 630 年到 645 年，他不仅旅居印度，穿行于恒河流域各地，在回国一年之后，还应当时中国皇帝的要求，将旅途见闻详细地记录了下来，也就是世人所知的《大唐西域记》。

玄奘从中国出发，横穿中亚地区，在克什米尔逗留了两年。直到大约 30 岁时，才第一次把目光投向恒河，他还写下了自己对于恒河的印象，以及印度教教徒崇拜恒河的表现。“水色沧浪，波涛浩汗。”他在书中这样写道：

水色沧浪，波涛浩汗，灵怪虽多，不为物害。其味甘美，细沙随流。彼俗书记，谓之福水。罪咎虽积，沐浴便除；轻命自沉，生天受福；死而投骸，不堕恶趣；扬波激流，亡魂获济。

玄奘在印度时，险些被匪徒掳走作为祭品献给女神难近母。他之所以被印度人所熟知，是因为他描述了陪同戒日王朝的皇帝参加在普拉亚格(今天的阿拉哈巴德）举办的大壶节的情况。与法显一样，玄奘也目睹了印度的宗教多元文化，还参加了小乘佛教教派、大乘佛教教派及其他不同印度教教派的门徒之间的哲学探讨，这些盛事都是由皇帝安排在皇都曲女城举办的。

随后——但也是数个世纪以后了，轮到穆斯林前来探索神秘的印度了。在玄奘离开印度的 400 多年后，也就是 1701 年，一位出生于现在乌兹别克斯坦的学者与占星术士阿布・里汉・阿尔 – 布鲁尼来到印度，记录下了印度这一段历史时期的科学、文学与宗教发展情况。与玄奘一样，他也见证了在普拉亚格恒河边的艰苦修行，看到当地人“用各种酷刑折磨自己”。他还注意到印度教教徒将死者火葬后的残骸投入恒河。他甚至还记录下了恒河从天堂降落人间的神话传说，以及圣河如何解放了巴基拉斯国王祖先的灵魂，湿婆又是如何接住神水，设法减缓激流的速度的，不过他认为恒河是男性，而非女性。这位懊恼的阿尔－布鲁尼还批评他遇到的印度人有种自鸣得意的大国沙文主义，此外，“民族性格上也有诸多缺点”。他此番怨言一直流传多年，且回响不断。

又过了 300 年，来自北方的征服者已经在德里站稳了脚跟。此时有一位出生于摩洛哥的旅行家伊本·白图泰来到了印度，一待就是 14 年。起初，他为德里的苏丹穆罕默德·本·图格鲁克工作，后来，当他先后游历了南亚、中亚、中国、阿拉伯世界和非洲后，他口述而成了一本游记，就是现在的《旅途》。这本书直到 19 世纪初才被西方世界所知晓，书中详细描述了恒河及其对于印度教葬礼的重要意义。他还在书中提到北部印度在 1335 年起遭遇长达 7 年的大饥荒，“成千上万的人因贫困而亡”，印度人沦落到只能吃动物的皮和腐肉，甚至人肉。

在麦加斯梯尼对辉煌瑰丽的巴连弗邑（巴特那）盛赞不已的 2000 年后，来自北欧与西欧的第一批使节、商人与旅行者开始陆续抵达印度。英国商人拉尔夫·菲奇在 1585 年带领一支伊丽莎白一世女王的使团觐见了当时的印度皇帝贾拉鲁丁·穆罕默德·阿克巴（阿克巴大帝）。女王在信函上写着“承蒙主恩，信仰之守护者伊丽莎白，致无可战胜的伟大君王康巴亚王塞拉布丹·埃切巴尔”，要求“双方贸易往来，互惠友好”。不过，阿克巴当时无暇接见菲奇。历史学家迈克尔·伍德指出，阿克巴大帝统治着多达 1 亿的子民，印度也是当时的世界大国，而伊丽莎白的子民不过才 300 万——“相当于德干高原上的一个小公国”，而且处于有人居住的世界最遥远的边缘。

菲奇是一位富有冒险精神的商人，尽管遭到冷遇，但他还是继续前行。他有一个与众不同的特点，那就是热衷于记录下自己一路东行的艰险旅程。他那种意识流的表达方式非常引人入胜，在行旅见闻中夹杂着商业信息，间或还有关乎社会与宗教的评论。他一度被葡萄牙人虏获，作为囚犯而被带到了果阿邦，他设法逃脱并逃到了印度北部（他的同伴威廉・李特士在印度北部作为珠宝商为阿克巴大帝服务，拥有一座房子、一匹马、5 个奴隶和皇帝下发的薪水）。他沿着亚穆纳河与恒河顺流而下抵达孟加拉湾。这段旅程一共花了 5 个月的时间，不过他声称本可以更快完成。这些河流在当时显然已是非常成熟稳固的贸易路线了。

我从阿格拉城出发，来到西孟加拉的萨德冈，与我同行的是 180 艘船只，满载着盐、鸦片、阿魏草（一种用以烹饪的树脂）、铅、地毯，还有其他形形色色的货物，沿着亚穆纳河一直往下。商人的领袖都是摩尔人与异教徒。这些国家有许多稀奇古怪的宗教仪式。婆罗门，也就是他们的祭司，会走入水中，经过复杂的仪式后，把绳圈套在脖子上，然后双手捧起河水，首先把两只手套在绳子里，再把一只胳膊从绳圈中拿出来。尽管这里不会太冷，但他们无论水温冷热，都会下河沐浴。这些异教徒既不食荤，也不杀生。他们食用稻米、黄油、牛奶和水果……婆罗门每天清晨研磨出一种黄色的东西涂抹在自己的额头、耳朵和喉咙部位。有老人背着箱子穿街过巷，箱子里装着黄色的粉末，那些婆罗门就会拉住老人，在他们的脑袋和脖子上涂抹上标记。女人们成群前来，有 10 个、20 个或 30 个，她们来到河边歌唱沐浴，然后一起欢庆，并在额头和脸上涂抹标记，再带上一些粉末，最后唱着歌离开。他们的女儿在 10 岁前就要嫁人，而男人们可以有 7 个妻子。他们非常精明，比犹太人更甚。当他们相互问候时，会把双手高举到头部，口中说着“罗摩、罗摩”。

菲奇记录下的“罗摩、罗摩”的问候方式在印度一直沿用至今，不仅如此，当他抵达了亚穆纳河与恒河在普拉亚格（阿拉哈巴德）的汇流地时，还准确无误地描述了那座城市上游与下游河流的走向，并提到了城市里老虎、山鹑、斑鸠以及赤身裸体的乞丐的数量。显然他对那些虔诚的苦行僧或其他任何非基督教的圣人并非不以为然。他描述了在普拉亚格一位赤身裸体的圣人手指甲长达 5 厘米，发誓保持沉默，而且仅用毛发遮挡住私处。在瓦拉纳西，印度教教徒是“我所见过的最伟大的偶像崇拜者”，还说他们崇拜那些“有邪恶意味”的神像。尽管菲奇并不喜欢当地人的锅盖头发型，但他像所有的外国游客一样对印度的恒河和自然资源赞叹不已：

这里有种类丰富的鱼类和禽类，例如天鹅、鹅、鹤等，不一而足。该国盛产水果，人口众多。男人们大多剃净胡须，头发很长，也有些人除了留下头顶的头发，把其他头发全部剃光，就好像有人在他们头顶放了个小碟，然后沿着碟子边缘剃净头发，仅剩下头顶。在恒河之中有众多小岛。河水甘甜可人，此地物产丰饶。

菲奇对印度教奇异的宗教仪式倍感疑惑，他注意到许多朝圣者不远千里来到瓦拉纳西，并记录了他们形形色色的服饰，还有他们在河里或岸边举行的各种祈祷仪式，例如分三次喝下恒河水；把谷物献祭给神像；焚烧了一半的火葬仪式；还有抓牛尾巴的习俗，这与我在萨加尔岛所见到的一样——他笔下那些栩栩如生的细节直到今天在印度还能看见。瓦拉纳西是一座“伟大的城市”，河岸旁有着“许多华丽的房舍”，而巴特那则是一座“非常狭长而伟大的城市”，正处于“强大的莫卧儿王朝”的统治之下。这两座城市都是棉花与纺织品的贸易重镇——巴特那还有不少糖和鸦片贸易。他还精确地描绘了恒河在北方邦和比哈尔邦的发展——来自尼泊尔境内喜马拉雅山的支流会在这里汇入恒河，“有许多大河在此汇入恒河，有些规模不亚于恒河，因此恒河变得极其宽阔，在雨季时甚至无法望见对岸”。

菲奇前往近东与亚洲的旅行得到了黎凡特公司的资助，甚至在莎士比亚的名剧《麦克白》中也有所提及。他在 1591 年返回英国后，成为东印度公司的顾问。此后，越来越多的英国人与欧洲人追随着他的脚步，来到了北部印度腹地，其中就有托马斯·科里亚特。他来自萨默赛特，热衷于徒步与探险，还会说波斯语，曾于 1616 年在阿杰梅尔市面向“伟大的莫卧儿”——当时的皇帝贾汗吉尔——做了一场演讲。他自称来到印度不仅是为了亲睹“陛下尊容，因您盛名远播，响彻欧洲及伊斯兰各国”，还是为了亲眼看到大象，“还有贵国著名的恒河，它是四海八方所有河流之首”。

尽管并未找到相关记录，但科里亚特似乎有意前往赫尔德瓦尔，因为他满怀憧憬地写下了计划，要前往一个有 40 万朝圣者参加的“令人难以忘怀的集会”，他们不仅会下河沐浴，还会投入钱币与硕大的金块，并举行“其他稀奇古怪的仪式，实在值得一看”。同菲奇一样，科里亚特作为基督徒，也表达了反对的态度。不过他显然对此行非常兴奋，迫不及待地想要目睹印度各地信众前来朝圣的非凡盛况。“此番盛况每年一次，有人不远千里专程赶来，只为朝拜他们的河流，它是神灵，是创世主，也是救世主；在这些原始崇拜中充满了愚蠢的迷信与对上帝的大不敬，这一切都与基督和以色列国相违背。”科里亚特当时还留下了一幅早期版的“自拍”，决意要在下一本书中插入一幅自己骑着印度大象的肖像。他最终实现了这个愿望（尽管画家未能亲眼见到科里亚特骑着大象的样子，但他还是运用想象力完成了画像），但是于 1617 年因痢疾死于印度。

17 世纪时，法国富有的珠宝商人让 - 巴蒂斯特·塔沃尼尔先后 6 次前往东方，其中 4 次抵达印度。他并没有像菲奇那般对恒河满怀敬畏，也许是因为那时正值枯水季节。他在 1665 年 12 月从阿格拉前往孟加拉，同行的还有莫卧儿皇帝奥朗则布的御医弗朗索瓦·贝尼耶和一位叫拉切波特的人。

（他们）惊讶地发现，那条被万人敬仰崇拜的河流，原本想象中至少像贝尔格莱德的多瑙河那么宽阔，结果却跟卢浮宫前的塞纳河差不多宽。河道中甚至也没什么水流，从 3 月直到雨季来临的六七月之间，船只无法在这段河道里航行。

在阿拉哈巴德，他满心景仰地参观了石砌的城堡，还遇见了来自法国布尔日的外科医生克劳德·迈耶，他正协助波斯医生照料患病的总督。塔沃尼尔用很多笔墨描写了印度奇特的社会风俗，还讲述了一段阿拉哈巴德总督的首席波斯医生的一段颇为血腥的往事。据说这位医生有一天心生妒意，竟将妻子从堡垒的城墙上抛了下去。他的妻子摔断了几根肋骨，她的家人请求总督主持正义，于是总督解雇了这位对妻子施暴的医生。这位医生用轿子抬着受伤的妻子，和家人一起离开了。没过 3 天，总督反悔并召回了那位医生，而后这位医生——塔沃尼尔在此并未详细说明原因——竟然用刀刺伤了自己的妻子、4 个孩子和 13 名奴隶，并返回了阿拉哈巴德。总督最终还是接纳了他，而且对他的暴行只字未提。

在塔沃尼尔随后的旅程中——他在巴特那逗留了 8 天，称那里是“印度最伟大的城市之一”，还记录下了另一桩激起他兴趣的谋杀案。塔沃尼尔离开巴特那后，经水路前往达卡（他说如果河水水量充足的话，他原本可以提前在阿拉哈巴德或瓦拉纳西乘船，可见当时一定是干旱的枯水期），他们在途中射杀了几条鳄鱼，最终于 1666 年 2 月抵达胡格利河。

数个世纪以来，位于恒河另一头的发源地对探险者而言，始终充满了神秘，直到苏格兰风景画家詹姆斯·贝利·弗雷泽于 1815 年抵达根戈德里，成为第一位探访此地的欧洲人。两年后，军队测量员 J. A. 霍奇森上尉抵达了位于高穆克地区的恒河源头。他们两人都曾到达乌达嘎汐，也就是不远处亚穆纳河的源头，那里稀薄的空气、苦寒的气候、狂野的山川地貌，还有高海拔地区特有的湛蓝天空都令他们异常激动。“沙砾中不仅生长着高度惊人的杉树，还掩埋着半截其他树木的巨型枝干；山脚下，大片的泥土与巨大的岩石混杂在一起。”弗雷泽是这样描写帕吉勒提（恒河上游）的。在他看来，恒河上游的地貌比亚穆纳上游更令人震撼，因为这里的群山“不仅见所未见，而且更为巍峨雄壮、崎岖嶙峋、高不可攀。这种感觉令人难以摹状，不可谓为优美，更应谓之惊悚；难言引人入胜，而是心生敬畏”。

不过在19世纪以前，大多数领略过恒河的外国人并不曾探访喜马拉雅，而是从加尔各答出发前往内陆的一些城市，如阿拉哈巴德和坎普尔。这些人大多是军人、官员或者东印度公司的商人，他们乘船，或逆流缓行，或顺流而下，一路上目睹了恒河中游与下游的风土人情，并为之神迷不已。

这些旅行者还留下了不少画作。在我们这个时代已经习惯了电子摄影与网络视频，而在18世纪和19世纪，这些画家用自己的作品向世人展现印度的风貌，实在是居功至伟。艺术史学家贾格莫汉·马哈詹认为，在18世纪最后的20多年里，许多艺术家前往海外谋求发展的最重要原因是“英国乡村风情画的商业前景非常黯淡”。此外，当时“风景画”潮流正当盛行，而印度的风土人情正是“风景如画”。风景画家威廉·霍奇斯参加了詹姆斯·库克船长的第二次太平洋航行。他在1780年抵达印度，后来又有不少画家来到这里，其中包括1786年到来的托马斯·丹尼尔和他的侄子威廉。这两位丹尼尔先生在印度逗留了7年之久，大部分时间都是在恒河岸边度过的。

霍奇斯和两位丹尼尔画下了他们沿恒河一路所见的风景，有加尔各答、拉吉马哈尔、萨克里加里的岩石，克甘吉和赞格拉的巨石，蒙吉尔和邱纳尔的堡垒，还有瓦拉纳西与阿拉哈巴德的风情。他们的作品也开创了风景画的崭新流派。他们让外面的世界——事实上，也让印度人自己——第一次看到了恒河的壮丽图景，也领略了恒河流域广袤大地的多彩风情。

此后还有不少或专业或业余的画家跟随他们的脚步来到了印度，其中包括弗雷泽（正是他抵达了根戈德里）、陆军中校查尔斯·弗雷斯特和上校罗伯特·史密斯，还有19世纪70年代的画家爱德华·李尔。

这些画作深刻地影响了好几代人对于印度的印象。它们向人们展示了年代久远的残迹：瓦拉纳西河岸旁崩塌的庙宇，君王的宫殿，宗教的庆典，象夫在清洗大象，胡须浓密的朝圣者们在河坛上沐浴，浅滩上几只鹳冷眼瞧着头顶着水罐的女人们，一位圣人坐在高大的菩提树下，恒河鳄趴在河岸旁，航行在恒河上的帆船，还有半裸的男人牵拉着逆流而上的平底船。人们往往会批评这些艺术家不免带有些东方主义色彩，不过在外人看来，恒河边印度人民的日常生活确实充满了迷人的异国情调。这些画中的场景都很真实——除了那些帆船和平底船，时至今日也依然如此。现在回想起来，若我们真要对画家们有所指摘，那也不是责怪他们完成的作品，而是责怪他们仍有疏漏，例如，未能表现饥馑与霍乱时期的惨状。

19世纪有一位作家范妮·帕克斯，她的丈夫是一位阿拉哈巴德主管制冰的官员，精神状态不太稳定。她当时从阿拉哈巴德乘船出发，沿亚穆纳河逆流而上前往泰姬陵。她的日记中描绘了各种景物形象，对当时的外国人充满了吸引力。

河上风景如画，高耸的峭壁上覆盖着葱郁的林木，从河边拔地而起，突兀竦峙。随处可见印度教的庙宇，粗壮高大的菩提树绿荫如盖，将其环艳。还能见到废弃多年的堡垒，聚集成群的小屋。造型优美的石头河坛探入河中。当地的女人更是一道独特的风景，她们的服饰鲜艳生动，总是头顶着水罐，为了取水，沿着山崖上上下下。还可见手持大网的渔夫，还有成群的山羊、小牛、水牛与孔雀在河边觅食饮水。但最美的风景当属河中的各色船只。这些形形色色的小船让我格外着迷。若我是一位画家，绝不会辜负这一番好景致！

帕克斯并不是殖民地时期那种保守而势利的主妇。她自学印度斯坦语，对印度的一切都充满了极大的兴趣。历史学家威廉·达尔林普尔审定过她的日记的现代版，认为她“充满热情，也有些古怪，对印度充满炽烈的热爱，书中的每一页都满溢着热情”。在印度的河边，她遵循印度的礼节，用敬语称呼这些河流，如恒河吉、亚穆纳河吉。唯一让她震惊的是饥荒、疾病与偶尔浮尸的景象。当地人将火化了一半的尸体抛入恒河，任凭乌鸦或野狗啃食，这种奇风异俗使她大为惊骇。除此之外，她反复感慨道：“印度的河岸旁风景优美如画，令人叹为观止！”

另外，还有一对伊顿家的姐妹范妮和艾米丽（她们的兄弟是印度总督乔治·奥克兰）。她们的日记作品虽比帕克斯更为出名（范妮评价帕克斯的日记“十分丰腴活跃”），但是言过其实，因为她们对印度态度轻慢，缺乏诚意。艾米丽认为印度“融合了最多彩的人群与最丑陋的风景”。可即便是她们俩，也对恒河及其沿岸风景印象深刻。“这里的村民看起来面容清秀，”范妮于 1837 年的雨季在拉吉玛哈写下这样的评价，“我们身旁就是恒河，看似蔚蓝而平静的大海。胡格利河就显得差了很多，而可怜的泰晤士河就是一条可怜的小溪，无法与这两条河相提并论。这最后一句话正是我所谓的真正的印度爱国主义。”在她后来对恒河的描写中，还说它像“一片小小的海洋”，并称赞恒河上“良善而勤勉”的船工。“与我在印度听到的其他声音相比，他们的号子更像是歌唱，而不是嘶喊。”

现有的文字与图片资料为我们勾勒出 19 世纪早期从加尔各答溯恒河而上直至印度北部的一大片殖民地图景。弗朗西斯·罗顿当时是莫伊拉伯爵，后来成为黑斯廷斯勋爵，在 1813 年至 1823 年担任孟加拉总督兼总司令，实质上也就是英国在印度的总督。此人“采取激进的推进政策，显著扩大了英属印度的疆域”。他的官邸位于加尔各答以北胡格利河边的巴拉克波尔。1814 年 6 月 28 日，他从官邸出发，逆流而上去视察英国管辖的各地情况，会见了印度的领袖与政要，也时刻留意着尼泊尔的战事。

随行的共有 220 艘船只，载着他的妻子和年幼的子女、他的秘书与幕僚，以及 150 名印度保镖和一个营的孟加拉军队，还有他们的马匹、食物和行李。（后来黑斯廷斯勋爵估算，当他离开水路开始陆路跋涉的时候，追随者达到了 1 万之众。）黑斯廷斯勋爵关于这段旅途的日记最终在 1858 年出版。1995 年，大英图书馆又获得了此前不为人知的一套艺术作品，其中包括 10 册共 229 幅关于此行的水彩画。这些画是由印度画家西塔·拉姆所绘，他所受的是所谓“公司画派”的训练。

托马斯·斯金纳上校评价这些早期远征所见的景色“最为雄奇壮丽，超乎想象”。他在 10 年后也做了一次远游，并回忆道：

每一位军官的平底船上都拴着一个诺亚方舟，大家兴致盎然，几近疯狂，争相收集各种各样的动物：不愿屈从的马匹、倔强的奶牛、山羊与绵羊，都在奔走踩踏；还有男人、女人和孩子，肤色与服饰各异；还有马车、轿子、关家禽的笼子，鸭子、鹅、火鸡四散各处，叽叽喳喳卖力地叫嚷，令人目不暇接。

黑斯廷斯勋爵此行是“一场规模盛大的煊赫盛事”，随行人员中有一位约翰·塔尔博特·莎士比亚。他在孟加拉、比哈尔与奥里萨邦担任警察局局长。他的妻子艾米丽在日记中不仅描绘了黑斯廷斯家搭乘的绿色与金色夹杂的驳船，还记录下了一路的见闻经历。“每航行一段就会停下，有时为了捕猎老虎，有时为了听当地邦主讲话，有时是乘坐大象游玩。这时候，黑斯廷斯勋爵和他的家人会向人群抛撒钱币作为施舍。”

数百年来，恒河一直激发着外国人们在艺术领域的激情与科学领域的好奇心，连那些从未见过恒河的人也不例外，这种吸引力直至今日也没有减退。吉安·洛伦佐·贝尔尼尼于 1651 年为罗马的纳沃那广场设计的“四河喷泉”中就有一座神圣的恒河的塑像作为亚洲大河的代表——那只不过是一位大腿粗壮、胡须浓密且手持船桨的男性神像，看起来像是泰晤士老人，而非恒河女神。（这组塑像中其他分别代表欧洲、非洲和美洲的河流是多瑙河、尼罗河与普拉特河。）

“恒河”这个名字也出现在西方许多遥远的地区，包括美国俄亥俄州的恒河（旧名为特拉克斯维尔，曾是重要的粮食贸易路线上的小镇）；法国的埃罗也有个叫“恒河”的地方，以生产丝袜著称；在英格兰牛津郡的小村庄斯托克罗，这里在 19 世纪时举办过一场庆典，把恒河水倒入了村里的 6 口水井中，以纪念当年贝拿勒斯（瓦拉纳西）的大君为缓解当地旱情而下令开凿了水井。在瑞典北部拉普兰地区有一座名叫基律纳的小城，3 位 17 世纪的法国旅行者曾在这里留下拉丁语写下的碑文，记录了他们在游历全欧洲与非洲后，远赴世界的尽头，“饮下恒河水”的壮举。19 世纪时，俄罗斯诗人亚历山大·普希金深深爱慕着玛丽亚·拉耶夫斯卡娅，以印度恒河来比拟她醉人的美貌。在普希金看来，玛丽亚浓密的鬈发比晨曦更灿烂，比黑夜更深沉。他还写道，她有着橄榄色的肌肤，“宛如恒河旁的少女”。电影导演让·雷诺阿也对印度深深着迷，还拍摄了电影《大河》，这部剧情片改编自鲁默·戈登的成长小说，戈登本人是孟加拉邦船务代理商的女儿，电影的取景地就在胡格利河。

除了浪漫情结以外，商人与旅行者在恒河上的重要体验就是沿河航行的这段经历了。本书的下一章将主要讨论恒河上的船只以及船上的水手和旅客。

第十五章

风暴与沙洲

恒河行舟

（我们见到）几个人就在臂弯里夹着空瓦罐（用瓶塞塞好），然后漂浮而下……这种航行方式甚为便捷，完全不用费力；只是河中的鳄鱼会给他们带来很大的危险。

——黑斯廷斯勋爵在 1814 年所描写的恒河上（仅能顺流而下）的漂游者

我们的船是大型平底木船，吃水很浅，船身很宽。每艘船上都用竹竿和草垫搭建起一所大房子，房顶上也铺着茅草……这种笨重的大船很容易在风暴中倾覆。

——范妮·帕克斯写于 1832 年的日记

西塔·拉姆是19世纪的印度画家，受过“公司画派”的训练。他曾陪伴黑斯廷斯勋爵沿恒河逆流而上。他的作品虽然有自己对不同人物的看法，却详尽细致地展现了从加尔各答到赫尔德瓦尔沿河一路的风土人情、野生动物与建筑风格（无论废弃与否）。在其他画家的作品中，他俨然一派德高望重的画家气度，身穿白色长袍，头戴白色头巾，与他花白的眉毛与胡须相得益彰。在画中，他赤足端坐，桌下露出干瘦的双腿。在他匠心独具的作品中，小到柠檬和石榴，大到印度北部恢宏的宫殿、陵墓与清真寺，一切皆可入画。当然，他也花了许多心思观察船只。

恒河是一条广阔的大河，而在平原地区的河道却很不稳定，不同季节里的深度与水量也起伏巨大，变化不定。在铁路抵达印度之前，在恒河与亚穆纳河上航行是货物运输的重要方式。这是一项极其复杂、艰辛甚至危险的工作。工作中可能会遭遇猛烈的强风；船只要在难以预料的浅滩间迂回盘绕；淤泥松软易碎，河岸时常坍塌；逆流而行则需要依靠岸上的纤夫费力牵拉船只，而强劲的水流让这样的航程格外辛苦而缓慢。西塔·拉姆的一幅画作再现了“拉纤”的场景，画面上6个人费力地拉着一根绳子拖船逆流而上，绳子捆绑在桅杆上，船上的艄公用船桨将船身推离岸边。

尽管黑斯廷斯勋爵对风景赞叹有加，但对印度诸多大公贵族多有不满。在他访问瓦拉纳西期间，曾不止一次描写了河上的事故，船只有时会搁浅，或者因为风暴而倾覆。1814年7月29日，汹涌的河水导致3艘船沉没，两人丧生。两天后，他们经过芒杰狭窄的河道，按照黑斯廷斯勋爵的说法，那个河道“非常麻烦”，有时能让船只延误 3 周之久。就在那里，一艘载有印度兵的船只也不幸沉没了。8 月 17 日，河面开始刮起大风，黑斯廷斯勋爵抱怨印度水手们驾船技艺不精，“接着，因为船夫屡教不改，总是不肯用正确的方法拴住船帆的缆绳，导致船帆不能及时迎风打开，结果一艘满载行李的船只也翻了”。两天后，他终于在布克萨尔上岸了。

我们正打算走到坐落着堡垒的悬崖边缘看看整条流域，这时我看到一阵强风把一艘船打翻了。船上有 8 个大人和 1 个男孩，虽然他们都紧紧地抓着绳索，但还是被急流卷入河中，在旋涡中快速旋转。四周众多船只都无意施救。我大声呼喊多次，才让自己的船离开岸边。但是人们那副懒洋洋的样子真让人厌恶。当地人竟然彼此漠不关心，令人惊讶。所幸翻船落水的可怜人最终全都获救了。

当年 9 月，船队途经瓦拉纳西抵达阿拉哈巴德，不过船只的安全状况未有任何改善：当船只绕过堡垒，准备从亚穆纳河进入恒河一段时，又有 3 艘船倾覆。9 月 24 日，当雨季进入尾声时，有数艘船搁浅，黑斯廷斯勋爵说他接到了官方通知，河水比当年的最高水位降低了 11.89 米。

当时人们顺流而上、逆流而下，或者横渡大河的方式非常多样化。黑斯廷斯勋爵对此也做了一番描述：

（我们见到）几个人就在臂弯里夹着空瓦罐（用瓶塞塞好），然后漂浮而下。在保利浦附近的河面上，有些人还顶着准备售卖的牛奶罐。这样的航行方式甚为便捷，完全不用费力；只是河中的鳄鱼会给他们带来很大的危险。人们能做到临危不惧，皆因心中坚信，若被鳄鱼吞噬，也是命中注定，就算躺在家中的床上也难逃此劫。

黑斯廷斯勋爵还写道，有些人抱着瓦罐顺流而下，“头上还插着小伞”，因此看起来“真是独一无二的景象”。他揣测这些人之后会沿着河岸逆流而行，徒步返回出发地。

加尔各答的主教雷金纳德·希伯日记中的一幅素描向我们展示了另一种因地制宜的水路交通方式。希伯在1824—1825年曾沿恒河逆流而上，前往印度北部旅行。这幅素描作品的标题是“恒河上的渔夫”，画上有3个男人在1艘小船上。其中一人掌舵，另外两人站立，充当人肉桅杆——1人在船尾，1人在船中——手中紧握着巨幅白布或衣衫御风而行。他们伸开手臂高举着布匹上方的两个角，双脚分别站在船的两侧，踩住布匹下方的两个角，由此形成便利而有效的方形船帆。西塔·拉姆的作品中还出现过横渡恒河的渡船，那些吃水很浅的木船上放着木梁作为凳子，乘客们挤坐在一起的景象与今天并无分别，只不过那些传统的船桨大多被小型柴油发动机或改造后的水泵取代了。

黑斯廷斯勋爵自己的交通工具是一种叫索纳穆基（意思是“金口”，是总督的驳船与木船）的轻型帆船，他认为这种船“非常便捷，利于航行。孩子们乘坐的也是一样好的船”。西塔·拉姆的一幅船队画作中有两艘双桅船，桅杆的桁架上悬挂着方形帆布，还有方形船尾，就像微型战舰一样。

另外还有狭长的船头斜桁和艏三角帆。这些细节以及龙骨的设计都能令船身更为稳定，也比船队中大多数笨重的平底船和一般的载客船更易驾驭风向，不过恒河中沙洲众多，这种吃水较深的船也可能更容易搁浅。

恒河沿岸富裕的印度统治者有自己的“邦属船”，通常镀着金色，富丽堂皇，色彩艳丽，还装饰着五颜六色的三角旗。西塔·拉姆的另一幅作品中展现了贝拿勒斯（瓦拉纳西）邦主的“邦属船”。艏饰像是一匹马，就在他的宫殿前面。在另一幅想象的河景画中，西塔画下了各色的皇家船只，成排戴着头巾的仆人在奋力划桨，而艏饰像有大象，还有一只孔雀。在古姆蒂河（也是恒河的支流之一）旁的卢克瑙城，范妮·帕克斯见过一艘巨大的游船，主人是奥德的领主加齐乌丁·海德。整条船“做成鱼的形状，金色的鱼鳞在阳光下闪闪发亮”。不过，在整个殖民时期，普通旅客搭乘的基本渡河工具还是平底船，种类丰富、形式多样。在阿米塔夫·高希的小说《罂粟海》中，富有的乡绅拉贾·尼尔·拉坦·哈尔德在失势前乘坐着“气势非凡的大驳船”或“富丽堂皇的船屋”，与他的儿子与情人在加尔各答的河面上游玩。书中描写道，那艘大船的主甲板上有 6 间客舱，是一艘“挂着三角旗的纵横帆轻型平底船，是盎格鲁式的孟加拉巴吉拉船”。按照马哈詹的说法，这些平底船有这些设施：

有 12 ~ 20 支桨不等，大小差异很大。有些长达 18 米，船尾高高耸起；许多船离岸很近，尖尖的船首距离水边只有 3.5 米。船身非常宽敞，中央有一个露天的门廊，有一扇开着的门通向设施齐备、两侧开窗的船舱。这个船舱通常用来会客和用餐，旁边紧邻着一间卧室。驾驭船只依靠一支大桨，在船身中央竖立着一根桅杆，上面挂着一幅巨大的方形船帆。尽管平底船速度很慢，却也十分平稳，游客在航行中可以舒适地写作或者绘画。富有的游客除了这艘主船，还会带着另外两艘小船随行伺候；一艘用作厨房，另一艘专门负责接送游客上岸。更奢靡的富人还有其他船只，不仅载着旅途中用不到的行李，还载着众多仆人和马匹。

船上有一位“曼吉”当船长，另外有 12 ~ 20 位“丹迪”都是船员。当然，河面上航行的远不止这样一般规格的平底船。范妮·帕克斯就曾提到，1832 年，她从坎普尔迁居至阿拉哈巴德时，就用了“6 艘大型国属船只”装运家具，还有“一艘巨大的 900 人的帕泰拉大船”载满了牛、山羊、绵羊、珍珠鸡与火鸡。

我们的船是大型平底木船，吃水很浅，船身很宽。每艘船上都用竹竿和草垫搭建起一所大房子，房顶上也铺着茅草。船舱内部都铺设着轧光印花棉布，类似帐篷用布。这种笨重的大船很容易在风暴中倾覆。那艘庞大的帕泰拉船载着许多牛，给我们带来了不少麻烦。它船身又高又大，在强风中很难驾驭，因此多次搁浅。

当年帕克斯搭乘一艘名为“海鸥”号的崭新轻型帆船，从阿拉哈巴德出发，沿着亚穆纳河逆流而上前往阿格拉的泰姬陵。对印度河流上艰辛航行的日常生活，这位女作家有着自己十分细致而务实的观察。当地人对这艘船的航行能力赞叹不已，对她说“海鸥”号“就像离弦之箭，行驶得比风还快”。当时跟随“海鸥”号一同航行的还有一艘敞篷小船和一艘用作厨房的帕特里小船，帕克斯写道：

（“海鸥”号）是在加尔各答建造，然后开到吉大港的。船的龙骨很深，因此只适合在雨季下河航行。它有两支桅杆，铜制的船底，是一艘横帆双桅船，吃水约到人的腰部。船上一共有22名船员，其中包括1名指挥，比指挥低一级的4名水手，1名在前甲板执勤的水手，14名桨手，以及1位厨师和他的妻子。这些船员善良能干，都是乘坐这艘小船从加尔各答来的，他们自己做饭，吃睡都在船上。我与仆人们的饮食则都是在厨房用船上准备的。

每天清晨6点，他们从河岸边起锚，逆流而上，一路航行，直到晚间7点。沿途会经过运盐船，还有“几百艘满载棉花的大船”。这一路险情不断——暴风忽起、拖绳断裂、沙洲与暗礁，还有鳄鱼（印度鳄与沼泽鳄都有不少，但印度鳄吃鱼，沼泽鳄则会吃人）、匪徒与野狼。航程显得极为痛苦而缓慢。这艘船两次出现漏水，第二次时，船员们发现主桅竟然遭到了白蚁和老鼠的啃噬，已经岌岌可危了。他们从12月9日出发，直到第二年1月28日，也就是7个星期以后，才最终望见了泰姬陵。可最后还是因为沙洲阻断而未能抵达阿格拉。帕克斯一行人不得不骑马走完最后一程。这段不到450千米的旅程，亚穆纳河却蜿蜒辗转了好长一段路。

3年后，帕克斯再度搭乘“海鸥”号，沿坎普尔附近的恒河逆流而上，身后还跟着12艘满载军需品的军火船。这次她目睹了一场灾难性的事故。

一阵强烈的风暴袭来，“把我们的船都吹得歪七扭八的，一艘军火船还被吹翻沉没了，船上满载着价值 16000 卢比的新火绳枪。猛烈的狂风扑向小船队，船只在风中挤挤挨挨，相互碰撞，船帆剧烈地颤抖，中央桅杆像石头一样落入水中，瞬间沉底”。她总结说，恒河是一条危险的河流。而加利河却是“平静和缓”的，它在曲女城附近汇入恒河，流经成片的草场，“让我不禁想起流经里士满的那一段泰晤士河”。而她那艘满载着家具、书籍、瓷器与酒水的“海鸥”号，不幸在同一年，也就是 1836 年，在雨季之初的一场暴风骤雨中沉没了。风暴扯断了船锚，船身撞上了普拉亚格（阿拉哈巴德）老城的堡垒。“呜呼哀哉！我那美丽的‘海鸥’号啊，她永远地收起羽翼，沉入水底安息！”帕克斯悲痛地写下了这样的句子。船员们游泳逃生并最终获救，在这场狂风中，还有另外 20 艘大型运盐船也不幸失事了。

帕克斯始终对船只格外入迷，写下了许多种不同的船只，包括一种吃水很浅的“苏利”小船，以及一种单桨小渔船（她还细致描绘了渔网所用的浮子，其材质是一种很轻的海绵状的粗糙田皂角，这种材料还被用来制作遮阳帽，殖民者们时常戴着这种帽子来遮挡烈日）；“有一款游船有着如孔雀一样细长的脖颈与脑袋，镀金彩绘，非常奢华”；还有节日专用的花哨的“蛇形船”；在沿胡格利河离开加尔各答的途中，她还看到了“制作精良的商船，活泼而考究的美国船，奇形怪状的阿拉伯船，中国船的船头两侧都画着眼睛，仿佛是帮助船只看清深水中的路线，而印度本地的船则形式各异，色彩鲜艳明快，此外还有乡绅的私家游船”。

帕克斯对于各色帆船颇有鉴赏力，而她客居印度多年，也目睹了

1828 年 10 月 1 日第一艘蒸汽船从加尔各答出发，经过 26 天逆流而上的航行，终于来到阿拉哈巴德的盛况。若是搭乘平底船，这段旅程靠风帆与纤夫要花费 3 个月的时间，而蒸汽船只用了 3 周。到 19 世纪 40 年代，时间更是缩短到大约 10 天。因为英国人这时已经详细勘察了恒河，还在较难通行的河段沿线安置了一些印度本地领航员。原本从加尔各答到印度北部是一段漫长的旅途，因为胡格利河在法拉卡从恒河干流分岔出去，这里有一处较为险峻难行的咽喉要道，通常船只都会避开这里，绕道孙德尔本斯和达卡。早期的蒸汽船是拖着所谓的“套间”客船航行的。对于有钱人来说，现在这种新鲜的交通方式变得便利而快捷。像“威廉・本廷克勋爵”号这类早期蒸汽船大多是长 30 米左右的明轮轮船，可以稳定地迎击水流并逆流而上。此后几十年间，蒸汽船又被铁路取代，在 20 世纪后半叶，随着铁路运输的兴起，原本就不景气的帆船航行更是加速衰落了。

今天，你在恒河与亚穆纳河上航行多日，也未必会见到一艘帆船，不过有关恒河的纪录片与宝莱坞电影在 21 世纪初倒是拍摄到一些帆船的画面，那是一些偶然驶过的平底船，鼓涨着方形船帆的锈红色木船看起来就像是尼罗河上撑着巨大三角帆的木船。

巴兹尔・格林希尔在战争时期是英国的海军军官，后来成为海洋史学家，潜心研究孟加拉的船只。他还记得某天清晨曾在布拉马普特拉河的河面上看到“晨曦中出现至少 500 艘帆船”。格林希尔大加颂扬南亚河流的宽阔与壮丽，河面上驶过的形式各样的船只也令他甚为赞赏：有江轮、游艇，也有的像阿拉伯三角帆船，或者中国舢板，还有把一根 18 米长的树干挖空而成的航海独木舟。他对那些以船为家的人也充满同情，他们逐水而居，饱受霍乱、伤寒和痢疾之苦，还时常遭到窃贼的洗劫。一位船夫还向他讲述了自己如何应对一伙恒河匪徒的攻击。他声称自己刚刚遭到了另一伙匪徒的劫掠，他甚至还让船童脱光衣服以证明自己已经一无所有。

如今制造木船的一大困难是缺少优质木材。胡格利河上的小船主们想出一个巧妙的对策——将一片通常用作简易屋顶的镀锌瓦楞钢板改造成一种廉价的单人小船。他们把钢板折叠起来，并把作为船尾的末端密封（船桨安置在钢板两侧的吃水线以下），而把平坦的一端，也就是所谓的船头，微微弯曲，裹住一片木头。只有当一个人坐在船的另一头时，船头才能勉强露出水面。令人惊讶的是，这些金属制的小独木舟看起来非常平稳。不过这种船也十分脆弱，中等强度的波浪就可能导致其翻船。

恒河上传统的造船工匠正在迅速消失。我非常想拜访一些工匠，于是朋友邀请我去见一群孟加拉人。他们住在边境线孟加拉国一侧靠近达卡的地方。朋友还告诉我，他们是制造恒河大木船的最后一批传统工匠了。可我去了才发现，他们最近一次造船也是在 10 年前了。那艘全尺寸的木船是为一位名叫伊夫·马尔的法国航海爱好者建造的。此人搭乘江上驳船航行到孟加拉国，还建立了一家眼科慈善机构。“我建造商用船已经是很久以前的事情了。”马尔在河边货仓的造船匠卡梯克·钱德拉·苏特拉哈尔告诉我。他带我走进一间昏暗的工棚，结果在地板上居然有一座微型博物馆，这里陈列着各种精美的船只模型，有舢板、帆船和其他在恒河上航行过的船只模型。这些在欧洲市场上都能卖出很高的价钱。“这些，”我朋友说，“就是两千年传统的终结。”

自蒸汽时代初露曙光至今，国外或印度本土的探险者们都曾从河口逆流而上前往发源地，又或者从反方向顺流而下——步行、乘车、乘船、乘皮划艇或结合多种旅行方式。他们旅行的动机各异，交通工具各有不同，但宗教朝圣与环境保护是他们共同的主题。新西兰登山家埃德蒙·希拉里在 1953 年与他的夏尔巴人向导丹增·诺尔盖完成了人类首次攀登珠峰的壮举。1977 年，希拉里带领着 3 艘快艇组成的探险队，从恒河入海口的萨加尔出发，抵达赫尔德瓦尔上游 275 千米的流域。最后一段河段有诸多激流，对普通船只而言，非常艰险难行，只能乘坐充气筏在湍急的河水中顺流而下。在 2015 年，来自 8 个国家的 8 位女性顺恒河而下，时而步行，时而乘船，她们的领队是美国的极地探险家安·班克罗夫特和挪威的丽芙·阿尔内森。她们此行的目的是提高公众保护世界河流的意识。

所有的河流都非常吸引人，不过恒河——她的情绪如同她的水流一样复杂多变，她的河道如同她的历史一样积淀深厚，充满独特的诱惑力。当作家埃里克·纽比还是一位年轻士兵时，曾在坎普尔附近的恒河岸旁驻扎了 6 个月。他一直记得在炎热的 3 月里初见恒河时的景象，当时河道只有几百米宽，“泛着令人恶心的绿色”，水面上还漂浮着一些尚未完全焚烧的尸体，偶尔还有鳄鱼出没。

随着雨季的来临，天空变得明澈，恒河暴涨，水面变成牛奶咖啡般的颜色，最后形成内陆的一片海洋。“四周的一切景物都变得清新明亮起来。就好像这个世界新生之时。”成年人和男孩子们都欢欣不已，他们坐在闪闪发光的水牛背脊上，驱赶着牛儿穿过奔腾的急流（时至今日，他们也还是这样做），然后让牛儿独自留在河边。“恒河很独特，她展现出一种不可思议的力量，可以在短短一小时内骤然暴涨，一直延伸到远方的地平线，到我从未想过的地方。这让我渴望一路追随着她，直到她抵达海洋。”22 年后，他偕妻子旺达返回印度，只为搭乘一叶轻舟，沿着恒河顺流而下，并写下了行旅印度的经典之作《慢船下恒河》。他们在 1962 年所搭乘的小船吃水很浅，一次次遭遇搁浅，还不得不垂头丧气地寻找恒河的主航道。时至今日，恒河上领航员的工作仍旧艰难如故。

第十六章

一去不返的贸易要道

加尔各答与孟加拉

众多大河从不同的方向汇入恒河，令它拥有无与伦比的内陆航运优势。恒河在平原上蜿蜒流过，包容接纳了 11 条河流，有些能与莱茵河匹敌，亦不逊色于泰晤士河。这条河上忙碌着 3 万船工，为孟加拉数千万人运送食盐与粮食。依赖恒河所产生的花费是巨大的，其中包括进出口，在其两岸进行的潜水用品的日常交易，河上的养鱼场，还有众多游客。这些加起来可以产生 200 万的费用。

——托马斯·彭南特，1798 年

让我们睡去，让我们睡去，祈祷明天加尔各答会变得更好。只是眼前，只感觉像睡在死尸旁边。

——鲁德亚德·吉卜林如此描写维多利亚时代加尔各答的恶臭

当我们的船忽然停下的时候，我心想，以前乘船也发生过这种情况，通常都没好事。我之前就对莫迪政府野心勃勃的计划心存疑虑，该计划试图将恒河与其他河流开发成当代印度兴旺发达的货运交通网。当我们的船在加尔各答以北的胡格利河中搁浅的时候，更加深了我的疑虑。这里并不算险要，只不过是浅浅河段中的一片沙洲，没有明礁或者暗礁刺破船底。可没想到的是，在我们乘坐的“帕拉玛汉萨”号的 5 天行程中，竟会遭遇 3 次搁浅，而这才是第一次。而且正值 2 月中旬，雨季前最干热的日子尚未来临，河中应该还有足够的水量，像我们这样吃水较浅的平底游船本应可以畅行无阻。（这艘船属于“维瓦达”公司，船名来自 19 世纪孟加拉地区著名的圣人罗摩克里希那·帕拉玛汉萨。）

在河上受阻的也并非只有我们。1 月里，“维瓦达”公司的一艘船在戈西河附近的恒河干流中深深地扎进了沙洲，整船游客只能改走陆路。在一处名为玛亚普尔运河的交通要道，也就是我们在胡格利河搁浅处附近的地方，还遇见了另一个公司的“恒河航行者 II”号，当时它也深陷沙洲，只能雇一艘拖船来将它拉出来。当时几艘挖泥船前来清理航道，两艘满载煤炭的驳船只得等候。我由此得出结论：恒河还是缺水的，因为在三角洲地区，胡格利河道已算是印度境内最大的支流河道了。对任何一条河流而言，如此境地实在悲惨。而对于一条原本适合通航的河流而言，这几乎就意味着失败。

如果说，恒河旁的坎普尔是工业之城，瓦拉纳西是宗教与葬礼之城，那么加尔各答就是贸易之城，至少在过去是这样。在纳伦德拉·莫迪赢得2014年大选后，他不仅提出要清理恒河，还雄心勃勃地计划复兴全国的水运航道（其中也包括恒河），因为货物运输也是经济复兴计划的一部分。在乏善可陈的内阁之中，交通部部长尼廷·加德卡里算是工作较有成效的一位，他曾夸口称印度需要开发14500千米长的航道，其中包括早在1986年就宣布建设的1620千米长的“国家航道1期工程”。这条水上高速公路会通过恒河将位于胡格利河河口的霍尔迪亚与印度北部腹地的阿拉哈巴德连成一线。

加德卡里还宣布将在印度河流沿岸建设2000个港口，包括在恒河沿岸建设30个港口，以及在霍尔迪亚、赛义布甘杰、帕特那和瓦拉纳西建设汽车渡船所用的滚装船设施。他表示，这些水路运输货物的成本将是陆路运输成本的十五分之一。“瓦拉纳西、霍尔迪亚和赛义布甘杰都将发展成为公路、水路与铁路的多模式交通枢纽。为了达到这一目标，我们已经征用了土地，设计方案也已就绪，并向这3个地方下达了工作指令，在（2016年）3月前就会动工。”加德卡里在一个商务会议上还谈到了“智慧城市”，这是莫迪政府另一项高调宣传的工程。“印度拥有水路运输的巨大潜力……还不止于此，我们还将把1300个岛屿开发成旅游景点。”

这个想法并非别出心裁。恒河两岸自古就有不少港口，但由于河流多变，河道多次更改，这些港口的位置也变换不定。在英国统治时期，当还没有使用铁路时，船只逆流而上，通常最远可以到达坎普尔。乔布·查诺克紧随欧洲商人，特别是葡萄牙商人的脚步，于1690年在胡格利河岸旁建立了英国东印度公司的贸易站。之所以如此，正是因为这条河可以通航，而该地区对于广阔而富庶的内地贸易区而言，是一个便捷的贸易中心。于是加尔各答成为全球最大的商业大都市，此后直至1911年一直是印度的首府。

可如今，除了跨越各条河流的轮渡，印度的内陆航运几乎消失殆尽了。如今仅限于旅游观光船，以及为恒河－胡格利河下游电厂运煤的驳船。此外还用于运送像巨型涡轮机这些尺寸过大的货物，因为水路运输要比陆路运输更方便。根据一项统计，水路运输的货物仅占印度货物运输总量的0.4%，中国和美国为8%，而荷兰则超过了40%。因此，也难怪印度政府如此迫切地想要开发江河与运河的经济潜力。与此同时，环保人士却担心河流疏浚与宏伟的“河流连通”工程可能会破坏环境，因为这些工程的初衷并不是为了促进贸易，而是将东面的布拉马普特拉河与恒河下游多余的水量转移调剂到较为缺水的印度中部和南部地区。

事实上，政府的宏伟蓝图中只有一小部分有可能得以落实。可如果没有充足的水量，最终没有一项会真正发挥实效，就连现有河流上的水利工程也不例外。“水量一直在逐步减少。”我们向船上的导航员拉克希米·乔杜里询问河流情况时，他是这样回答的。我与他和船长在船桥上一起讨论了恒河的水情，特别询问了水量减少的原因。他们的回答道出了不少实情：河泥淤积，气候变化，人口增长。“这其中有许多原因，”乔杜里说，“首先是淤泥不断堆积。第二是季节问题，过去，你总能知道雨季会在什么时候开始。可现在，气候变得越来越暖，无论是冬季，还是雨季的时间，都不如以前长了。河道中的水量减少，人口却在不断增加。”以前人们用水泵从传统水井中抽取饮用水，但现在发现这些水井中含有有毒的砷，这种存在于自然界的金属元素是许多世纪以来从喜马拉雅山区冲刷而下，在泛滥平原地区沉积下来的。如今人们改为从河流中抽水，经过净化后，供应给西孟加拉邦的居民使用。在加尔各答以北巴拉格布尔附近的英国总督城郊宅邸旧址，我在河岸的抽水站看到了一个巨大的告示牌："曼加尔·班迪水处理厂——无砷地表水供水计划"。

乔杜里今年39岁，在印度内河航运管理局工作。他穿着灰色运动裤，绿色格子衬衫，体格结实，笑容满面。他来自胡格利河畔卡特瓦附近的农民家庭。他有两个兄弟，一个留在家里种地，另一个凭借铅球运动的特长，在中央后备警察部队谋到了令人艳羡的政府部门职位。虽然乔杜里不是正式导航员，但他还是用导航杆与其他工具坚持为河上的船只导航。他说自己对加尔各答上游650千米长的河道早已了如指掌。"我在这条河上工作了18年到20年。我一直看着这些河道慢慢地变化。这是一个连续不断的过程。"他一边说，一边不停地扫视着河面。在灰蒙蒙的天空下，河水像牛奶一般混沌，在我们右侧船舷的方向，小岛上的一截沙岸坍陷了，浸没在河水中。"这么多年来，我一直在这条河上来来回回地工作。不过，即使是每天都在这里工作，也必须了解水流的运动——那些气泡和波浪——这样你才能看清是否有泥沙堆积。我在这方面有些天赋。"他认为河流交通的复兴也有"维瓦达"公司的功劳，因为公司在货运与旅游方面都给予了投资。他还相信，只要能够完成疏浚工作，那么"没什么是不可能的"。

尽管如此，我们还是一次又一次地回到河流水量减少这个老问题上来。如果没有足够的水量，疏浚河道也就失去了意义。船长塔潘·库玛尔·高希比乔杜里年长 10 岁，同样天性乐观，不过他也提到，在这几年里，他留意到水位不断降低的问题，还发现潮涌日渐加强——潮汐波（类似在英格兰和威尔士之间的布里斯托海峡的潮汐波）有时会在胡格利河出现，而且会一直影响到特里维尼电站一带。高希最初在船上担任厨师，然后逐级晋升为甲板水手和舵手，最终获得现在一级船长的职位。他说这是他 5 年来第一次在这个季节遭遇搁浅。“河水变得更浅了，”他说，“通常这个时候的水位都没问题的。”

我看着河水，觉得水位很有问题。不过相比水量而言，眼下更让人担心的是水质。数量惊人的垃圾随着河水向下漂浮，两岸的田地间满是凌乱不堪的垃圾。我以前很难理解，印度教的庆典活动以及将神像浸没在水中的做法怎么可能严重污染河水，又怎能与生活污水及工业废水的危害相提并论。可胡格利河的所见所闻使我改变了想法。此时正值春季，是向辩才天女萨拉斯瓦蒂朝拜的季节。这位河流女神在印度人的心中享有比恒河更高的地位，在今天的孟加拉国也受到极高的尊崇。我看到胡格利河的水面上漂浮着数十件辩才天女神像，大多是用陶土与稻草做成的，还装饰着混合纤维做的服饰与塑料假花和饰物。水面上还漂浮着万寿菊的花环——有些是散落的，有些却执拗地紧紧包裹在塑料袋里。还有许多白色塑料餐盘铺满河面，就像是浩浩荡荡的飞碟舰队正在赶往孟加拉湾。岸边的杧果树下也聚集了数百个白色塑料餐盘，可能是人们野餐后留下来的。

当我们在古老的法国贸易站钱德尔纳加尔离船上岸时，发现浅滩里满是成堆破损丢弃的辩才天女神像。有一件神像尚未被水完全浸没，可以看到女神的指甲涂着油彩，骑着一只天鹅，手持一束真实的稻穗（显然这是她唯一可以生物降解的装饰物）。我们还遇见一小队游行的人群，他们用三轮车载着另一件真人大小、穿着粉红色舞会裙装的辩才天女神像。当时正是胡格利河畔一个宁静的夜晚，缓缓抵达的潮汐推着恒河水逆流而上，返回印度，河畔的鱼肆中有人正在叫卖鱼虾。朝圣者们兴致勃勃地将神像抬下三轮车，旋转了几圈，然后将这位穿着粉色裙袍的辩才天女浸没在河水中，她很快就和其他众多佛像一样，漂进了浅滩。镇子对面有一排水泵正忙个不停，从河床里抽取泥浆，然后堆放在岸边，准备防范即将到来的雨季洪水。

罗马天主教教徒也喜欢鲜艳的颜色。早在1691年，钱德尔纳加尔本地教堂里还供奉过耶稣与其他圣人的雕像，都是以红、黄、蓝三原色涂饰，其中一尊圣母玛利亚的塑像怀抱着婴儿，手中握着权杖，权杖顶端还有一只红色的灯泡。我们的船从加尔各答出发逆流而上，沿途经过了世界多种宗教与以往欧洲贸易大国留下的建筑遗迹：英国的、法国的、葡萄牙的、丹麦的和荷兰的。我的左手边是一座17世纪的佛教寺院，右手边是一座清真寺和一座供奉卡莉女神的庙宇，还有一座马尔瓦尔大亨的豪宅。到处都能见到砖窑与废弃的货运码头，起重机早已锈迹斑斑。卡尔纳一度是纺织品重镇，如今这里最令人瞩目的景象是由108个供奉湿婆神的微型庙宇环绕而成的一个圆形建筑群落，这些庙宇建造于19世纪早期，每一座都供奉着一个或黑或白的男性生殖器像。就在我们上岸时，一群男男女女正高喊着湿婆的颂词从河坛下河，他们的肩上挑着长竹竿，带着两个水桶来采集神圣的河水。

玛雅普尔一带的房屋都很低矮，但建设中的一座巨大寺庙已经初具规模，这就是“国际奎师那（克利须那）知觉协会”总部。它在国外被称为“国际克利须那觉悟会”。这个名字来自歌颂克利须那神的一首赞歌。据说克利须那在530年前曾经在此地现身，附身在他的一位信徒身上，此后，这位信徒就创立了这个组织。

已有的寺院规模很大，里面装饰着克利须那与他的爱人罗陀和服侍他的牧女们的画像。但新寺庙将更加宏伟——混凝土与砖石结构的半圆形建筑，眼下尚未完工的状态看着就像一个硕大的核电站安全壳厂房。“这个，”27岁的克利须那信徒兼软件工程师苏米克·萨卡尔说，“即将成为全世界最大的寺庙——吠陀天文馆。”这座建筑建成后，将会被刷上白色、金色与淡蓝色，高113米，略高于111米的伦敦圣保罗大教堂，略低于罗马圣彼得大教堂，不过穹顶更为宽阔。最近估计的预算已经升至9000万美元左右，其中，阿尔弗雷德·福特捐赠了250万美元，他是亨利·福特的曾孙，其庞大汽车帝国的继承人，而在这里，他被叫作安巴里什·达斯。据说这一工程将在2022年完工。

寺庙、教堂与清真寺素来是孟加拉邦乡间河畔最为瞩目的地标建筑。班德尔——这个名字来自波斯语中“港口”一词，不过当地人都认为这个名词来自葡萄牙语——是一个典型的河畔小镇，在这里生活的多为渔民，还有成堆的垃圾与肮脏的河流。当地的产业是制造饮用印度茶时所用的一次性黏土杯。不过，我们在一座房子的地基处看到了裸露出半截的古代炮筒，还有从1599年保存至今的德罗萨里奥圣母大教堂，这些都是当年葡萄牙人在胡格利河边占据多年所留下的印记。教堂外展示着一根古船的桅杆，作为与这座教堂有关的若干奇迹之一的证据。据说有位船长曾在孟加拉湾中遭风暴所困，向圣母玛利亚祈祷，才成功脱险，于是他把桅杆捐赠给了教堂。当年抵达这里的葡萄牙人与1657年到来的英国人一样，他们沿着恒河逆流而上只有一个目的：贸易。

胡格利河虽然可以通航，但行船并不容易。流经加尔各答的河段距离河流入海口232千米，是一片水域开阔且有天然屏障的锚地，可同时容纳数十艘船只避风或者装卸货物。经过多年交战与协商，莫卧儿王朝皇帝奥朗则布终于在1690年授予英国新的贸易许可证。东印度公司的代理人乔布·查诺克用3000卢比买下了免税贸易权，并冒着印度雨季的暴风骤雨，乘船沿胡格利河逆流前行。"终于，在1690年8月24日星期日的中午时分，饱经风雨的船员们第三次下锚，停靠在加尔各答狭长的水域里。"尼尔玛尼·慕克吉在撰写加尔各答港的历史时写道："带着区区30名士兵，他们爬上了陡峭泥泞的河岸，从此以后，这里不断发展，成为英国殖民者在印度的首府。"

葡萄牙人与英国人并不是第一批抵达恒河河口开展贸易的人。早在公元前5世纪的佛陀时代，就有船只满载着来自瓦拉纳西的货物出海远航，后来还有来自巴连弗邑（今巴特那）和昌巴（今帕戈尔布尔）的商船。这3座城市都坐落在恒河旁。像甘达克河这样自北方汇入恒河的支流也可以通航。佛教典籍中不仅讲到海上贸易与海难，也屡屡提及恒河上的船舶交通与船舶制造。一篇耆那教文献中提到一位富有的陶工乘着自家的船只，将陶罐散布在恒河流域。在自孔雀王朝流传下来的印度教治国圣典《政事论》中就曾提及负责港口与航行工作的船务总督，还有负责征收贸易税的商务总督。因此，文学教授史蒂芬·达里安认为，恒河自古就是印度文明的中心。“我们看见沿河发展出一连串的大型港口城市，成为不断扩展的印度内陆贸易中心。这里不仅有物资交换，还有来自新大陆与大洋外的消息传递，这些都加快了当地商业与文化生活的发展。这些贸易中心从德里北部的象城一直延伸至孟加拉湾的多摩梨帝国。”

在公元 1 世纪晚期，希腊商人们有一本关于印度贸易的手册，名为《厄立特里亚航海记》，书中提到泰米尔人沿着印度东海岸进行贸易活动，他们将原木劈开做成巨大的双体船，在海中航行。作者还提到恒河入海口：“在入海口处有一个重要的贸易站，名字与河流同名，就叫作恒河镇。通过此地出口的货物有印度月桂叶和甘松香（是用树叶制作而成的一种香料与一种香水）以及珍珠，还有被称为‘恒河’的质量上乘的平纹布。在这个国家之外还有一个非常广阔的内陆帝国，名叫中国，那里的生丝与绢丝，还有中国布经由陆路……”

多摩梨帝国，也就是后来的塔姆卢克，位于加尔各答以南的恒河三角洲，在佛教皇帝阿育王统治时期，曾是一个重要的港口和文化教育中心。多个世纪以来，这里一直是孟加拉地区与印度内陆地区通往斯里兰卡和其他地区的连接地带。无论是在梵文与汉语的典籍中，还是托勒密的著作中，都曾提及这个地区。由此出发的越洋贸易路线经缅甸和马来半岛可以一直抵达东方，也可以经过印度南部，跨越阿拉伯海抵达西方。有的商团还可以沿着第三条内陆路线穿过印度北方，跨越喜马拉雅山区，抵达丝绸之路。可是随着河道中淤泥充塞日渐严重，这座重要的港口城市也随之衰落，多摩梨帝国后来被萨德冈取代了。这座港口从 4 世纪起开始繁荣兴盛，但是后来被胡格利河上那些得到欧洲人大力资助的港口所取代。根据一位威尼斯商人在1575年的记录，这里的贸易包括“大米、种类繁多的丝绸布料、虫胶、大量的白糖、腌制的果脯（李子）、荜茇、芝麻油以及其他各种商品”。

一旦稳定之后，加尔各答注定会成为英属印度的首府与重要港口，不仅为与之毗邻的内陆贸易区——孟加拉地区肥沃的三角洲地带服务，也为印度次大陆北部的地区服务。恒河从这里流过，在冲积平原上留下滋养生命的肥沃淤泥。慕克吉还写道，印度北部与东北部的大部分地区都可以被称作“恒河的馈赠”。追溯至几个世纪以前，恒河的干流还会向南拐弯，在如今独立后的印度国土内流入大海。而现在，恒河的大部分自然水流都跨越国境，流入孟加拉国——恒河在孟加拉国被称为博多河，她在这里与雄伟的布拉马普特拉河交汇，并最终在三角洲东侧入海。慕克吉写道：

无论是参考古老的传统，还是外国旅行家和制图家的描述，或是印度文学作品中的考据，以及古老河床的遗迹与沿岸的古代城镇，这些都清晰地表明，自孟加拉地区最初的时代起，恒流的干流就向南流淌，经过如今的帕吉勒提地区，直到特里贝尼附近，或是三江交汇的地区。这是她流入大海最自然最直接的路线。在特里贝尼，恒河分岔成为三条河流。萨拉斯瓦蒂河向西南方向流经萨德冈，在桑克赖尔地区形成如今的胡格利河。亚穆纳河则朝着东南方向，沿着一条同名的退化了的河道继续流淌。而居中的那条支流，也就是帕吉勒提河，沿着如今胡格利的河道向南流淌至加尔各答，然后穿过阿迪恒河（也称为蜡烛溪）进入海洋。

慕克吉的描述让我们对恒河三角洲复杂的地形有了初步的了解。呈扇面分布的众多河流，河道多变不定，支流年年变化，对当地灌溉产生了很大的影响。有些支流（最突出的是胡格利河）淤泥阻塞，而有些支流却演变成了大河。（这些河流的命名也带来了进一步的混淆，因为最主要支流的名称，如帕吉勒提河、亚穆纳河和萨拉斯瓦蒂河，同时也是其他支流或古老河流的名称，而后者可能位于前者上游数百千米之遥。）

无论如何，英国人在加尔各答扎下了根。这里由此成为金钱、靛蓝染料、黄麻、茶叶和鸦片的出口港，后来还在这里进口伯明翰与曼彻斯特的工业产品。在城市古老的心脏地带的滨河路上坐落着加尔各答港务局。港务局主席拉杰·帕尔·辛格·卡隆很有历史情怀，他十分谦虚地向我解释了英国当年为什么选择孟加拉的这个地区作为打开印度的门户。他提到了温斯顿·丘吉尔在1942年与约瑟夫·斯大林的谈话，据说当时丘吉尔画了一只鳄鱼的图案来说明同盟国为何急于攻打第三帝国在北非的薄弱地区，而不是正面迎击它在北欧的精锐部队。卡隆说，当年英国人在刺探印度各地港口的时候，在其他地区遭到了顽强的抵抗。

很明显，加尔各答比较容易攻打和占领，也比较容易固守防御。因为我自己来自孟加拉地区，所以我可以在同事们面前说，我们孟加拉地区的人比较闲适平和，安于现状，不是一个崇尚武力的民族。要说其中的原因，那是因为这里从来不是外族入侵的第一道防线。外族入侵通常来自西方，特别是旁遮普邦，那里是最严重的。在过去三四千年以来，所有的入侵者都是从如今的巴基斯坦和旁遮普邦那里来的。而孟加拉地区往往与战乱隔绝，土地也非常肥沃。你在这里只要撒下种子，田里就会长出庄稼。人们还有一句话，一年有12个月，有13个季节，有好多闲散日子，你可以举办庆典，创作文学、舞蹈、戏剧这些，而无须担心保家卫国这些事情。说实在的，他们也确实没必要考虑这些。

卡隆总结说，英国人“非常聪明。恒河三角洲这一带冲积平原的土壤也非常非常肥沃。而且这里风景优美，也让英国人非常喜欢”。港口就这样兴旺发达起来，早在1668年就设立了第一个沿河导航员的岗位——比查诺克最终登陆时间还要早。于1796年4月抵达美国纽约的第一头大象也是在加尔各答港搭乘“亚美利加”号出发的。“这种动物太令人惊叹了。”阿格斯的报纸在4天后评论说，这头大象价值1万英镑，“它的智慧和在战争中的勇气，以及与象夫深厚的感情都非常了不起”。这种特别的动物还“喜欢各种口味的葡萄酒和烈酒，也爱吃各种蔬菜，还可以用象鼻拔出瓶塞”。

不过，英属印度出口的不仅有丰富的商品和珍异的动物，还有人。19世纪上半叶废除奴隶制度后，印度贡献了150万契约劳工，其中不少来自恒河平原上贫困的比哈尔邦。在1843年至1917年，这些劳工从加尔各答出发后，在大英帝国分布在全球各地的糖、橡胶、咖啡、棉花与烟草种植园里劳苦度日。这其中有453063人被输送到印度洋上的毛里求斯岛，有238909人被输送到南美加勒比海沿岸的英属圭亚那（今圭亚那），还有25万人被输送到马来西亚。其他还有不少人被输送到斐济、东非和南非的纳塔尔省。圣雄甘地正是纳塔尔的知名律师，也是为当地印度族裔争取权利的社会活动领袖。

小说家阿米塔夫·高希的三部曲描写的就是卷入劳工贸易与鸦片战争中的人。他开篇讲述了一位名叫蒂缇的比哈尔邦女人的故事。她住在距离入海口 600 多千米的恒河岸边，某天在幻象中看到“一艘桅杆高耸的大船”。她本是普通农夫的妻子，丈夫吸食鸦片成瘾，罪恶贪婪的鸦片贸易让农民的生活更为艰苦，田地里也不再种植庄稼，而是种满了罂粟。“从贝拿勒斯开始连绵几千米，恒河就像是流淌在两座冰山之间，而山顶覆盖着密密匝匝的白色花朵。”她每天照例会朝着母亲河大声祈祷，然后下河沐浴。经历了一系列人生波折后，她投入了另一位丈夫的怀抱，并沿着恒河一路出逃，最后加入了一群前往毛里求斯的劳工中，而他们乘坐的“朱鹭”号正是她曾经在幻象中见到的那艘桅杆高耸的大船。

在恒河入海口附近，他们准备跨越危险的“黑水”，也就是海洋，这是传统印度教教徒最害怕的。“恒河 – 萨加尔的名字就是恒河入海的意思，河流与海洋，清澈与幽暗，已知与未知，让这群迁徙的人想起前方渐渐展现的深渊，仿佛自己危坐于悬崖边缘，而岛屿像是神圣的南瞻部洲伸出的一只手臂，这就是他们的故土，守护着他们免于坠入无尽的深渊。”小说三部曲中有一个人物叫扎卡里·里德。这个人物生动再现了繁忙的船员生活与加尔各答浓重的语言特色，以及当时殖民地文化与孟加拉社会传统之间的复杂交融。这位混血的美国人是“朱鹭”号上的木匠，不久成了船长。他与加尔各答的一位英国贵妇纠缠不清，最后被卷入不道德的鸦片贸易中。另一个人物是船夫的儿子乔杜。他自幼向往出海，后来成为一名水手。船上还有中国人、马来人、孟加拉人、果阿人、泰米尔人、阿拉干人、非洲人和阿拉伯人，他们彼此格格不入，但印度洋是他们共同的命运。

鲁德亚德·吉普林也特别钟情加尔各答城市与港口繁忙喧嚷的生活。他描写过运输事务所里的场景，也就是船长招募船员的地方。这里聚集着各种各样的水手，他们身无分文，等着寻找雇主：

这里有西迪人男孩，孟买的水手长，还有来自马德拉斯盐村的渔夫；有几个坚持要娶加尔各答老婆的马来人正在吃醋撒泼；还有马来印度人、印度马来白人、缅甸人、缅甸白人、缅甸土著白人，还有戴着金耳环、嗜赌成性的意大利人；来自美国各地的美国佬，还有黑白混血儿和纯种黑人；举止粗鲁的丹麦人、锡兰人和英国康沃尔郡的人，他们在不久前手里还握着犁柄，是殖民者船上来的“大个子”，作为水手每个月领 4 英镑 10 先令的薪水；腆着啤酒肚的德国人，还有操着伦敦土话的英国人刻意远离人群，三五成群地在聊天；还有些人一眼就能看出是英军士兵，误打误撞地踏上了远洋的航程；还有头发都竖着的威尔士人，像野猫一样到处吐痰咒骂；此外还有穷困潦倒、游手好闲的懒汉，头发灰白、窘迫悲惨的老人，大摇大摆、踌躇满志的小伙子，以及一些闷声不响、脸上布满刀疤的人。这真是人种荟萃的博物馆，各个族裔与群体轮番上演着悲喜剧。

这篇特别热情洋溢的文章是吉卜林在 1888 年写下的，后来这一系列被合称为《暗夜之城》。他原本并不喜欢加尔各答——他所著的其他有关印度的作品可能更为出名，特别是《丛林之书》与《吉姆》。但是作为一名作家，他还是非常迷恋这座城市，热衷描写那些烂醉如泥的水手以及富有或贫穷的妓女。他们有些是孟加拉人（他为其中两人起名为“优雅的邪恶”与“肥胖的罪行”），也有英国人和欧亚混血儿。晚上，吉卜林请友善的警官帮忙对他们进行采访。他嘲讽印度与英国的政客未能修建好下水道，也无法妥善处理这座城市最大的问题——加尔各答恶臭。“贝拿勒斯的恶臭来自堆积成山的淤泥，白沙瓦的恶臭比加尔各答的更为强烈；可是，若论到那种四处扩散、令人灵魂都作呕的扩张性，加尔各答的恶臭绝对超越了贝拿勒斯和白沙瓦。孟买的臭气还带着点阿魏和烟草的气息，而加尔各答的臭气猛烈而直接，毫无掩饰。”他最后总结说，“在加尔各答睡觉，就像是睡在死尸旁边。”

吉卜林还写道，查尔斯·狄更斯也会喜欢加尔各答，因为这里有着“深沉而油腻的夜晚”，而“神秘的居所里酝酿着各种密谋”。这里就像是伦敦，也有着类似泰晤士河畔的港口，这里的财富与商机吸引着各色各样的罪犯与急于求成的人。在 18 世纪上半叶英国统治初期，贸易差额更多倾向孟加拉地区。约相当于进口额四分之三价值的金块被运送到这里，用以支付从孟加拉出口的产品，如棉花、丝绸、糖、盐、黄麻、硝石和鸦片。整个 18 世纪的大部分时间里，这里“时常受到海盗、盗匪与奴隶贩子的侵扰劫掠”。1757 年，胡格利河东岸爆发了普拉西战役，克莱夫和东印度公司打败了孟加拉的印度行政长官西拉杰·乌得·达乌拉及其法国同盟。英国人从此进一步巩固了在该地区的统治，加尔各答也越发繁忙兴旺，甚至连商人们都开始抱怨交通太过拥挤。自 1750 年后，印度大约一半的海上贸易都要经过加尔各答及其内陆贸易区，再绵延整个印度北部地区，直至西部的旁遮普邦。在 19 世纪早期，印度的海上贸易因茶叶和黄麻的出口又得到了进一步的发展。

旅客们也从加尔各答登船前往欧洲与远东地区。19 世纪的维韦卡南达大师是一名宗教领袖兼印度教全球推广大使，也是纳伦德拉·莫迪心中的英雄人物。他于 1899 年第二次出访美国时，就是从加尔各答出发的。他还说过，“加尔各答的恒河有一种令人难忘的魅力，她混浊而泛着白色，仿佛她触碰着湿婆的身体。她将万千船只都拥抱在自己的怀中”。在 1961 年，即印度脱离英国独立后 14 年，也是新德里取代日渐衰败的加尔各答成为印度首都后半个世纪，加尔各答的港口专员开展了一次调查，结果发现在 550 万人口之中，有三分之一的人从事着与港口直接或间接相关的工作。这大约 180 万的人口中，包括 40 万直接受雇于港口的人员，但并不包括那些在银行、商行、店铺、工厂、煤矿和黄麻作坊工作的人员。

今天，这座港口及其相关外围设施的直接雇用人数仅为 2 万人。这个数字按国际标准而言，仍然很庞大，不过其中还包括了霍尔迪亚港。这座港口位于加尔各答与海路之间，于 1977 年开始建设，用以满足那些无法靠近加尔各答市区的大型海运船只的需求。如今的加尔各答不仅是孟加拉地区，还是印度东北部与独立的喜马拉雅山区国家尼泊尔和不丹的主要港口。用港务局卡隆先生的说法，2007 年的货运吞吐量达到了 5700 万吨，目前的水平大约是每年 5000 万吨，其中既有燃料进口，也有煤炭化肥等干散货贸易，以及集装箱运输。

20 世纪时，加尔各答是英国与盟国在两次世界大战中的重要港口。在 1914—1918 年的第一次世界大战期间，至少有 100 万名印度士兵与英军并肩作战，其中 7 万人不幸牺牲。尽管圣雄甘地支持非暴力不合作运动，但他也曾招募印度士兵入伍，因为他相信忠诚的印度士兵有助于推动国家的独立事业。英国在 1917 年确实曾允诺在印度建立一个“有责任感的政府”，也就是自治政府，但随后第二次世界大战爆发，其间日本占领了新加坡，还经由缅甸长驱直入英属印度的东翼。直到 1947 年，印度终于开始争取独立，并最终导致大英帝国分崩离析。那些在盟国阵线上浴血奋战的 250 万印度士兵组成了人类历史上规模最大的志愿军。印度在第二次世界大战期间饱经磨难，孟加拉地区还遭遇了大饥荒，有 60 万印度人从缅甸出逃，其中 8 万人惨遭日军屠杀。这一切最终将印度推向了独立的道路。

诚然，时至今日，依然有很多孟加拉人憎恶温斯顿·丘吉尔，并不是因为他阻挠印度独立，把圣雄甘地蔑称为“半裸的”托钵僧，而是他对于 1943 年的大饥荒负有一定的责任。当时丘吉尔拒绝将运往欧洲的澳大利亚小麦改变路线，并坚持继续出口印度大米。当年有多达 300 万孟加拉人被活活饿死，1943 年也变成了“尸骸之年”。事实上，导致饥荒的粮食危机往往并不是因为食物短缺，而是分配与物流的失误。历史学家詹纳姆·慕克吉也曾指责在 1942 年错误地执行了英国试图阻止入侵日军获得恒河河口广阔三角洲地区船只的误导性计划。加尔各答的码头连接着河流与运河系统，“港口连通着长达 1813.73 千米的可通航水路，一直通向东部孟加拉一大片盛产稻米与黄麻的肥沃地带”。当地人所谓的乡村小船对于人员、食物和设备的运输至关重要，例如农民会搭船前往泥泞河畔暂时露出水面的田地。但是在当时注册的 66563 艘船只中，有 46146 艘被没收（最后被凿沉、焚烧或露天堆放直至腐烂），仅有 6800 艘获准使用。当地人还私藏了大约 20000 艘小船秘密使用，若没有这些船只，当年这场饥荒的后果将会更为惨重。

从古至今，加尔各答与恒河水系在贸易通航方面就有着极其重要的地位，可它们同时也是极其难以管理的港口与河道。当地破坏力惊人的旋风时常造成孟加拉湾一带的河岸塌方，随着全球变暖，这种灾害变得日趋频繁。加尔各答显赫的发家史中时常掺杂着气旋、飓风、海龙卷和沉船这类坏消息。

1734 年 9 月 30 日那天，天气非常恶劣，结果加尔各答“看起来像是刚遭到敌军轰炸一般”。1838 年 10 月 16 日，“保护者”号在河口附近的桑德黑德倾覆，导致 200 名士兵和乘客遇难。1864 年 10 月 5 日，停泊在港口中的 193 艘船只中，只有 23 艘未有损伤，另有 36 艘完全沉没。哈多克船长驾驶的蒸汽船“毛里求斯”号的泊船设备遭到破坏，船只被吹到岸上，到处险象环生。1865 年 8 月，497 名雇用劳工在加尔各答南方坎宁登上了前往英属圭亚那的“鹰速”号，船长是布林斯登。可其中的 265 人甚至未能活着离开印度。这艘船中途漏水，拖船的拉绳也不幸断裂。“故事还有一个雪上加霜的细节，有几个可怜的家伙侥幸未被淹死，爬上附近泥泞的小岛，结果被老虎叼走了。”《泰晤士报》驻加尔各答记者的报道称：“据说有两个孩子漂上岸边。其中一个离开了一会儿，回来就看见自己的伙伴落入了虎口。于是他再度跳入海中，所幸被人及时救起，未再度遇险。”1887 年 5 月 25 日再度出现气旋，载有 750 名乘客的蒸汽船“约翰·劳伦斯爵士”号在帕尔迈拉斯角以南沉没。船上大多数乘客都是朝圣者，原本计划前往东海岸普里的爱神庙（这里至今仍是一处重要的朝圣胜地），可他们的遗体却被无情地冲上了萨加尔岛和恒河河口的沙洲。

M. M. 毕提曾是胡格利河上的年轻领航员，他最喜欢那些来自吉达和马斯喀特的阿拉伯帆船。每当西南部雨季即将结束的时候，这些柚木制作、速度飞快的船只纷纷驶入港口，但常常在河口处的桑德黑德被热带飓风袭击。“几分钟前，一切还非常平静，然后水面忽然翻涌，掀起大浪，一阵飓风呼啸着向我们袭来。”

我们“帕拉玛汉萨”号的船长塔潘·高希和经理约翰·戈梅斯都还记得 2007 年在河口的桑德班斯突然遭遇风暴的情形。当时玻璃桌都打碎了，船只拉起船锚，所幸并没有倾覆。现在依靠卫星技术预报天气，准备更加充分，船只与建筑也更为坚固，港口人口日渐增长，大体能有效防御风暴。不过百密难免一疏，在 2008 年 5 月，有记录以来最强烈的纳尔吉斯气旋在缅甸以东登陆，竟然造成数万人死亡的巨大灾难。气旋“菲林”是近 40 年来印度遭受的最猛烈的热带风暴，它在 2013 年 10 月横扫印度东部地区，沿岸近百万人被迫撤离家园。

即使在适宜的天气条件下，在胡格利河上航行也有很大难度。加尔各答首席水道测量师 J. J. 比斯瓦斯船长说，在胡格利河行船有三难：潮汐、弯道和沙洲。潮汐波会周期性地涨落；河中弯道众多，通行难度极大；河口处堆积着许多沙洲，船只必须小心绕行，才能驶入水道。比斯瓦斯还说，这条河中大约有 100 艘沉船，他手中就有大约其中 40 艘沉船的详细资料。R. E. 米斯特里船长还曾描述了自己在甚高频无线通信技术发明前孤独一人驾驶大船往返加尔各答的惊险旅程。“深装载船要花上至少 36 小时才能完成导航和下锚，驶入河道中，”他写道，“在夜间将一艘 168 米长的船驶过一段仅有 260 米宽的河岸旁的浅滩，对任何一名导航员而言都是极大的冒险。”

早在英国在印度殖民之初，人们就已经开始担心胡格利河道的淤塞问题，这对加尔各答港口而言，也是一个潜在的威胁。只要打开南亚地图，就能明显看到，今天恒河干流的入海口并不在印度境内，而是在毗邻的孟加拉国。恒河在那里与发源于中国西藏的布拉马普特拉河汇合，奔腾流入孟加拉湾。

200 年前，英国人在恒河干流与胡格利河之间挖掘了一条运河，以确保加尔各答与印度其他地方便利通航。“当河水涌入运河，激流的力量之大远超预期。”1814 年，弗朗西斯·罗顿，也就是当时的孟加拉总督、英军总司令黑斯廷斯勋爵，从加尔各答启程沿恒河而上时，在个人日记中如此写道：“运河挖掘得非常深，宽度大约有 137 米。当水流经过时，大家相信这条连通水道无论在什么季节，都能安全通航。”1962 年，独立后的印度开始在建造横跨恒河的法拉卡大坝，以确保有持续不断的河水流入胡格利河。大坝于 1975 年完工，但在冲刷胡格利河淤泥方面却收效有限。1996 年，印度与独立后的孟加拉国签订了一项协议，保证有最低的水量从恒河干流流过国界，抵达孟加拉国。在那里，恒河被称为博多河。按照加尔各答港务局的卡隆和比斯瓦斯船长的看法，胡格利河在旱季需要 4 万立方英尺每秒的流量才能冲刷河流的上游部分，但有几年的流量只有 1 万 ~ 1.5 万立方英尺每秒，时至今日，也不过只有 2 万 ~ 2.3 万立方英尺每秒。

抛开具体数据不说，恒河缺水早已是不争的事实，而船只搁浅也成了家常便饭。为此，尽管港口官员们常说，要将运往上游的煤炭载量增加到每年 1000 万吨，以更好地为比哈尔邦和法拉卡的水电站服务，但人们还是不免对政府开发印度水路运输的雄心壮志疑窦丛生。在国界的印度一侧，靠水吃水的人们一直在抱怨太多的河水流向了孟加拉国，而在国界另一侧的人们却抱怨太多的河水留在了印度。

“维瓦达”公司的“推动人”，也就是公司的创办人和主要投资人是维贾亚·纳特，原本在历史悠久的达拉普沙·B.科塞特吉父子公司担任加尔各答的部门经理。50年前，他创办了自己的公司，为霍尔迪亚和加尔各答的船只提供燃料，把柴油卖给渔船，还在桑德班斯和胡格利河上经营渡轮。他还经营汽油、粉煤灰（火电厂产生的灰渣有时可用于生产水泥）和涡轮机等不易走陆路的大型货物的运输。“一切都在发展，”他说，“这里有许多工厂、电厂和水泥厂，它们的设备都需要超尺寸货物运输。”

纳特还说，在20世纪70年代，大约还有5000艘大型船只使用内陆水道。如今只有150艘了，不过船只规模更为庞大。这里还有旅游业的商机，他的公司目前经营着前往桑德班斯和恒河的游船项目，还在筹建加尔各答与孟加拉国首都达卡之间的航线，以及加尔各答经布拉马普特拉河前往阿萨姆邦的古瓦哈提和特里布普拉邦的航道。纳特的执行理事R.苏希拉认为，这些通航工程可能需要河道疏浚与谨慎的河流管理。她说：“这条河已经很久无人管理了。”加尔各答港口官员也同意这个说法。“货运这个事情并不复杂，只要两岸完成基础设施建设，河堤加固增高，河岸旁建起各类企业就可以了。”卡隆说，“接下来就会有一个问题，你用河道来运输，可如果没有便利的装卸设施，你把货卸到哪儿去呢？目前我们要解决的是火电建设工程。”

孟加拉地区素来河网丰富，航运便利。按一位海军史学家的说法，孟加拉国的河流在以往可以称得上是全球最完备的内陆航运系统。“早期的欧洲航海家与水手都被这里复杂的河网搞得晕头转向，直到 200 年后，这一带的河道才被全面准确地测绘出来，而后通过这片河网相对轻松地进入了内陆地区，并为此欣喜不已。”

孟加拉国与印度的西孟加拉邦同属恒河三角洲地带，该国也面临着同样的问题，那就是上游水利工程阻截或分流了恒河及其在印度、尼泊尔和中国的众多支流。“除了吉大港以外，整个孟加拉国都是用这两条河（即恒河 / 博多河和布拉马普特拉河）冲刷而下的沙子建设起来的。现在，土地建设依然在不断扩大。”布拉克大学大学气候变化与环境研究中心的荣誉教授艾努·尼夏特说。他还是孟加拉国首屈一指的水利专家之一。在他办公室的墙上有一幅地图，展示的正是该国 400 条河流组成的密集水网，总计长度达 2.5 万千米。当我初次见到这幅地图时，觉得就像是某个人的肺部血管图。孟加拉国总人口 1.6 亿，该国脱离巴基斯坦独立后，1974 年遭遇过一次饥荒。但是孟加拉三角洲地带肥沃富庶，渔业资源丰富，独立之后，国内粮食产量不断增长，目前已经可以满足国民的需求。大约 50 条河流流经孟加拉国与印度的交界处，印度方面在不少河流上都修建了大坝，这无疑会影响到下游的孟加拉国。孟加拉国首都达卡海拔仅有 8 米。如今印度计划将恒河分流注入胡格利河来拯救加尔各答（这也正是建设法卡拉大坝的目的），尼夏特认为，这会造成恒河下游入海口附近含盐度增加的恶果。

改善一条河流的通航能力可能会给生态环境造成有利或不利的影响：不利影响在于它减少了其他河流的水量，或者以毫无生气的人工运河取代了自然的河流；而有利之处就是它会增加河水的流量，因为政府为确保航运所需的水深条件，会限制用于其他目的的分流。“如果你能够解决通航问题，那生态也就不成问题了，因为有了充足的水量。”尼夏特说。在 1965 年以前，印度和孟加拉国还拥有规模可观的水路交通，但布拉马普特拉河过去那些深水河道早已消失不见了。布拉马普特拉河的河道可谓盘绕纠结、错综复杂，以多股水流在冲积平原上变换着方向恣意流淌。尼夏特还说，布拉马普特拉河的宽度曾经只有 5 ～ 6 千米，而今宽度可达 15 ～ 16 千米。尽管孟加拉国政府急于恢复原有河道，世界银行也已伸出援手，但整个工程大概需要 1000 亿美元，花费长达 25 年的时间。恒河与布拉马普特拉河不仅自然条件特异、季节变化剧烈，还遭到过度开发用于水电与灌溉，如今看来，要想将这两条河转变为重要的运输干道，还有很长的路要走。

如今，巴拉迪布和吉大港这些港口不仅交通更为便利，还能满足大型海运货船的需要，这是加尔各答和达卡两地的沿河港口所不能比拟的。1991 年，德里取代加尔各答成为英属印度的首府，此后的几十年，加尔各答依然保持着工业与贸易中心城市的地位，但是经济影响力日渐式微。如今大多数外国或印度本国的企业总监都会涌向孟买、班加罗尔、金奈，或者德里的新型卫星城市古尔冈和诺伊达，很少有人会专程前往加尔各答。在 20 世纪 70 年代末，加尔各答陷入长达 30 年的衰退期：产业萎缩，城市崩坏。“这对于当地工业化与港口发展是一个致命的打击。”港务局的卡隆评论说。经济学教授阿比西拉普·萨卡说，加尔各答占印度总体制造业的份额从原本的 12% 跌落至区区 2%。

西孟加拉邦民粹派首席部长玛玛塔·班纳吉曾试图吸引更多的投资者，不过她的做法没有什么规律可循。在不到 10 年前，塔塔汽车公司曾计划在西孟加拉邦制造低成本的 Nano 汽车，当时还是反对党的班纳吉发起过抵制塔塔汽车工厂的运动，当地民众激烈抗议为了建厂而征用土地，塔塔被迫将工厂搬迁至纳伦德拉 · 莫迪执政的古吉拉特邦。那里不仅远在国土的另一端，而且有着更好的商业发展环境。最近，班纳吉强调自己需要投资者，更对自己取得的经济成就倍感自豪。“来孟加拉发展吧”是 2016 年初当地最为醒目的广告牌口号。不过，想要让企业家对西孟加拉邦恢复信心，依然是艰辛而漫长的过程。

此外，加尔各答和孟加拉邦都强烈抵制现代化。站在加尔各答的大街上朝一个方向望去，你会看到一个快速增长的印度，那里的景象会让你想起 20 世纪 90 年代东南亚的经济“四小龙”：水渠里流淌着乌黑且有毒的废水，建筑工人正忙着建设地铁站或高层豪华公寓楼（“生态家园——生态生活由此开始！”），购物中心力劝顾客们都穿上阿玛尼和古驰的时装。可如果你朝另一个方向看去，却发现这里还只是加尔各答。躺在路边的老人衣衫褴褛，露出身上的疮口。像小狗那么大的老鼠在河岸的垃圾堆中觅食。在滨河路有所殖民地时期的老宅，飘落在屋顶上的种子渐渐长成大树，在静默中撑裂了年久失修的房子。植物园里蔓生着浓密的野草，亚洲学会图书馆里更是蚊虫肆虐，令人望而却步。这家学会图书馆是文字学家威廉·琼斯爵士在 1784 年创立的。城里的出租车清一色都是黄色的“大使”，这是印度斯坦汽车公司在 20 世纪 50 年代设计的经典车型，不过几年前已经停产了。此外，在僻静小巷中常用的代步工具既不是人力三轮车，也不是机动三轮车，而是那种非常老式的两轮人力车，往往由一位赤脚的老人拉着，这一幕在 21 世纪看来实在有些触目惊心。

在“印度咖啡馆”里，悬挂在天花板上的风扇正搅动着潮热的空气，这里的一切足以让孟加拉人和外国人一起追忆往昔的繁华盛世。“我们把精神食粮带到这里。”56 岁的西达尔特·巴苏神情严肃地说道。他既是一位画家，也是一位作家，用孟加拉语写短篇小说。每周三和周六，他常来这家由印度咖啡工人合作社经营的咖啡馆。这儿不仅有心灵的安慰，也有肠胃的犒赏——我到访那里时，煮鸡蛋的价格是 8 卢比，羊肉三明治是 37 卢比。学生、艺术家和学者们热烈的交谈声在空阔的大厅里回荡着。在房间一角的画像中，诗人兼大学者罗宾德拉纳特·泰戈尔正静默地倾听着众声喧哗。许多当地人为加尔各答本地文化的衰退而痛心不已，并梦想着迎来新的“孟加拉的文艺复兴”。这本是指 19 世纪末期文学创作与社会变革的勃兴，但这一次，孟加拉人并不希望是通过诗歌方面的发展，而是通过在这座古老城市飞速发展的城郊地带的电影、戏剧和现代音乐来实现这样的复兴。

在殖民统治时期，加尔各答成了印度第一个现代化“大都市”。贾巴尔普尔大学的英语教授斯瓦潘·查克瓦蒂介绍说，印刷机的到来意味着莎士比亚的戏剧与印度古籍有时可能同时出版上市。“如果你想象一下，把文艺复兴时代与启蒙时期合二为一，那就是孟加拉。”如今的加尔各答已经不复往昔盛况了。1941 年泰戈尔去世后，这座拥挤而贫穷的城市里充斥着经济衰退与文化式微的败象。游客们可能会觉得加尔各答破败不堪的城市外观别有一种迷人的落魄气质。不过，20 世纪 80 年代不仅仅导致了经济倒退。阿米特·乔杜里是一位小说家、诗人和音乐家，写过一本有关自己返乡的书，此书表现出了他超乎寻常的智慧。根据他的说法，尽管加尔各答始终自视为“文化中心”，其实已经不再是任何领域的中心了。总体而言，加尔各答式抒情中的那种悖论，例如“在断壁残垣的废墟之上，仍可清晰地看见生命在飞舞，想象在翱翔”，如今早已不复存在。“它并不是突然崩塌的，这座城市的悠久历史与败落气象曾经备受珍视，并在孟加拉人的想象中变得至关重要，但无论在知识界，还是艺术界，它已不再具有指导或启发的价值。失去了想象力的升华，废墟就只是废墟，破败也只是破败而已。”乔杜里还说，如今从这里离开的人很少会愿意回来，“除非是为了陪伴父母”。

“印度咖啡馆”的其他顾客也常怀有这种没落尘世的忧郁情怀。退休银行雇员库玛尔一会儿用轻快的语气谈论着陀思妥耶夫斯基和莫泊桑，一会儿又痛陈世风日下，文化教育一蹶不振。他还提到，200 年前的加尔各答“是比伦敦更美好的城市，不仅有着美丽的外观，还有着优雅的内涵”。

也许有人尚存乐观，城中老一代知识分子对于城市的没落仍不免怀有些浪漫的情愫，不过孟加拉语作家昆瑙·巴苏笔下严酷而真实的现实主义作品则会让人有些幻灭。他的小说《加尔各答》在尾声处有这样短暂的一幕：主人公贾姆希德·阿拉姆和他有异装癖的友人乘船行驶在胡格利河中央，看到了加尔各答城市的景色，还有豪拉火车站与维多利亚纪念堂，天使正踮着脚站在穹顶上，这景象“就像电影布景一样美”。可是在书中的其他部分，加尔各答却是一座臭气熏天、烟雾缭绕的城市，这里有贪婪腐败的警察、操纵选票的政客、肮脏不洁的医院、买卖肾脏的商贩、醉鬼和扒手、全身挂满锡罐的麻风病人（以此警告别人不要接近）、乞丐和变性人、兜售假珠宝的奸商，还有黑心屠夫把红颜料涂抹在肉上，让它看起来更新鲜。而恒河－胡格利河原本是这座孟加拉大都市得以繁荣兴盛的根源，可在全书中始终没有露面，直到尾声处才略有提及。

随着旭日升起，豪拉大桥重新抖擞起精神。你可能会发现加尔各答1400万人口中大约一半人都在桥上，所有的人——包括死人——必须跨越桥下的恒河，才可能进入或离开这座城市。数百万人熙熙攘攘地走在这座大桥上，每个人都在艰难前行，有人踩踏，有人咒骂，也有人不紧不慢地看风景。那些前往贝拿勒斯或德里的外国观光客途经这里会拍照留影，但当地人可没心情对他们以礼相待，也没人有时间给怀抱婴孩、晕头转向的妇女让路。甚至没人在意脚下流淌着的是印度最神圣的河流，每个人被周遭的人流簇拥裹挟，走向各自的目的地。

我们的船一路向北，一直抵达恒河干流附近的穆尔希达巴德，途中遭遇了3次搁浅，并最终驶过豪拉大桥，返回加尔各答。这是今年最后一次逆流而上的航行，还需再等几个月，雨季才会来临，那时恒河及其支流才会再度涨水，满载着乘客或货物的大船才能再度起航。我下船时注视着恒河的河水——她在三角洲地带已经分岔成为多条溪流，耐心地接纳着印度第三大城市倾倒而出的垃圾与污水，然后，这混浊不堪的河水蜿蜒不断地向着大海流去。

第十七章

不可能的任务

如何清理恒河

这条高贵的河流其实已变成了污水池，臭气熏天，挥散不去，令人无法忍受。

——本杰明·迪斯雷利在 1858 年对泰晤士河的描写

科隆，这座僧侣与白骨之城，
巷道的石子，泛着凶光，
还有乞丐、巫婆和丑陋的暗娼；
我数了数，七十二种臭气，
各有不同，令人作呕！
统治这些阴沟与水坑的女神们啊，
莱茵河最负盛名，
它缓缓流过科隆城；
请问神灵，需要怎样的神力，

才能把这莱茵河涤荡干净？

——塞缪尔·泰勒·柯勒律治在 1828 年的诗作《科隆》中对莱茵河的描写

我已经不抱任何希望，彻底放弃了……恒河的污染比以往更加严重了。

——坎普尔的环保运动人士拉凯什·贾斯瓦尔在 2016 年末说

2014 年 9 月，当时刚刚上任的印度总理纳伦德拉·莫迪在白宫参加一次非正式宴会，并会见了当时的美国总统巴拉克·奥巴马。两人很快就谈到了环境问题，包括气候变化与恒河的命运。宴会的气氛有些尴尬，一方面是因为莫迪当时正在严格的印度教斋戒期间，什么东西都不能吃。另一方面，在场的美国官员发现，两个国家的领袖很快就擦出了友谊的火花。奥巴马告诉莫迪，自己的家乡芝加哥也有一条河，曾经污秽不堪到可以引发火灾的地步，但如今河水清澈到可以钓鱼来吃。“我就想让恒河变成这样。”莫迪说。

会后，这段关于恒河的讨论并未最终形成联合公报，但是美国官员认为莫迪在气候变化与环境问题上展现出的决心令人深信不疑。在有关世界贸易与全球变暖的国际谈判中，莫迪领导的印度政府始终表现得坚定独立，甚至有点咄咄逼人。诚然，新德里很不情愿承认气候变化危害深远，尤其影响的远不止印度国内，因此，即便是那些人均碳排放量较低的发展中国家，也应为解决气候变化问题做出努力。可是，由于大气层中大多数的碳排放来自美国与欧洲各国这些发达国家，它们在完成了自身工业化后，要求遏制碳排放，印度的决策层始终怀疑此举是为了限制印度等贫穷国家谋求经济发展的机会。不过在清理恒河的问题上，无论是莫迪，还是其国大党前任，对此都毫无异议：这条河发源于印度，河道的绝大部分都在印度境内，因此这是一项事关国计民生的国家大事。在这件事情上，就连莫迪这样的民族主义者都很少谴责外国环保人士图谋干涉内政，反而号召印度要多多学习国外经验。毕竟早在印度之前，其他国家已经发现人口增长与现代工农业发展会给国内的河流带来毒害。

当印度人论及恒河问题时，最常提及的河道清理项目是英国的泰晤士河与欧洲大陆的莱茵河。早在1957年，据说伦敦的自然历史博物馆就宣称，流经该市的泰晤士河在生物学意义上已经死亡（不过当时的相关发现也很微妙——科学家们在大伦敦地区的泰晤士河潮汐中未能发现除鳗鱼外的其他鱼类）。我还记得小时候大人告诉我，泰晤士河水有毒，必须绝对避免接触河水，如果不慎落水，就得马上去医院“洗胃”。孩子们每次听到这个，脑海里浮现的画面就是医生拿着像自行车打气筒那样的器械，从病人的喉咙里抽出有毒的河水（现实中的工作原理也大同小异）。

50年后，伦敦的泰晤士河水质洁净，众多鱼类重新回归，河口处还发现了海马，在伦敦金融区的交易员们还能见到海豹。曾一度失踪的鲸鱼也从议会大厦旁游过。我自己就在伦敦中部的运河旁见过翠鸟和白鹭，还在萨瑟克桥下的泰晤士河旁见过鸬鹚捕鱼。

泰晤士河的命运颇有教益，毕竟英国人对泰晤士河的开发与滥用与如今的恒河有很多相似之处。工业革命滥觞于18世纪的英国，这就意味着伦敦的河流经历了第一拨的生死轮回。正如今天坎普尔制革厂把肮脏的废水排入恒河一样，当年富勒姆区的陶器厂、切尔西区的瓷器厂、沃克斯豪尔区的玻璃厂、怀特查佩尔区的炼糖厂和柏蒙塞区的制革厂也同样向泰晤士河中排污。泰晤士河发源地附近的水流被大量抽出用以建设伦敦的运河与河堤，导致河流缩减为自然宽度的三分之一。

早在建设现代工业设施之前，伦敦的河道和瓦拉纳西的河道一样，就已经肮脏不堪，满是生活污水与动物尸骸。伦敦历史学家彼得·阿克罗伊德曾引用 1357 年英王爱德华三世对河岸两旁成堆的粪便与其他污秽的抱怨，“从那里散发出浓烟和令人作呕的臭气”。修道士们也曾抱怨他们中许多人都因为河流“散发出的恶臭”而丧命。污染控制措施也早已有之——1535 年通过的一项议会法案禁止向泰晤士河倾倒粪便与其他垃圾。可惜几百年前的法规在英国的效果并不明显，远不如在 20 世纪末期发展工业化的东南亚和今天的印度。18 世纪的作家托拜厄斯·斯莫利特想到饮用河水，就胆战心惊，因为他觉得泰晤士河“浸透了伦敦与威斯敏斯特所有的污秽”，其中不仅有粪便，还有“机械厂与制造厂所用的各种药物、矿物和毒物，此外还漂浮着死亡率报表上在册的人或兽的腐尸，同时混合着千家万户澡盆里、狗舍里和下水道排出的污水”。到了 19 世纪，河水中更增添了化合氨、氰化物和石碳酸等物质。政治家本杰明·迪斯雷利评价这条河流已经变成了“一个污水池，臭气熏天，挥散不去，令人无法忍受”。从 19 世纪 30 年代至 60 年代还爆发过好几次霍乱疫情。

河中的波浪夹裹着人与兽的尸骸，持续不断地冲刷着河岸旁的石阶，正是英国版的“河坛”——在沃平被称作“死人的台阶”。马修·尼尔在 1992 年出版的小说《甜蜜的泰晤士河》中再现了 1849 年瘟疫蔓延时的恐怖景象。在尼尔笔下的故事中，码头溪的河水就像是今天坎普尔或德里的恶臭水沟与肮脏的溪流，被皮革厂的染料染成猩红色，“水面上满是浮沫，就像一张巨型蛛网，其间隐约浮荡着动物的残骸，就像草率打包的包裹被扔进了河里”。可人们还是用水桶从河中取水，带回家里饮用。那一场可怕的瘟疫仅仅在伦敦就导致 1.4 万人死亡。

1858 年，一场所谓的“大恶臭”几乎令伦敦全城陷入停滞。造成这场严重污染事件的原因之一是当地居民开始使用新型“水箱”，也就是抽水马桶，导致排入河道的污水增加。当时并没有任何配套的污水处理设施，此举直接增加了排入河流的污物。（这对于现代印度政府而言，是个颇有教益的警告，因为印度也正在大力推动安装使用抽水马桶，但与之配套的污水处理厂并未正常运行，或疏于维护。）当时正值盛夏，伦敦中心弥漫着可怕的恶臭，在威斯敏斯特区的泰晤士河旁新建成的议会大厦中，几位议员甚至无法使用图书馆。他们将窗帘浸泡在氯化物与石灰的混合液中，试图为大厦消毒并隔离臭气。当时，新的英国议会办公地点威斯敏斯特宫已经快装修完毕了（当年末，著名的“大本钟”装上了钟塔），可他们还是考虑搬到其他地点办公。

多年以来，英国议员们始终无视公共卫生方面的民意与呼吁，但这次恶臭灾害太过严重，他们居然迅速通过了一项重建泰晤士河的法案。法案的名称“城市地方管理修正案”听起来颇为呆板，责令城市管理委员会尽快完成“日常必需的下水道相关工程，以改善城市主要污水排放管道，并尽量避免城市污水排入市区的泰晤士河中”。科学家迈克尔·法拉第在这个问题上勇于发声，大力支持泰晤士河清理运动。他在 5 年前就质问过：“市政工程师们，你们在哪里？你们可以推移山丘、建桥跨海，甚至填河筑路……却唯独不能净化泰晤士河，无法让自己的城市更为宜居。”议会对他的回复就是任命维多利亚时代的市政工程师约瑟夫·巴瑟杰特继续推进一项长达 20 年的耗费巨资的工程项目，除了修建伦敦的下水道系统，还将修建维多利亚、阿尔伯特和威斯敏斯特各处堤岸及地下隧道，以便伦敦地铁公司的各条区域线路和环线使用。清理伦敦的河流，保证居民免于霍乱肆虐之害就是19世纪最为重大的基础设施建设项目。英国最后一次爆发霍乱疫情是在1866年的伦敦东区，而这一地区当时并未连通排水系统。

尽管巴瑟杰特主持完成的工程既高效又持久，却还是不足以解决全部问题。1878年9月，蒸汽游轮“爱丽丝公主”号在泰晤士河上与运煤船相撞并沉没，多名幸存者奋力游泳逃生，却不幸遇到河边新建的污水泵站的排水口，被排放的有毒废水夺去了生命，最终总计600多人丧生。在19世纪末期，巴瑟杰特的努力未能彻底奏效，泰晤士河在20世纪50年代再度陷入绝境。但是人口不断激增——1850年的人口大约是200万，到了1880年，将近500万，到今天又几乎翻了一番，达到900万，由此产生了更多的人类生活污水并流入河中。工业发展造成化学污染，包括化合氨、磷酸盐和重金属在内的化学物质也在不断增加。第二次世界大战期间，纳粹德国轰炸伦敦，破坏了维多利亚时期修建的下水道系统。直到20世纪60年代战后经济重建期间，伦敦建成了新的污水处理厂，工厂也开始认真处理有毒污水排放问题，泰晤士河的水质才开始逐渐得到改善。直到那时，世界各地的人也才开始意识到自然环境的重要性，反思我们对环境的破坏——蕾切尔·卡逊所著的《寂静的春天》于1962年出版，这时西方政府才开始实施新的法律法规来控制化学品、杀虫剂和化肥带来的污染问题。

保持河流洁净的工作是永无止境的。即便是在今天，有时雨水暴涨导致污水量超出废水处理厂的能力极限时，伦敦一些地区的下水道依然会将污水直接排入泰晤士河——每年有 3900 万吨未经处理的污水就这样直接被排进河里。泰晤士水务公司已经开始建设两条隧道来容纳并引导额外的废水流向废水处理厂接受处理。其中“Lee 隧道”已经完工，第二条是在河底延伸 25 千米长的“泰晤士潮汐隧道”，这项庞大的工程耗资 40 多亿英镑，预计将在 2023 年完工。至于塑料垃圾——从塑料袋到洁肤膏等化妆品中含有的细小塑料微粒——主要会对野生动物产生影响，这就是另一个问题了。

总体而言，如今的泰晤士河已经是一条洁净的河流了。正如恒河或亚穆纳河的大多数河段一样，泰晤士河水看起来也很混浊，这是河水搅动泥沙翻滚所致，不必过于担心。当年因都市污染而绝迹于河道中的许多动植物，如今已然回归，景象非常壮观，因此有人赞誉泰晤士河为“欧洲最为洁净的都市河流之一”和“历史上最为成功的大规模河流复兴工程之一”。

都铎王朝的年代史学家拉斐尔·霍林斯赫德曾指出，16 世纪时，里士满附近的泰晤士河盛产鱼虾，“欧洲的河流无一能与之媲美”。彼得·艾克罗伊德在有关泰晤士河的传记中也罗列了中世纪时游弋于河中的丰富鱼类：白鱼、比目鱼、拟鲤、鲦鱼、梭子鱼、丁鲷、鳝鱼、白杨鱼、鲻鱼、鲑鱼、香鱼、鳕鱼、鲈鱼、鲽鱼、鳎目鱼、牙鳕、七鳃鳗、鲟鱼、大比目鱼、马鲛鱼。他随后又写道，到了 20 世纪 50 年代，据说从格雷夫森德到裘园之间 77.25 千米的泰晤士河段中连一条鱼都没有了。不过，如今许多鱼类已经回归。1976 年曾有人在特丁顿堰外发现了鲑鱼，这是 140 年来在泰晤士河非潮汐河段首次发现鲑鱼，而河口地区目前已经成为全英国鳎目鱼最大的产卵地。“现在的泰晤士河比历史上任何时期都更为洁净。甚至实际上可以说，泰晤士河是全世界在大都市中流淌的河流中最干净的。这真是起死回生的奇迹。”

恒河及其在德里的支流亚穆纳河与伦敦的泰晤士河很不一样。首先，相比北欧那些易于预测的河流，恒河与亚穆纳河的治理难度更大。在雨季时，恒河在山区变成奔腾咆哮的急流，流经印度北部平原时会突然改道。到了旱季，特别是当干流与支流都被水坝拦截用以灌溉和发电后，恒河会出现大面积完全断流的情况。尽管如此，英格兰南部的成功经验也不妨在印度北部尝试一下。艺术家兼作家罗伯特·吉宾斯在第二次世界大战期间曾沿着泰晤士河泛舟或徒步，当他看到绿地河滨的时候，还明确提到了印度的河流。“屋舍都很美观，但河水污秽不堪。说起神圣的恒河，奇斯威克的泰晤士河就算不了什么了，”他这样写道，“孩子们在河里洗澡，在啤酒色的水中游泳，水面上漂浮着一层厚厚的沉积物，简直可以成为一块新大陆。”

就在莫迪在华盛顿与奥巴马畅谈芝加哥河的一个月前，他还与英国政客探讨过泰晤士河的清理问题。莫迪在当选总理 3 个月后，当时的英国副首相、自由民主党人士尼克·克莱格访问新德里，当时莫迪表现出对气候变化与水质等环境问题的极大兴趣，这让克莱格非常惊喜。“每当谈起环境与气候变化等话题，莫迪总理就变得非常活跃，”克莱格说道，“我们从恒河清理开始谈起，讨论了泰晤士河的清理工作可否有所助益，还谈到在印度偏远农耕社区使用小规模太阳能设备，以及印度那些快速发展的城市中的垃圾处理问题……如果他能做到我们所谈到的事情的一半，比如清理恒河，在城市中采取更可持续的垃圾处理方式，让印度家庭能更有效地使用能源，在农村地区展示并推广使用可再生能源设备，如果他能做到这些事情中的一半，那印度就已经尽到了它在全球气候变化方面的义务。”克莱格继续说道，“我还说到（泰晤士河）过去也很肮脏，但现在已经非常干净了……当然，清理恒河是一个规模更大、更为艰巨的挑战。”克莱格还希望印度能够与美、英携手，在下一年的巴黎气候峰会上共同推动一项更有雄心的国际承诺，以进一步抑制全球变暖，可惜他的希望并未实现，但至少印度当时也没有阻挠协定。

莱茵河的长度是泰晤士河的 3 倍多，水量是其 35 倍，无论是在规模，还是重要性上，与恒河都更具可比性，也是印度政客与环保人士经常引用的案例之一。这两条河流确有诸多相似之处：两者都发源于山区，流经数百千米后，抵达海边的三角洲地带。两条河的大多数河段都适宜通航，而且都曾饱受生活污水与工业废水的污染。早在 1828 年，英国诗人塞缪尔·柯勒律治与威廉·华兹华斯前往德国科隆时，就曾写了一首粗鲁的诗作抱怨当地莱茵河水的恶臭。当然两者也有些差别。恒河的季节变化非常显著，而莱茵河在这点上明显不同，全年的河水流速都非常稳定，这不仅非常有利于稀释污染物，也便于管理从阿尔卑斯山区到北海之间的整个流域环境。但是在另一方面，莱茵河是一条国际化的河流，它流经西欧腹地的 6 个国家，因此在河流清理的问题上，各国往往难以达成统一意见。而恒河只有下游的一部分河段位于印度以外的其他国家，也就是孟加拉国。

在近代，泰晤士河的污染危机主要发生在 20 世纪 50 年代后期，而莱茵河的污染危机则迟来了几年，主要在20世纪60至70年代。在20世纪60年代以前，整个欧洲一直在艰难重建战后的经济与工业。城市里的生活污水，阿尔萨斯钾矿中的盐、清洁剂和化肥中的磷酸盐与硝酸盐，还有莱茵河的支流鲁尔河河边工厂排放出的汞、铬等化学物质与重金属物质——有机和无机污染物水平不断上升，莱茵河中的鱼类消失殆尽，人们无法下河游泳，甚至还威胁到饮用水的生产。今天的恒河正是这样的状况。（亚穆纳河正像是伦敦泰晤士河在1957年的情形，目前它在德里一带已经枯竭，而恒河在瓦拉纳西的河段虽然仍有生机，但是遭到了严重的污染。）

欧洲各国政府都采取措施来遏制污染的发展。1953年，瑞士、法国、卢森堡、德国和荷兰共同组成了保护莱茵河国际委员会（ICPR）以监测污染，并寻求解决方案。措施之一是于1976年颁布了有关化学物质与氯化物污染防治的规范。10年后，也就是1986年11月1日，山德士公司位于瑞士巴塞尔附近的一间杀虫剂仓库发生火灾，引发了污染危机。当洒水救火时，水流将化学物质冲进了莱茵河，造成远在下游200千米以外卡尔斯鲁厄的数千条鳗鱼死亡。公众这才意识到莱茵河十分脆弱，状况堪忧，由此促使官方进一步采取措施净化河流。

污染控制制度并未让莱茵河重返最初的模样——也许永远也回不去了——但还是获得了相当的成功。从1970年到1995年，莱茵河中的有毒重金属物质已经减少了90%以上，污水处理也大幅减少了河中的有机废物，挽救了下游河段的生物。在短短20年间，仅德国就在污水处理厂方面花费了大约550亿美元。原本夏天时的下游河段中，河水的溶氧量已经降至不足每升2毫克的水平，威胁到了水中的生命，但如今升高到了每升 9 ~ 10 毫克的健康水平。人们又乐于下河游泳了。

鱼类也回归了。1992 年，有人在莱茵河中捕到了成熟的鲑鱼，这可是数十年来头一次。在 2001 年，英国广播公司在巴塞尔报道了莱茵河的华丽翻身。“当我第一次在这里划船时，莱茵河还很脏，河水中满是工厂排放出的化学品和染料，”坚持了 30 年划船运动的马丁・胡格说，“那时候我们总是说，‘哦，今天一定是周四，因为河水都臭成那样了。’现在的情况好多了。”目前艰巨的基础污染控制工作已大致完成，欧洲各国政府开始关注如何帮助鱼类洄游，为此还修建了鱼梯。“我们必须团结起来，不仅清理河流，还要让它保持长期洁净，”巴塞尔地区的水质总监曼弗雷德・博伊布勒说道，“我们明白，如果不这么做，莱茵河可能就会死亡。”

污染控制工作永远在路上的原因之一就是新的工业产业总是不断制造出新的污染物，而人们却又无法及时辨识出这些污染物的危害。例如，保护莱茵河国际委员会目前就在检测所谓的微污染物，其中包括在泰晤士河中（以及海洋中）曾发现的化妆品中那些细小的塑料珠，还有荷尔蒙、杀虫剂、防腐剂，以及从香水制造到医学成像技术中都会用到的各类特殊物质。如今，莱茵河流域 96% 的居民都与一家废水处理厂连通，河水质量已经改善，水中鱼类和植物种类也不断增加。“目前莱茵河里有 63 种不同鱼类，”保护莱茵河国际委员会还指出，自 2006 年至今，“来自北海的鲑鱼、海鳟鱼、鳗鱼及其他洄游鱼类可以一直洄游到莱茵河上游的斯特拉斯堡。”

第一位向我说明莱茵河与恒河之间类比关系的是荷兰人奥诺・鲁尔，他当时正在担任世界银行印度区的负责人。我在 2013 年初见他时就倍感亲切，因为他不仅口才出众，而且对恒河充满热情。他梳着马尾辫，面容饱经风霜，显然与那些来自华盛顿、西装笔挺的官僚很不一样。他也是个印度迷，与我一样刚刚参加了阿拉哈巴德（亚穆纳河在此汇入恒河，因此是一处神圣的交汇地）的印度教盛典——大壶节，而且还下河沐浴祈福。与我一样，他深知尽管大壶节期间临时关闭了上游坎普尔的制革厂，但恒河水的水质距离北欧水质标准还相差好大一截。（“我原本并没打算这么做，因为我知道恒河很脏，我也并非印度教教徒，所以我原本觉得并不值得为此冒险，”他对我说，“当我到了那儿，他们带我去了那个地方，当时觉得一切都非常自然，参与活动，融入其中，我就这么做了。这真是一种不可思议的神奇体验，我当时并不理解这么做的意义，只是在现场气氛的渲染下，情不自禁地融入其中。此后几天，我都很庆幸自己那么做了。”）

鲁尔在印度的工作之一是监督世界银行拨款10亿美元的恒河复兴项目，这也是开发银行最大的项目之一。与其他关心恒河的赞助方一样，他经过多年努力，才说服印度政府接受这笔专项经费，并如众人所愿，将其用以推动健康事业、保护环境及发展经济方面。“我觉得每一个与印度合作的人都在努力推进这方面的工作，因为这是至关重要的问题。”他还向我解释说，为了确保恒河的未来，眼下必须同时解决许多问题。

许多人会说，既然公共卫生问题最为严重，那就先解决卫生问题吧。可这并不会奏效。你首先必须确保河流水位足够高，这样才能提高灌溉效率，才能确保灌溉之外还有剩余的水量让河流自我清洗，因为河水需要流动，才能变得洁净。你必须解决卫生问题，也必须解决固体废物处理问题，还必须解决工业污染问题，必须改善河边的土地。同时解决这些问题，才可能真正让河流重返健康状态。给你举个例子，在欧洲的莱茵河就是这么做的，这当然也是一条非常重要的河流。人们花费了大约400亿欧元才最终取得了现在可持续的成果。恒河比莱茵河更大，人口更多，污染也更严重，因此恒河的清理工程花费肯定不会比莱茵河少。

我接着问他，印度目前真的已经全面着手拯救他们的圣河了吗？这是一个略显鲁莽的问题，但他的回答非常沉稳老练。“这是个大问题。印度政府（当时还是莫迪的前任，即曼莫汉·辛格执政的国大党政府）设立了国家恒河流域管理局——这是最高级别的政治机构，由总理担任主席。此举非同寻常。这说明他们有着很强的政治意愿要解决这个问题。”鲁尔委婉地提及了亟待攻克的主要障碍，如缺乏规划、政策朝令夕改、项目实施过程中的执行力不足等，还说到应该如何调动民众的感情（印度教教徒对恒河的宗教崇拜）来保证项目的顺利进行。“即便如此，也需要至少20年的时间。”他接着谈到在印度工作的经历与体会，言谈中带着在印度工作过的人所特有的哲学意味。

我个人认为，有些事情迟早会发生，必然会在某个点发生。问题不是会不会发生，而是什么时间发生。我们已经建立了制度结构，也有了合作伙伴。如果从现在开始努力，那么10年后就能看到显著的变化。我们有数十亿美元的资金——这是世界银行在全球最大的项目之一，也许还不足以解决问题，但起码可以说明，只要我们在一个地区共同集中采取这些措施，就可以取得成效，让人们相信努力是值得的。事实上，这个问题太过严峻，许多人都说根本不可能解决，又何苦去尝试呢？所以关键还是让人们相信成功是有可能的。

印度各邦的政府中腐败横行，企业家贪赃枉法，印度官僚惰性极大，所有这些都让恒河复兴计划充满了严峻的挑战。不过这绝不是一项不可能的任务。数千年来，世界上有许多河流都曾遭受污染，无论是在英国、德国、美国、日本、东南亚，还是印度，数个世纪以来，制造业排污将许多河流染成黑色，臭气熏天。而如今，正如泰晤士河、莱茵河和芝加哥河那样，它们也都恢复了健康与活力。

一些印度知名人士也积极投身清理恒河的事业。我原本觉得恒河的污染尚未严重到像当初美国的芝加哥河或凯霍加河那样会引发火灾，但我后来发现印度的河流上至少发生过一次类似的灾情。在 1984 年，圣城赫尔德瓦尔附近的恒河河段起火燃烧，随后律师 M.C. 梅赫向最高法院呈交诉状，控告相关污染单位。“两家工厂排出的废水毒性非常大，以致 1984 年时有人偶然将点燃的火柴投入河中，结果导致整整 1 千米的河面起火燃烧。”他随后写道：火焰足足蹿起 6 米高，猛烈燃烧了 3 小时才被扑灭。我还听说有许多人曾因河水而染病。我在 1985 年向最高法院提出对两家排污企业的诉讼。如今这场官司的覆盖面更大了，已经包括了整个流域所有的工厂与市镇——从恒河发源地一直到入海口。

历史经验表明，政府往往只有在迫于无奈时才会果断采取措施减少污染，有时是因为突发的环境危机而激起民愤，有时则是随着经济发展、财富积累和中产阶级人数增多而导致对污秽和疾病持续增长的民怨。无论是芝加哥河、泰晤士河，还是莱茵河，最终都重新焕发了生机。一度污秽不堪的英国城市运河也变成了一条条长长的绿洲，供人漫步、骑车或者划船娱乐。首尔是世界最大的城市之一。在商人出身的李明博任首尔市市长期间，将该市绿地面积扩大了3倍，还拆除了市中心的高架公路，让原本掩埋在混凝土地面下的清溪川重见天日。清溪川很快就成为首尔市中心繁忙的步行道，而市政重建的政绩也帮助李明博在2007年赢得选举，成为韩国总统。

许多国家都曾成功清理修复了自己的河道，它们的政策与工程都值得印度参考学习。但我们也不妨了解一下，印度政客应对其他形式的污染，特别是空气污染方面，有着怎样的态度和行动。希拉·迪克西特在担任德里首席部长时，曾根据最高法院1998年的命令，要求将市内烧柴油的公共汽车改造为使用相对洁净的压缩天然气的车辆。此举为她赢得了多方的盛赞，德里也成为第一个着手应对空气污染的亚洲城市。（法院是应环保律师M.C.梅塔的强烈要求而下达命令的。为恒河工业污染问题提起诉讼的也是这位律师。）在公共汽车改造后，德里的空气污染确有缓和，但没过几年，随着城市人口与私家车数量的不断增加，空气污染危机与水污染危机又愈演愈烈起来。

德里并没有遭遇到伦敦那样的关键时刻——1952年那场雾霾灾害造成数千名伦敦居民因呼吸道疾病而丧生，于是4年后，《大气清洁法案》顺利通过。不过我在2012年抵达印度并定居下来时，首都德里与印度北部许多城市的空气质量已属全球最糟，浮尘与烟雾中的致癌颗粒含量很高。4 年后的一天，当我透过办公室窗户向外看时，还以为爆发了山林大火。雾霾与灰尘让我看不清 100 米开外的树木，却能透过木材、牛粪、煤炭与柴油燃烧生成的棕色浓烟直视铜盘般的太阳。而这些都是德里人用以烹饪、发电或驾驶的燃料来源。冬季里的每一天，我们智能手机上的天气应用都会自动播报印度首都的天气状况为“烟雾”。但是这里并没有山林大火。德里是全世界最大的城市之一——都市地区人口大约是 2500 万，同时也是公共卫生灾难的高危地区。当地政府曾选取一批德里居民作为样本进行体检，结果发现其中三分之一的人都存在肺部损伤。而我也在人生第一次觉得自己的肺部出现了类似哮喘的“呼哧呼哧”声。当地的污染数据通常很难转换成美国环境保护署的空气质量指数（AQI），因为通常都超出了 AQI 的最高值 500。而 300 ~ 500 的 AQI 指数就被认为会对人类呼吸造成危害。

外国人与富有的印度人应对空气危机的方法与应对城市供水危机的方法一样：他们购买了过滤器。在德里生活几年后，我的办公室和家里各买了三台日本制造的空气净化器。空气净化器不如净水器那么有效，在印度市场销售的较大型号净化器还得再配一种特制的、可重复清洗的预滤器，因为空气中油腻的灰尘很容易造成净化器阻塞。不过空气净化器和净水器都能让人觉得自己正在努力保护我们的孩子、员工和我们自己。但是，从印度中央到地方各邦的政府部门却反应迟缓。我在 2013 年末拜访了希拉·迪克西特，她似乎对当前的污染状况颇为满意，可事实上，德里秘书处就坐落在肮脏不堪的亚穆纳河边上，我还向她指出，她办公室里靠墙摆放着的白色物品是德里市最先使用的一批空气净化器。一个月后，她在选举中落败，取代她成为首席部长的是积极倡导进行反腐的阿尔温德·科基瓦尔。他尝试采用“单双号”方案，汽车只能隔天上路，以改善城市空气。与此同时，最高法院突然宣布在 2016 年 4 月禁止所有柴油出租车在德里行驶。面对出租车司机的抗议，法院撤销了禁令，随后又颁布了一项逐步淘汰柴油出租车的措施。

这些都是很小的举措。印度城市需要更为决断的措施来净化空气，正如印度的河流也需要更为决断的措施来清理河水一样。在 20 世纪 50 年代《大气清洁法案》禁止使用烟煤后，伦敦的空气质量有了显著改善。当时我还只是个孩子，却还清楚记得漆黑或深褐色的砖块，那就是烟煤污染的伦敦城中建筑物的颜色。如今，这些建筑物却呈现出鲜艳的红色，确切地说，是砖红色，这就是清洁后的成果。与此同时，伦敦也把泰晤士河从污染的绝境中拯救了回来。长达数十年的艰巨工程给印度带来了很大的启发。希拉·迪克西特曾在 2000 年前往伦敦考察，回国后表示亚穆纳河也可以用同样的方法清理修复。德里政府随即许诺维修下水道，处理城市废水，修建 15 座工业排污处理厂，还会加强对工厂的监督，如有违规，将关停工厂。政府还着手清理河岸上的垃圾堆，报纸还登出迪克西特在 2001 年参与亚穆纳河流清理工作的照片，13 年后，莫迪在瓦拉纳西选区参与清理恒河旁的阿西河坛时，也拍过类似的照片。

对于亚穆纳河而言，这点成果完全是微不足道的。持怀疑态度的环保人士当时就曾指出，全城压根儿没有一座正常运作的污水处理厂。印度最重要的环保非政府组织科学与环境中心在该组织的杂志上发表过一篇《大骗局》的文章，指出这个清理工程“更像是华而不实的作秀”。

尽管科学家与环保人士多年来一直呼吁政府采取一些很简单的措施来应对环境问题，可恒河及其支流的污染危机还是一如既往地严峻。所谓“清理”，实在有些措辞不当，因为英国、德国和荷兰的民众并未使用昂贵的机器来洗刷泰晤士河或莱茵河的河道。他们所做的只是阻止污染物进入河流而已，至于后面的事情，交给长流不息的河水就行了。

任何一条修复河流的必要措施都可以分为三大类：第一步，收集有关水量和水质的数据；第二步，针对数据分析所揭示的问题，准备应对政策与项目；第三步，落实上述政策与项目。在处理恒河及其各条支流的问题上，尽管印度政府组织开展过一些水流和水质的检测工作，但收集可靠数据的行动还是非常缓慢。在过去 30 年间，印度政府确实出台了数量惊人的政策与规划，但在政策执行方面的表现实在令人失望。这种工作模式并非仅限于河流问题，当代印度的学生们会发现，该国的公共教育与医疗卫生事业同样贫乏落后，问题丛生，与污染问题有着许多相似之处。这也反映出印度中央政府与北部及恒河平原各邦政府功能失常的痼疾。

若要深入理解印度政府在第一步上，即收集数据中的失误，不妨前往中央污染控制委员会那些昏暗的办公室去看一看。这里位于德里东部，与城市其他地区之间隔着一条亚穆纳河。中央污染控制委员会是负责收集恒河相关数据的中央政府机构，而地方各邦还有自己的邦污染控制委员会，各委员会的工作效力大相径庭。几个月来，我一直竭力寻求与中央污染控制委员会预约见面的机会，但一直未果，最后我只能与同事直接登门求见，希望能够获得更多关于恒河的可靠信息，而不是网站上公布的那些既不完整也不及时的内容。负责污染治理的官员态度友善，却未能提供任何新的信息。在其中一间办公室里，5 年前的水质报告和“神像浸泡规定”都搁在满是灰尘的书架上。一位环境工程师向我们介绍了世界银行的项目，以及沿河 113 个实时水质监测地点的信息。他还明确地回复我们说，中央污染控制委员会并没有有关重金属的信息，因为“我们没有那些设备”。

第二位接待我们的官员级别更高，他说中央污染控制委员会在恒河治理方面主要是学习泰晤士河在监测与清理方面的成功经验。自 2014 年以来，该组织已经远离了原来“常规”的方案，转而引入一些“工作中的创新变革”，例如将恒河切分成四段分别监测：根戈德里—赫尔德瓦尔、赫尔德瓦尔—纳罗拉、纳罗拉—瓦拉纳西，以及瓦拉纳西至入海口。他还说，每天有 5.01 亿升的工业废水和 60 亿升的生活污水流入恒河，与此同时，河道中自然的水流还被大量抽走用以灌溉。以纳罗拉拦河坝为例，多达 90% 的恒河水都被分流，仅剩一成河水继续流向下游。“我们很肮脏。我们的想法太肮脏了。”他这样说道。

令人惊讶的是，当我说到清理恒河任务艰巨时，委员会的官员并不同意我的说法。正相反，他说“这很简单”。你要做的就是解决三个问题：其一是控制农田径流，也就是杀虫剂和化肥；其二是工业方面，确保那些不愿配合的企业切实安装污水监控装置，让他们“无可遁形”，如有违反，就强制减排或者关停企业；其三就是生活污水处理。“说到底，我们的目标是什么呢？我们必须保持恒河的健康。”他还特别强调，应该对污水的拦截和处理设定目标。他的上司有着“很大很大的规划”，他最后总结说：“他们有自己的远见卓识和行动计划，每天都在和国际机构进行沟通，还会向总理汇报。他们还有个 19 点的恒河复兴计划，不过就连我也不知道详情。他们正在规划一个巨大的恒河工程。”

“大工程”对于恒河而言并不是什么新鲜事。自 20 世纪 80 年代拉吉夫・甘地担任总理后，政府就做出了许多规划，花费了很多金钱。过去曾有恒河行动计划 1 期和恒河行动计划 2 期。还有过日本资助的亚穆纳行动计划 1 期，以及亚穆纳行动计划 2 期，可惜都成效寥寥，被环保主义者调侃为“汪汪汪”[①]。如今看来，这些恒河和亚穆纳河的行动计划确实毫无成效。一位水利官员对我解释说，恒河行动计划 1 期与 2 期“成功地创建了”每日 9.61 亿升的污水处理能力，“可惜未见明显的改变”（因为污水处理厂不仅数量不足，而且疏于维护）。他说，恒河尚有生命力，因此还来得及向莱茵河、多瑙河、泰晤士河以及澳大利亚的达令河学习。可他又加了一句：“要做的事情还有很多。”

曼莫汉・辛格领导的国大党政府在 2009 年设立了国家恒河流域管理局，两年后又设立了国家清洁恒河协会。恒河流域的 5 个邦还各自设立了邦恒河保护局。莫迪在 2014 年上任后，再度强调了拯救恒河的体制问题，将河流的名称直接用于相应的部门名称中，成立了水资源、河流开发与恒河复兴部。他还发起了“致敬恒河”的全国运动，中央政府统一管理河流清理工作，相关预算翻了两番，承诺在 2019 年至 2020 年前的 5 个财政年度中将花费 2000 亿卢比。这项运动被合理地分为三个部分。最初是“快速胜利”阶段，力求取得立竿见影的效果，包括收集塑料废品，改善农村卫生条件以减少污水排放，建造火葬场以减少河水中未焚烧或部分焚

① 亚穆纳行动计划的缩写为 YAP，在英文中为“狗吠”的意思。——译者注

烧的尸体，并美化河坛等。接下来是为期 5 年以上的中期阶段，政府将建设更多的市政污水处理厂，日处理能力将达到 25 亿升，强制企业控制排污，保护野生动物，在流域内栽种 3 万公顷的林木以减少土地流失，并安置 113 个水位监测站。最后是一项历时 10 年的长期计划，将要求下一届政府确保恒河有充足的水量（即环境流量），并进一步提高灌溉效率。

乍看起来，莫迪领导的这场热火朝天的全国总动员对恒河而言是个好消息，尽管在启动清理工作前仍缺乏相关的精确数据，却也无伤大雅，污水治理不仅可以清洁河流，还能帮助数百万印度百姓免受脏水传播的各类疾病，减少患病与死亡数量。

但是如果回想一下以往多次清理工程的记录，人们恐怕就不会这么乐观了。在这些工程实施后，河流依然肮脏如故，其他问题也没有得到解决。没人知道到底花了多少钱，也不知道这么多钱都到哪儿去了。记者乔治·布莱克为《纽约客》撰写过有关恒河的文章，他曾试图了解莫迪的计划与其前任之间有何不同，却惊讶地发现经费混乱之严重，令人咂舌。“我找到一篇来自正规非政府组织的文章，他们指出政府在过去 30 年已经花掉了 3 亿美元。”他说。

我当时想，嗯，这也不算是个太大的数字。我要去核查一下，再看看其他的估算是怎样的。我知道印度的事情很难有个准确的说法，果然我就找到了另一个数字 7 亿。还有一个数字是 2.3 亿，另外还有 60 亿。当时我想，这太荒唐了，我得查找一下官方数据，它们才是最准确的。你懂的，这些是非政府组织，不管怎么说，都是独立分析师。于是我找到两份报告，都是 2012 年的，我找不到更新的报告了。其中一份来自内阁，据说是整理了所有政府部门的数据。这份提交给总理的内阁报告表明，自 1986 年迄今，已经花了 6 亿美元。我在政府的中央污染控制委员会找到了另一份报告，来自一家权威机构，结果是 30 亿美元。也就是说，政府公布的数据竟然有 500% 的出入。我忽然想到：这正好总结出莫迪的问题。没有人收集准确的数据，毫无透明度，有关政府部门之间也完全没有协调工作。你既不知道有多少预算，也不知道究竟花了多少钱。而且在着手建设污水处理厂或者开展工厂排污工作前，也不知道有多少预算款项首先进入了人们的腰包。

他和我都明白，工程款项的 30% 甚至 100% 都被偷走了。“所有的钱都消失不见了，他们在表格上一笔勾销，签下‘完工’二字。可压根儿就没有什么工程。”

因此，对莫迪政府及其各级政府的各种言论与声明都应该谨慎对待。莫迪在 2014 年年中当选后，国防部提出部署 40 个“生态营”——共计 4 万现役与退役士兵来帮助重建恒河，不过心血来潮的热情很快就冷却了。3 个月后，中央政府宣布将花费 5270 亿卢比（又一个新数据），于 2022 年前在恒河沿岸全部 118 座城镇和 5000 个村庄里建设污水处理与公共卫生设施。

此后又过了 4 个月，在 2015 年初，印度最高法院传召政府回应律师 M. C. 梅塔起诉的另一件有关恒河的案件。这次法院表现出难得的直率坦诚，批评政府“官僚作风”“管理混乱”，还说：“你们可以称其为恒河工程、恒河复兴、恒河保护，随便什么说法，但我们希望这些都是实实在在的工程。请你们用简单的语言说明到底打算怎么做。告诉我们，如果从河中取出水质样本，会是什么结果。”副司法部部长兰吉特·库玛尔做出了回应。他坚称政府计划在2018年前完成河流清理工作，而且也一定能够完成，这样，在2019年大选时，恒河就不会再成为有争议的议题。在2015年3月，政府要求从赫尔德瓦尔到钻石港之间恒河沿岸共计118个城市与764个工厂在15天内必须制订出生活污水与工业废水的详细治理方案，不过这个限期在随后数月间被几度延迟。在莫迪执政的最初两年间，曾公布或提出了不少规划，其中包括在所有主要工厂安装实时污水感应器；在所有市镇的河边设置500米的无垃圾地带，由当地无业青年负责维护；在恒河及其支流沿岸禁止一切工程建设项目；安装100座闭路电视摄像头，以阻止人们往德里的亚穆纳河中倾倒垃圾和建筑废料。

亚穆纳河与恒河的情况一样，相关清理工作也存在同样的缺陷：机构臃肿冗余，项目间缺乏协调，其中就有2014年成立的亚穆纳河复兴统筹中心。此外还有腐败问题，之前与现在的开销混乱不清，恢复河流健康的工作彻底失败，以及对未来工作不切实际好大喜功。与恒河治理的问题一样，据估算，在2014年前的20年间，也有大把金钱白白地花费在亚穆纳河上，却毫无成效：有的数据说是2.2亿美元，有的是5亿美元、6.6亿美元、7.4亿美元，甚至还有10亿美元。

至于未来的计划，德里政府与印度中央政府在2016年5月7日宣布，将投入1.2亿美元启动亚穆纳河行动方案3期。“我们决心清理河流，”德里水利部部长卡皮尔·米什拉说，“两年或两年半后，再也不会有一滴脏水流进河里。按照目前的进展，我们相信这个目标是可以实现的。”又过了两周，我才发现这不过是一个更宏大项目中的一部分。这个“亚穆纳华丽翻身方案”耗资 9 亿美元，意在确保首都的供水和河流清洁。早在这些方案公布之前，米什拉已经承诺将在 2018 年前让河水恢复洁净到足以下河沐浴的程度，而旅游局局长吉特德・辛格・托马尔还提出在纳贾夫格尔排水渠上开发划船与其他水上项目，正是这条肮脏的水沟将德里数百万居民未经处理的生活污水直接排入了亚穆纳河。日本国际合作机构的印度负责人说，到 2017 年末，就可以从亚穆纳河中直接取水饮用了。

尽管部长们都知道全面彻底的清洁工程必然费时耗力，但他们还是一如既往的乐观。环境部部长普拉卡什・贾瓦德卡尔坚持认为莫迪政府在恒河问题上一定会比前任领导人做得更好，因为他们吸取了前任的教训。“这是全国上下聚焦的大事，因此我们很有信心能够实现目标。”他在莫迪上任两年后说，“我们并不能保证整个恒河工程将会在 5 年内全面完成，不是这样的。5 年中一定会有明显的改变，但这是一项长久的工程……莱茵河与泰晤士河在五六十年前也是一样肮脏，花了将近 20 年的时间才全面改善了当地的生态环境。我们将会在 10 年到 15 年间完成这一壮举。”2016 年 7 月，负责水利与恒河的部长乌玛・巴蒂表示，在“致敬恒河”的 1000 项规划工程中，300 项已经开始启动，其中包括美化河坛项目和河岸植树造林项目，预计在 3 个月内就会初见成效。

水利部秘书沙希・谢卡尔说恒河有时候会缺水，所以清洁难度比泰晤士河、莱茵河和多瑙河更大，不过比澳大利亚的达令河好些。尽管如此，他还是说：“在 5 年的时间里，我们可以解决污染问题。”国际智库、世界水理事会主席贝内迪托・布拉加在 2016 年访问印度时对恒河的前景非常乐观，尽管当年法国花了“一百年”才终于使塞纳河再度洁净。“我认为印度能够成功完成河流清洁计划，因为这个国家的最高决策层已对此做出了政治承诺。但这可能需要一些时间。”

不过，莫迪处理恒河问题的方法与其前任有什么不同吗？他是否真的吸取了以往的教训呢？他当然知道问题是什么。“我只是不知道有这么严重。”他就任总理一年后在德里的私人会谈中这样说：

并不仅仅是恒河的情况——这已经是众所周知的了，而是政府完全没有意识到清理恒河是一项怎样的工程。直到现在，我得到的第一项议案是什么？是瓦拉纳西的亮灯美化工程！你们肯定很惊讶吧。这就是我拿到手的提案。他们觉得，只要是瓦拉纳西的事情（这是他的议会选区），莫迪先生就会喜欢。于是我说：“什么都不是，全是垃圾。”如果一个政府认为靠亮灯就能清理恒河，别人会怎么想？难道清理恒河就是张灯结彩吗！

等到 2019 年时我们就可以看到，莫迪政府是否可以克服种种系统性障碍，实现恒河清洁大计，又或者像往届政府那样深陷腐败与无能的泥沼而一无所成。

如今，政府官员、环保主义者和印度圣人们都怀着同样的期待，希望印度可以学习泰晤士河、莱茵河和达令河恢复洁净的经验。但在政府之外，也有人担心现实还是毫无改变：相关数据收集依然琐碎而零散，计划制订一如既往地任性随意，而且最终计划往往无法顺利实施。德里政府早在 2012 年就已经全面禁止塑料袋（据称是“毫不手软”），但这项规定至今仍毫无成效。中央政府试图修复恒河的举措并非建造污水处理厂，而是一些面子工程，比如清扫河坛，连莫迪也为之震怒。在莫迪上任5个月后，最高法院认为，中央污染控制委员会与各邦的地方委员会无所作为而将其撤销，但是此后似乎没有一丁点改善的迹象。“这是体制上的失败，你们的故事从头到尾就是一个失败、挫折和灾难的故事”，法院这样说道，“你们必须勇敢直面污染单位。如果把这个任务交给你们，只怕要花上50年才能做到。”可悲的是，法院也是一样无能。它们本想扮演政府的角色，强制执行污染治理政策，可没人贯彻实施法令，它们也无能为力。已故的神庙祭司维尔·巴赫达·米斯拉是瓦拉纳西的环保主义人士，用他的话来说，“最高法院甚至可以命令亚穆纳河倒流，可它们无法迫使它照做”。

来自坎普尔的环境工程师维诺德·塔雷领导着印度技术学院的一项恒河研究与修复计划。他比其他人更明白为什么印度努力了几十年，却始终无法启动恒河清理工程。塔雷教授已经开始秃顶，讲话轻言软语，他认为工程拖延的原因在于官僚主义、贪污腐败、污染控制委员会的政治阻挠，以及各级政府官员的任期太短。

从1974年通过《水资源法》到现在，已经过去了38年，为什么还不能贯彻实行呢？为什么我们总是无法阻止工业污染呢？我们审视了各邦污染控制委员会的结构。它们都是自治机构，但事实上，却并不能自主。这是一个政治管理的过程。这就是腐败的根源所在。可是整个体制都是如此。如果中央控制委员会主席要向联合秘书报告工作，那他又怎么能独立于政府呢？就算他们关闭了一些工厂，也会接到政府部门的电话说：“你怎么能关闭工厂呢？快让它开工！”这样还怎么工作呢？

塔雷指责各邦政府多年来碌碌无为，可一听说中央政府拨款用于污染治理，就忙着各种立项，担心错失这一笔预算的机会。“根本没人考虑这个项目到底有没有必要。”废水处理厂的建设费用会被不断抬高，最后根本没有钱用以实际运营或者维护，而这时，官员们早已调职到其他地方，不必再为项目失败而负责。

莫迪政府正计划解决这最后一个问题，打算采用公私合作的合同形式，将承包商建设污水处理厂的收入分摊到 15 年。尽管如此，塔雷所说的印度政府的工作方式，或者应该说是不工作的方式，依然会让那些热心拯救恒河的人士疑虑重重。在这一点上，他有着很痛苦的经历，而且他所说的惨痛失败并非仅限于恒河，也并不是因为印度政府在决策上有意轻视环境问题。他所说的是印度中央政府与其 29 个邦政府之间无法协调工作、有效治理的系统性问题。

在莫迪政府就任两年后，环境部部长贾瓦德卡尔宣布恒河沿岸的工业污染问题已经减少了三分之一。在恒河沿岸 764 家“严重污染企业”中，544 家已经安装了所谓的 OCEM——一种在线持续排污监控系统，150 家（其中包括 68 家制革厂）因未能安装该系统而被勒令关闭。“我们已经开始监督每一家工厂。”贾瓦德卡尔说。环境部的一本小册子上写着，全国已经安装了 2400 个这样的系统，以便监测空气和水污染的情况，如果任何一项指标持续超过污染标准 15 分钟以上，系统就会生成信息并发送给有关单位，也包括监管者。对这类官方规定，科学家、环保主义者和企业主们的感受非常复杂，既觉得失望，也觉得难以置信。

例如，坎普尔的制革厂厂主们指出，几乎所有废水监测设备都只是测量流量，而不会检测其中的铬或任何其他污染物质。而坎普尔的环保主义人士拉凯什·贾斯瓦尔说："我已经不抱任何希望，彻底放弃了。"他认为制革厂的污染没有丝毫减少，"制革厂产生的废水一点都没有减少。恒河的污染比以往更加严重"。他接着向我描述了他在坎普尔的经历："莫迪总理重新燃起了希望。他拨款 2000 亿卢比用以恒河清理工作，还不停地说要净化治理恒河，可毫无切实可见的成效。"按贾斯瓦尔的说法，生活污水与工业废水的情况并没有实质性的改善，也没有人去努力增加河流的水量。

人们也并不清楚，民众对于恒河的关切，以及印度教教徒的宗教热情是否足以推动莫迪政府的恒河工程，使之获得较以往政府更大的成功。卡利安·鲁德拉是加尔各答的水利专家，也是西孟加拉邦污染控制委员会的主席。当我问他为什么人们崇拜恒河的同时，又会去污染恒河，他是这样回答的："在这件事上，我们已经失败了。我们虽然懂得技术，但这是人的问题，不仅仅是政府的问题。"加尔各答的环保顾问莫希特·拉伊说："这是一个文化悖论。"他认为责任问题在于印度教不是公共性质的，而是"非常个人化的"，对外界毫不关心。"因此普通的印度人不会在意那些外面的事情，"他说，"这就像是在哲学意义上为污染发放了通行证。""如果水面上漂浮着东西，你把它推开就行了。你可以继续沐浴，反正一切都被净化了。"

也就是说，印度人缺少的不仅仅是公民的自豪感，河流的圣洁本身也会带来一些问题。贝拿勒斯印度教大学的环境科学研究领头人 B. D. 特里帕蒂从 1972 年起一直在关注恒河问题，当年他与母亲一起下河沐浴时，曾遇见河面上漂浮着的死牛尸体。当他谈论到河水污染并着手开始测量时，他的母亲与其他人都感到很震惊。“瓦拉纳西是一个宗教圣地，”特里帕蒂教授说，“人人都说，‘你不算是个印度教教徒。恒河水是最洁净的’。”

自 20 世纪 80 年代以来，印度政府已经为清理恒河的各项工程花费了数亿美元，可大部分的款项都被贪官挪用，或者干脆被浪费了。不过，清理恒河对于印度而言太过重要，无论是在宗教上、经济上，还是社会意义上，其重要性都远远胜过治理莱茵河或泰晤士河对于德国人、荷兰人或英国人的意义。在梵文学者戴安娜·艾克看来，我们所目睹的不只是一场环境危机，也是一场文化与神学危机：也许印度的河水质量本应该比世界上任何地方的标准更高，“因为没有哪个文化中的河流在数百万人的日常生活中占据着如此核心的地位”。印度人在河水中沐浴，取河水饮用，还将河水献祭给逝去的亲人。“据说这些河流是降临到地球给人们带来救赎的，可如今，地球上这些真实的河流自己却需要拯救了。”

恒河在未来 10 年会变成什么样，远不只是一个宗教问题，而是衡量莫迪政府能否成功实现印度现代化的一个标准。“为什么要保护恒河？”瓦拉纳西的德里帕蒂教授问道，“这是一个关乎生存的问题，4.5 亿人的生存问题。这不只是什么宗教情结……恒河是关乎国计民生的一项系统工程。它提供水源和营养，还让流域内的土壤更加肥沃。”清理恒河将花费大量的资金，还需要政府拿出从未有过的政治意愿，全国上下共同努力，才能成功。“我们的国家需要一场变革，”塔雷说，“政府对此非常认真，这一点毋庸置疑。不过问题实在太大，不可能在一夜之间改天换地。泰晤士河花了二三十年的时间，恒河更大，所以需要更多的时间。”

在离开印度前，我前往圣城瑞诗凯诗河岸旁的帕玛斯尼克檀精舍最后一次下河沐浴，还见到了负责朝圣祭祀仪式的大师切达南达·萨拉斯瓦蒂。此人须发浓密，天性快活，人缘极好，一直支持拯救恒河免于污染的运动。我看着他在黄昏的余晖中主持河神祭拜活动，为克利须那神与恒河女神焚烧祭品，吟唱颂歌，然后盘腿坐在精舍的大树下，接待照料前来乞讨的人们。当水利部部长乌玛·巴蒂只有 9 岁时，他们就已结识，他似乎对莫迪政府的恒河工程也充满信心，认为几个月后就能看到成果。

“这将是一段历经污秽、抵达信仰的旅程，”他与莫迪一样，喜欢语带双关的文字游戏，“这条河已经护佑了我们许多年，许多个世纪。如今我们必须护佑她了。多年以来，我们一直在河中沐浴，现在是时候让我们给她沐浴了。”这位大师游历丰富，想法实际，主张大力植树。他甚至还对我说，也许某天会停办庆典，以某种请愿或起誓的形式取而代之，以求能够消灭霍乱、肝炎和其他水传播的疾病。在印度，每天都会有 1200 ~ 1500 名 5 岁以下的幼儿因这类疾病而夭折。“对我而言，恒河不仅仅是水流。她就是母亲。我自幼就在她膝头玩耍。我也见过她多姿多彩的美丽景象……对我而言，她就是一切。恒河亡，则印度亡，恒河兴，则印度兴。关乎 5 亿人的民生，绝不是一件小事。”

第十八章

美丽的森林

恒河在此汇入大海

这里看起来就像是大陆与海洋最初分开时的模样。

——艾米丽·伊顿《印度纪行》

河流最终汇入大海。当恒河抵达孟加拉湾时，当喜马拉雅山融雪汇成的小溪与众多高山溪流汇合到一处，既接纳了昌巴尔河清澈的河水，也掺入了亚穆纳河污秽的脏水，此外还有拉姆根加河、松河、蓬蓬河，以及吉乌尔河。还有从北方尼泊尔流淌而来的夏达河、戈默蒂河、卡克拉河、根德格河以及戈西河。戈西河素来性情多变，常会突然发生破坏性迁移，由此也被冠以“比哈尔之殇”的绰号。在孟加拉国境内，不仅有麦格纳河注入恒河，布拉马普特拉河也汇入了恒河。由于布拉马普特拉河比恒河更长，水量也更大，可以说，在这一段的支流是恒河，而非布拉马普特拉河。在印度、孟加拉国接壤处冲积而成的三角洲地带，混浊的河水沿着变幻不定的支流河道与潮汐通道朝着大海的方向奔流不息。

在这里，从高穆克远道而来的纯净的冰山融水已经饱尝了印度的各种况味。它在特赫里大坝帮助人们发电，又被拦河坝与运河分流，或用以灌溉哈里亚纳邦与北方邦的稻田与菜地，或用以供应德里的生活用水，以及坎普尔制革厂的工业用水。水坝一座连着一座，抽水机一台接着一台，数十亿升的河水就这样被抽走，供应给农田与工厂。经过蒸腾与消耗后剩余的水量，有的从田地间通过地下水回渗入河道，而那些沿着城市排水管道流入河道的，却是充满粪便细菌、工业化学品和农药残留的污水。

无论是高山间的高穆克，还是孟加拉湾的萨加尔岛，以及在这两者之间的根戈德里、赫尔德瓦尔、阿拉哈巴德、巴提什瓦、瓦拉纳西、巴特那、加尔各答等各地，人们都将河水敬奉为恒河女神或亚穆纳女神，用花环献祭，以椰子祈福，用漂浮的蜡烛来装饰河流。成千上万乃至数以百万的朝圣者带着神像一同浸没在河水中，再双手掬起河水，面朝旭日高高举起，最后满面喜悦，让河水迎头淋下。此外，痛失至亲的儿孙们将火化后的骨灰抛撒到河水中，还有些买不起柴火的不幸的人，就只能将亲人火化了一半的尸骸小心包裹起来，投入恒河宽宥的怀抱。

恒河干流的大部分河段依然生机勃勃。如今生活在加勒比海、太平洋、中东和欧洲的印度移民、孟加拉移民和尼泊尔移民，最初都是来自恒河及其各条支流的沿岸村庄与城镇。曾经在两次世界大战中为英国奋勇征战的众多船只最初也来自恒河下游各地。在汇入大海之前，恒河养育了 100 万平方千米以上的辽阔土地上占世界十分之一的人口，沿岸更陆续崛起一连串伟大的文明与强盛的帝国，无论是印度教、佛教、伊斯兰教，还是基督教，数千年来，都在它的慷慨哺育下繁荣兴盛。

河水养育的生灵并非只有人类。如今，印度境内所剩无几的老虎大多在恒河支流旁饮水，在浅滩里打滚儿。长吻多齿的恒河豚与恒河鳄鱼在河水中捕鱼。还有成千上万的涉禽正在沙洲上不停地踱步觅食。

达卡和加尔各答是恒河沿岸最后两座大城市，当她最终接纳了这两座城市的污秽与废水后，这条印度圣河的旅程也即将告终。在即将告别陆地前，她在恒河三角洲边缘留下最后的馈赠，将数百万吨肥沃的淤泥留在孟加拉邦的稻田里和桑德班斯的红树林间。恒河—布拉马普特拉河—梅克纳河在入海口一段是全世界淡水流量第三的大河，仅次于亚马孙河和刚果河，平均流量达到 130 万立方英尺每秒，也就是 3.8 万立方米每秒。当雨季洪峰来临时，孟加拉国境内的主要泄洪口流量达到将近500万立方英尺每秒，也就是13.8万立方米每秒以上，这水量是纳罗拉拦河坝为宗教原因而限定的最低流量的一万倍以上。

这是全球最大的一片红树林，在古老的地图中被称作“恒河河口”，它最引人注目的地理特色就是奇异而美丽的自然景观。英国人对这里尤其神往。18世纪威尔士自然学家托马斯·彭南特就曾记录下桑德班斯地区有许多地势平坦、密林覆盖的小岛，共同组成了一片“如同威尔士公国那么大”的红树林。林间不仅有凶猛大虎出没，还有许多独角犀牛（目前在该地区已经绝迹），它们在沼泽中自由徜徉，“喜欢像猪一样在泥沼中打滚儿作乐”。他还用轻快的语气描写了途经森林的感受：

> 这一路上的景观雄奇而美妙，绵延300多千米的密林深处有着数之不尽的小岛。水路交错，宛如迷宫，河道多变，宽窄各异。有时，船桅会与枝杈纠缠一处，有时却可以在宽阔的河面上畅行无阻。这里的一切对自然学者而言格外引人入胜，每一处细节都体现出大自然的独特与美丽！

托马斯·斯金纳上校于1826年行船路过此地。他说桑德班斯一带无人居住，却生长着茂密的大树。“除了沼泽令人灰心沮丧，一切都非常美好”，他这样写道。戈弗雷·芒迪对此也非常赞同，“桑德班斯草木丰美，世间绝无仅有……林间河岸，叶色驳杂，令人目不暇接。清风拂过，空气飘香，处处弥漫着林间的甜美气息”。当代作家阿米塔夫·高希在小说《饿潮》中也对桑德班斯做了一番描绘。书中主人公之一卡奈·杜特读到一篇孟加拉语的手稿，其中描绘了既美丽又危险的红树林，以及林中蜿蜒流淌的河流。

“这些岛屿是穿引在印度布料中的绣线，是印度纱丽上参差的流苏，是她铺开的裙裾，一半浸润在海水中。”他坐在开往坎宁的火车上一直读着。“这些岛屿数以千计，有些广阔，有些却不过沙洲大小；有些早有历史记载，而有些只不过是近两年刚刚冲刷而成的。这些岛屿是河流的回报。它们接受过陆地的馈赠，如今将回赠给陆地……河流的水道如细丝蛛网密布大地，孕育出一片沃土，在这里，大陆与水流的边界永远变幻不定，无可预测。”

从多摩梨帝国的港口滥觞，两千多年以来，三角洲各个港口的商人们都忙着将各种货物运入或者运出孟加拉与恒河平原的其他地区。自 11 世纪起，当地村民就在桑德班斯一带腾挪转移，开垦种植。莫卧儿王朝后来还将红树林边缘的森林用以租赁。东印度公司的英国人将这块地区整齐有序地划分成若干区域，发放许可证，管理木材、竹子与其他产品的开采，对林地转为农田的做法进行监督。在 1880 年至 1950 年，这一地区的耕地面积拓展了 45%，而人口却翻了一番不止，达到了 1300 万。小户的农民、没有土地的劳工，还有躲避旱灾与饥荒的难民，其中包括许多部落民族，都从贫困的农村涌入印度西部。印度东部也不断有难民蜂拥而至。最初的难民是 1947 年印巴分治后产生的，而后 20 世纪 70 年代，孟加拉国爆发独立战争，又产生了新的难民。“数千年来，恒河与她的支流带来的淤泥养育了肥沃的三角洲，使这里成为印度最为丰饶的农业区，”历史学家詹纳姆·慕克吉写道，“博多河（也就是恒河）、亚穆纳河与梅克纳河无论是在经济上，还是文化上，都有着重要的地位，这三条河汇聚在一望无际、变幻莫测的河口、港湾与回水区域，共同构成了孟加拉的沿海地带。”

这片红树林曾经非常广阔，如今，南部的一些区域有的是受保护的印度国家公园，有的是孟加拉国的野生动物保护地与森林保护区。这片区域覆盖了大约 1 万平方英里[①]的土地（相比 1911 年的 1.7 万平方英里，已大幅减少），可它周围却生活着全球数量最多、密度最大且最为贫困的人口，不得不承受来自农民、渔民与伐木活动的巨大压力。有研究者发现，在 2010 年前的 10 年间，孟加拉国内有面积约 5 万公顷的红树林（大约是整个桑德班斯全区面积的 5%）遭到砍伐，其中大部分位于桑德班斯。与此同时，该地区的水产业，特别是养虾场的面积有了同样数量的增长，这绝不是偶发的巧合。主持这项研究的科学家纳茨穆尔·哈桑指出，卫星监控数据显示，像 2007 年的气旋锡德与 2009 年的气旋艾拉这类风暴灾害对于桑德班斯红树林南缘地区并未造成严重的毁坏。最大的问题不是南部的天灾，而是来自北方的人祸。“事实与人们的想法正好相反，桑德班斯的北部森林已被砍伐殆尽了。其中的原因必然与人类侵扰有关，例如砍伐树木、开发盐田和建设养虾场。”

环境污染，人口激增，对自然资源毫无节制的过度掠夺，这些人祸不仅祸害了恒河上游与中游流域，同样也威胁到桑德班斯下游以及该流域内数百万的生物。小说《饿潮》的女主人公皮亚丽·罗伊是一位海洋生物学家，

① 平方英里是英制面积单位，1 平方英里约为 2.59 平方千米。——译者注

她在当地渔民的协助下，研究恒河三角洲受到生存威胁的伊洛瓦底江豚。在库玛尔·巴苏的短篇小说《虎！虎！》中，研究人员罗威娜·霍桑见证了一段桑德班斯的通奸绯闻，而事件背景正是林业局官员与老虎偷猎者之间的斗争。“尽管肌肉雄健，可比起她在桑德班斯遇见的那些男人，他显得很温柔。那些男人都是在刀尖上讨生活的人，要对抗旱灾和山洪、猛虎、贪官、瘟疫，还有窘迫生计中难以避免的霉运。”辛格上校最终在密林中命丧虎口，而他的情人，也就是传统猎虎人的妻子，本想带着他远离一伙手持重型武器的偷猎暴徒，寻找安身之所。

当然，这还不算是最坏的情形。位于印度次大陆另一端的巴基斯坦境内，印度河三角洲地区因上游灌溉工程造成淡水严重缺乏，苦咸的海水倒灌，造成椰枣树与稻田枯死，淡水鱼无处藏身，只能苟活在河床上的污水潭中。作家爱丽丝·阿里比尼雅也曾沿着印度河逆流而上抵达源头，并涉水横跨印度河的河口，这在胡格利河或梅克纳河上是不可想象的。她还听到村民们抱怨旁遮普邦与北方信德省的政府与棉农盗取了河水，也注意到自 1958 年科特里大坝建成后，这里的三角洲面积已经从 3500 平方千米急剧缩减到 250 平方千米。

想象一下，若你告诉 17 世纪早期觊觎印度的英国官员们，这条遍布涡流的凶险大河有朝一日会干涸，并预言，21 世纪河流枯竭在一定程度上是拜他们伟大的灌溉工程所赐，他们一定会觉得难以置信。在英国人初次见到印度河后 300 年间，它都是一条“雄伟的河流”，变幻莫测，难以驯服，却也充满诱惑。谁也不会想到，终有一天，在三角洲附近，居然连一滴淡水也不剩了。

好在恒河三角洲的情形尚未糟糕到这番境地，这多亏了布拉马普特拉河贡献出的大量淡水。但是在孟加拉国境内的农田已经出现盐度过高而毁坏庄稼的情况。“桑德班斯正在死去”，这是孟加拉国的水利专家艾努·尼夏特在 2010 年所说的。他认为过去 30 年间，恒河河口水中含盐量增加的罪魁祸首正是法拉卡大坝。人民应该记得，这座印度大坝最初的设计目的正是要将恒河干流的一部分河水分流到胡格利河，以增加后者的通航能力，由此改善加尔各答港口的出入便利性。“河水盐度问题也与气候变化有关，但我依然坚信法拉卡水坝是主因，因为海平面上升得并没有那么快，大约是 10 厘米。”

6 年后，我在达卡再次见到他时，尼夏特没再说起桑德班斯正在死去的话，但他仍在担心咸水不断侵蚀红树林北缘的孟加拉国的农田。他告诉我：“在恒河流经孟加拉国的地区，含盐量已急剧增加。”印度将水坝修建在恒河水系各条河流，包括恒河的众多支流和胡格利河上，此举不仅会加剧内陆土地盐化，也会导致河水冲刷力不足，无法加深主要河道的河床。这些问题并不只出现在孟加拉国境内：无论是达卡，还是德里，都未能享受到 1996 年合约中庄严规定所应该分享到的水量，因为旱季的河流总水量出乎意料地大幅下降了。盐度问题也并不全是淡水水量缺乏导致的。我在达卡见到的一位水文学者说，相对海拔每年增长约 5 ~ 6 毫米（按地质学标准为大幅增长），其中大约三分之一是由于构造板块运动造成的。孟加拉地区也在不断沉降，且东部尤为明显。另有三分之一是由于新修水坝后造成沉积物不能恢复到以往的水平，而最后三分之一则是全球变暖导致海平面上升的结果。

即使远在人类抵达河岸之前，恒河河口也是变幻不定的。每一日潮头有升有退，每一年雨季的洪水有涨有落，孟加拉湾的气旋时时侵扰，最后还有印度板块持续不断地向北挤压欧亚大陆，有时还会发生激烈的碰撞——喜马拉雅山系正是在这种地质挤压下产生的，目前仍在不断升高。在恒河下游，河水奔流，日夜不息，一边不停地毁坏，一边不停地再造。印度的洛赫切勒岛在 20 世纪 80 年代被水淹没，成千上万百姓背井离乡逃离家园。位于胡格利河口，在萨加尔岛以北有一座名为葛拉马拉的大岛，如今也不断遭到潮水的侵蚀；而在萨加尔以南，有一块名叫沙尔的新陆地正随着淤泥沉积而逐渐形成。根据计算，这些河流每年携带入海的沉积物达到了 10 亿吨，由此形成了孟加拉和桑德班斯。这一数量占全球所有河流冲刷入海淤泥量的 8%。

来到恒河入海口这片汪洋世界的访客们看到这里平静的村庄都深受触动，而这里生活之艰辛也令人触目惊心。屋舍与农田周围都建有河堤，村民们或漫步或骑车，在泥泞的河堤上为生计而奔波。在平常时候，这里的陆地仅仅略高于最高潮位线，一旦孟加拉湾北端出现热带风暴造成水位上涨，这里就面临着洪涝或海水侵蚀的威胁。按照当地医生的说法，桑德班斯当地居民不仅常常罹患南亚农村常见的各种疾病，还会染上沼泽地带特有的疾病。这里的妇女长时间站立在水中，只为获得珍贵而已接近枯竭的野生虾子——虎虾的幼体。

这里的常见疾病有疟疾、腹泻、钩虫病、蛲虫病、梨形鞭毛虫病、各类皮肤病和呼吸道感染。例如在桑德士卡里有一个名为巴斯蒂巴里的小村子，只有大约2000位居民，村庄四周环绕着养虾场，这里的眼疾尤为普遍。桑德班斯的日照非常强烈，正午时分，天空白亮得刺眼，水天之间平坦的岛屿就像是地平线上薄薄的一片刀锋，但更大的麻烦是找不到对症的药物，这里的农村医生总喜欢自作主张，无论什么病，都用类固醇应付。也有一家眼科慈善机构愿意提供帮助，但是如果妇女还有些视力，尚能做些基本的家务，村民们就不愿意让他们年长的母亲接受白内障摘除手术。“即使是免费的，这里的家庭也不愿意让老年妇女接受手术。”“护眼使者”组织的萨米拉·艾哈迈德说。

时至今日，即便人们可以逃脱病魔，也时常被乖戾残暴的河水夺去生命。在库玛尔·巴苏以桑德班斯为背景的另一篇短篇小说《日本妻子》中，老师斯内哈莫埃·查克拉巴蒂的双亲都被“疯河”害死，自己则死于蚊子传染的热病。在萨尔曼·拉什迪看来，桑德班斯既魔幻，又现实；既像地狱，又像天堂。这里处处是骇人的鬼怪、坦率的少女、7厘米多长的水蛭、浅红色的蝎子、凶险的毒蛇，还有硕大的果实——落入水中时足以倾覆一条小船。雨季来临，密林疯长，“那一大片古老的红树林生长出巨大的支柱根来，你甚至可以看见它们在尘土中如蛇一般蜿蜒伸长，吸收雨水，越变越粗，直至比象鼻更为粗壮。而红树林也长得茂盛高大，就像沙希德·达尔后来说的那样，树顶上的鸟儿定然可以对天神歌唱”。

村民们会因鳄鱼袭击而失去腿脚。老虎杀人事件也时有发生，在密林深处砍树或采蜜有很大的风险。自然资源固然丰饶，若想攫取，也是难于登天。妇女们半蹲着身子泡在混浊的河水中，用改造后的蚊帐捞取虾子；

在白鹭和巨蜥的注视下，男人们站在浅滩中，挥舞起圆形的渔网，抛入溪流，忙着捕鱼。

慑于自然的残酷，岛民们基于自己的渴望与恐惧，创造出了各种形式的特殊神灵、圣人与恶魔，用以应对各类特殊的危险。印度的神话故事与神灵形象素来线索众多、错综复杂，堪称混乱，但富于桑德班斯风格的主题还是清晰可见的。森林女神最终战胜了达克辛·拉伊，也就是“虎神”或“虎魔”，可后者继续在密林深处荼毒生灵。一次，我前往桑德班斯时得到了一本野生动物指南，上面说摩那娑女神“受人膜拜，是为了让毒蛇们满意”，贾加特古里专门供奉眼镜蛇，马尼克大师负责照料奶牛，欧拉女神负责防治霍乱，萨蒂亚纳拉扬 - 萨蒂亚大师则保佑百姓安居乐业。古宁（Gunins，宗教仪式主持人）和欧吉哈斯（Ojhas，负责调解事务的人）就像是拥有超自然神力的村中医生，不仅可以治疗毒蛇咬伤，还能驱赶猛虎。水手们启程前往以巴达尔大师和其他圣人的名义起誓祈福。这本书的作者提出：“自然环境的严苛与野生动物尤其是猛虎带来的危害，迫使人们在这一地区和平共处。”

人口数量不断增长，残存的其他物种也不断受到围困与挤压，两者之间为生存空间与自然资源而相互争斗，猛虎袭击事件只不过是其中最骇人听闻的一例罢了。如今在印度其他地区，类似的袭击事件已经鲜有发生，主要原因是老虎数量稀少。而在存活的老虎中，大部分都已经被发现并命名编号后，生活在保护区的监护之下。在桑德班斯密密生长着红树林的沼泽地带，老虎更是踪迹难觅。这里的老虎都属于一个品种，即孟加拉虎，体形壮硕，富有攻击性，而那些为了鱼蟹、蜂蜜和木材前来入侵它们领地的人正好提供了日常的口粮。有人计算过，在 2014 年至 2015 两年间，有 50 名村民命丧虎口，其中大多为男性，留下“老虎寡妇”独自艰辛度日。“老虎在林子里吃不够，”当地的官员阿钦·库玛尔·佩因一语中的，“这里的地形不适合捕食灵巧的鹿，而人类比较容易捕捉，所以它们就吃人了。”由于尸骸很少能被找回，受害者的亲属们通常只能用面粉做成人形放在树叶上，然后焚烧火化。

戈尔卡利既是港口，也是会潮点，我在那里看到男人们袒露着胸膛忙着从船上卸货，船上的白色塑料大桶里都是从红树林里采集来的蜂蜜，还有一堆堆刚砍下的竹子，这在亚洲各地依然广泛用以搭建脚手架或作为造船建屋的建筑材料。本地村民有时还会遭到海盗的奸淫掳掠和绑架勒索。曾有人从毗邻孟加拉国边界的卡里塔拉出发沿水路去采集蜂蜜，结果在黄昏时遭遇海盗偷袭。十几名全副武装的海盗搭乘两艘船不仅抢走了 50 千克的蜂蜜，还绑架了 5 位村民。绑匪用孟加拉国手机号码打来电话索取 20 万印度卢比交换人质，最后也确实拿到了这笔赎金。“好多人都搬到其他城市去了。”这是我的导游阿伦·萨卡尔郑重其事地留给我的最后一句话。随后我就继续向南，离开这片尚有人烟之地，进入了野生动物保护区。

在这里，国境线的两边都有规模不大的专门化野生动物旅游的产业，不过外国游客或富有的印度人很少愿意离开德里、阿格拉和拉贾斯坦邦这些莫卧儿王朝的遗迹，向东飞行 1000 多千米，来到这儿研究水鸟和耐盐植物，或者是运气好的时候，站在灼热的甲板上看看沼泽地里沾满泥浆的孟加拉虎。宝莱坞也鲜有电影作品专门描绘红树林的凶险与壮美，其中有一部 2014 年的影片《吼叫——桑德班斯的猛虎》，可惜既不叫好，也不叫座。影片刻画了一名邪恶歹毒的偷猎者；一只白色母虎，因幼崽落入陷阱丧生，展开复仇杀死了一名摄影记者；两位美女和一位颇具英雄气质的军官（也就是受害者的兄弟），为了寻仇带领一队人马追踪猎杀母虎。

对于自然学家而言，桑德班斯的重要价值自不待言。这里是“生物多样性热点地区”，生物资源极为丰富：250 种鱼类、44 种蟹、20 种虾，几十种鸟类，还有各种河豚 / 海豚、鳄鱼、罕见的海龟，等等。而红树林本身能通过叶片上的腺体分泌盐分，根部还有通气管状的“呼吸根”可以吸入空气。这里是地球上存活至今最大面积的连片红树林，它不仅是野生动物自由栖息的天堂，还是孟加拉湾数以千万计人口生存的重要资源，原因有二：鱼和气旋。

人们都知道红树林里养分充足，孕育了多种多样的海洋生物。被誉为“全球最大的碎屑基础生态系统之一”的桑德班斯也不例外。印度洋中许多有重要商业价值的鱼类都依赖红树林，印度东海岸 90% 的水生生物都将这里作为自己的育儿场所。这片红树林还维系着孟加拉国的海洋与河口养鱼场。据说有 400 万孟加拉人的生计直接依赖桑德班斯的鱼类、甲壳类、木材及其他产品。至于气旋，数世纪以来，人们早已发现，每当热带风暴夹裹着狂风巨浪袭来，生长密集、根系牢固的红树林正是抵御风浪的天然屏障。若科学家的观点无误，全球变暖将使气旋灾害更加频繁，危害也更加严重。随着沿海地区人口不断增长，红树林的保护作用也变得越发重要。自 1877 年至 1995 年，孟加拉国一共遭受了 154 次气旋的袭击，其中 43 次造成了严重危害。这些热带风暴通常盘旋着进入孟加拉湾，随之而来的是速度惊人的狂风和滂沱暴雨，海平面会远远超过通常的最高潮位，冲毁堤坝，淹没农田与村庄。

在另一侧的印度境内，年轻的船夫塔潘·达斯对这类灾害有着惨痛的经历。我曾雇他带领我穿过村庄、稻田、棕榈树林和红树林，沿着泥泞的潮汐河口直到恒河汇入大海的地方。也正是从这片大海上，恒河水化为水蒸气升腾起来，变成云朵，在雨季的西南风的吹拂下，跨越印度次大陆，最终抵达喜马拉雅山。在那里，它又变为雪花落下，成为高山融雪的源泉，由此也完成了圣河生命之水的永恒轮回。

26 岁的达斯没受过太多教育，但他深谙潮汐的涨落与恒河的性情。他在激流中娴熟的驾船技术令我叹服。小船只有一台简单的柴油发动机，原本还是水泵的设计，既没有空挡，也没有倒挡，用的只是政府补助的烧饭用煤油。他在 9 岁那年遭遇了一场翻船事故，父亲在风暴中不幸溺亡，留下 5 个孩子。作为家中的长子，他不得不承担起养家的重担。一位好心的船主送给他悲痛欲绝的母亲一条纱丽，又雇他做帮手，每个月给他 300 卢比，这样才挽救了他们一家人。如今达斯当上了船长，每月能挣 4000 卢比。他对 2009 年气旋艾拉来袭的惨状依然记忆犹新，他说当时的水位超过平常水位 1.52 米，淹没了 100 多座岛屿，其中 9 座被彻底摧毁，还导致长达 3 个月的食品短缺。

这里距离喜马拉雅山山间高穆克冰川的恒河发源地遥遥 2000 千米，温度高出了 35 摄氏度。正像客栈老板阿莫德·潘瓦尔惊叹于恒河上游湍急的水流一样，达斯对于海平面上混浊的恒河也满怀敬畏。他指着一处地点告诉我，一个月前，他曾在泥潭上见到一只猛虎。“风暴与气旋来得比以前更频繁了。”他说着，小船在温暖的河水中搅动起棕色的旋涡，旋涡深处还有厚厚的淤泥翻滚，“水流也变得更快更强劲了”。在他面前不远的地平线上，恒河的湍流终于抵达孟加拉湾，投入了大海广阔的怀抱。

参考文献

A. 奥斯威拉提，（2015），《恒河抽水机：设计新印度的古老河流》，实用研究和设计出版社。

P. 阿克罗伊德，（2007），《泰晤士河：一条神圣的河》，查图 & 温都斯出版公司。

M. 阿克希可，（2006），《人口缩减下的经济学：日本的教训》，布莱恩・米勒翻译，I–House 出版社。

埃尔贝鲁尼，（1971），《埃尔贝鲁尼的印度》，爱德华・C. 萨查翻译，艾勒斯・T. 恩比瑞编辑。低价出版社。

埃尔贝鲁尼，（2011【1910】），《埃尔贝鲁尼的印度：公元前 1030 年印度宗教、哲学、文学、地理、年表、天文、风俗、法律和占星学》，爱德华・C. 萨查翻译，艾勒斯・T. 恩比瑞编辑。低价出版社。爱德华・C. 萨查编辑。低价出版社。

A. 阿尔比尼亚，（2009【2008】），《印度帝国：一条河的故事》，约翰默里出版社。

K. D. 艾利，（1994），《恒河与甘迪戈：贝拉留斯的污染和废物》，http://www.jstor.org/stable/3773893，《民族学》，33（2），第 127—145 页。

K. D. 艾利，（1994），《恒河：当污水遇到圣河》，密西根大学出版社。

S. 阿尔特，（2001），《圣水：一场通往恒河源头的朝圣之旅》，企鹅书屋。

T. 安纳姆，（2002【2001】），《好穆斯林》，企鹅书屋。

J. 巴里耶・法舍尔，（1820），《关于在喜马拉雅部分雪山地区和在恒河及亚穆纳河源头的旅行日志》，罗德维尔和马丁出版公司。

S. 班尔津，（2015），《寂静的德里维卡斯布里》，哈珀柯林斯出版社。

K. 巴苏，（2015），《卡尔戈达》，斗牛士出版社印度分社。

R. 巴塔查济，（2002），《黎明之地：印度东北地区》，鲁帕有限公司。

I. 白图泰，（2003【2002】），《伊本・白图泰的旅行》，蒂姆・麦基图什・史密斯编辑，斗牛士出版社。

D. 博威克，（1987【1986】），《条条大路通恒河》，鲁帕出版公司。

R. 邦德，（2015），《简单生活之书：山间小记》，会说话的老虎出版公司。

R. 邦德，（2015），《朋友聚会：我最喜欢的故事》，艾礼富图书公司。

J. 柏特顿，（2013【2012】），《十二张地图上的世界历史》，企鹅书屋。

M. 伯克利，（2014），《西藏融雪：西藏高原和亚洲三角洲的环境破坏》，帕尔格雷夫麦克米伦出版社。

A. 乔杜里，（2013），《加尔各答：两年的城市生活》，汉弥顿出版社。

B. 切拉尼，（2014【2013】），《水、和平与战争：世界水危机》，牛津大学出版社。

B. R. 乔杜里、P. 维亚斯，（2005），《桑德邦》，鲁帕有限公司。

C. 科鲁皮，（2012），《肮脏的圣河：南亚水危机》，牛津大学出版社。

M. 康纳利，（2008），《致命错误：控制人口的难题》，哈佛大学贝尔纳普出版社。

J. 克利伯，（2010），《下一场饥荒：世界粮食危机以及我们的应对策略》，加州大学出版社。

W. 道尔林普，（2002），《贵妇人・恶棍以及白蒙兀儿人：范尼・帕克手记》（由伦敦佩勒姆・理查德森公司于 1850 年第一次出版，原为《寻找美的朝圣之旅》《东方人生》《闺房人生顿悟》），大角羚出版公司。

W. 道尔林普，（2010【2009】），《九命人生：在当代印度寻找神圣感》，布鲁姆斯伯里出版社。

S. G. 达理安，（2010【1978】），《恒河的历史与传说》，班那西达斯公司出版公司。

R. 达斯古普塔，（2014），《首都：21 世纪地里画像》，卡农门出版社。

W. 多尼格，（2009）《印度：另一部历史》，企鹅书屋。

D. 多林，（2013），《恒河生活：船民和贝拉留斯的仪式经济》，剑桥大学出版社印度分社。

R. E. 唐恩,（2004）,《伊本·白图泰的冒险之旅: 一个14世纪的穆斯林旅行者》,加州大学出版社。

G. 戴尔，（2015【2009】），《杰夫在威尼斯，死神在瓦拉纳西》，卡农门出版社。

D. 艾克，（1993），《贝拉留斯：光之城》，企鹅图书（印度）分公司。

D. 艾克，（2012），《印度：神圣地理学》。

E. C. 伊科诺米，（2004），《黑河：中国的环境挑战》，康维尔大学出版社。

E. 艾登，1866年出版的《印度北方：从印度北方省份写给姐姐的信》共两部，第一部由乔治出版社出版；第二部由利奥博德图书馆重印。

E. 艾登，（1988），《老虎、杜巴尔和过往：范尼·艾登的印度游记 1837—1838》，由珍妮特·顿巴尔和乔治·穆里誊写编辑。

P. 埃尔里奇，（1974【1968】），《人口炸弹》，巴兰坦图书公司。

艾瑞克·G. 杰森，（1994【1989】），《孟加拉之船：有关内陆水路运输中的社会和经济决策》，大学出版社，达卡。

S. 艾莫特，（2013），《一百亿》，企鹅出版社。

福勒斯特中尉，（2015【1824】），《沿着印度河流恒河和亚穆纳河的风景如画之旅行，包括24个高度完成的彩色风景画，地图和短片，以及基于景点的原始制作图纸，集插图，历史感和具体描述于一体》，尼若吉图书出版公司。

福斯特·威廉（编辑），（1921），《印度早期旅行（1583—1619）》，汉弗莱米尔福德－牛津大学出版社。

甘地（M. K.Gandhi），（1993【1957】），《甘地，自传：我关于真理的实验》，由摩诃迪瓦·得赛先生翻译自古吉拉特语，灯塔出版社。

E. A. 加根，（2003【2001】），《这条河的故事》，复古之旅图书。

A. 贾万德，（2014），《成为凡人：医学和最终的重要性》，汉密尔顿出版社／企鹅（印度）图书。

S. 高斯，（1993），《贾瓦哈拉尔 · 尼赫鲁：传记》，印度联合出版社。

A. 高斯，（2012【2004】），《饥饿的潮汐》，哈珀柯林斯出版社。

A. 高斯，（2015a），《火灾泛滥》，汉密尔顿出版社。

A. 高斯，（2015b【2008】），《罂粟海》，企鹅出版社。

R. 吉宾斯，（1948【1940】），《温柔的泰晤士，轻轻地流吧》，J · M · 登特父子出版公司。

S. 戈登，（2008），《当亚洲成为世界》，初音岛出版社。

B. 格林希尔，（1971），《巴基斯坦的船只和船夫》，大卫和查尔斯出版社。

P. 格里菲斯，（1979），《联合轮船公司的历史》，英之杰有限公司。

R. 古哈，（2007），《甘地之后的印度：世界最大的民主国家的历史》，麦克米伦出版社。

D. L. 哈伯曼，（2006），《污染时代的爱河：印度北部的亚穆纳河》，加州大学出版社。

N. 汉金，（2008），《汉克林扬克林》，第五版，塔拉出版社。

C. 哈德门，（2016），《书写泰晤士河》，博德利图书馆。

R. 希伯，（1828），《通过印度上部省，从加尔各答到孟买 1824—1825 旅途故事》，约翰穆雷出版社。

C. J. 霍奇森，（1822），《对恒河和亚穆纳河源头调查的日志》，孟加拉亚洲研究或交易社会研究所，致力于探究亚洲的历史和古物，艺术，科学和文学，第二章，14 卷，第 60—152 页。

J. C. 霍利克，（2007），《恒河》，兰登书屋（印度）公司。

J. 霍顿莱利，（1899），《拉尔夫 · 菲奇：印度和缅甸的英国先锋，他的伙伴和同时代人用自己的语言讲述了他非凡的故事》，T. 安文费舍尔。

R. 哈彻森，（2010），《哈西尔王族：弗雷德里克“帕哈里”威尔逊的传奇》，莲花作品集 / 罗利图书。

R. 哈彻森，（2012），《愚人的花园》，新德里：重写本出版社。

P. 詹姆士，（1992），《男人的孩子》，费伯和费伯出版社。

R. 卡纳德，（2015），《最远的领域：第二次世界大战的印第安故事》，威廉柯林斯出版社。

J. 凯伊，(2005)，《为湄公河而疯狂：东南亚的探索与帝国》，哈珀柯林斯出版社。

S. 柯立南，（2004【1997】），《关于印度的想法》，企鹅出版社。

R. 吉卜林，（1888），《可怕的夜晚》。第一版以八篇文章分别在 1888 年的印度先锋报、先锋邮报和每日新闻上发表，此版本由阿德莱德大学制作的电子书形式出版，最后更新于 2014 年 12 月 17 日。https：//ebooks.adelaide.edu.au/k/kipling/rudyard/city/index.html。

R. 吉卜林，（1984【1894】），《丛林之书，纽约：开放之路》，整合传媒。

R. 吉卜林，（2010【1901】），《吉姆》，柯林斯经典文学。

M. 奈尔，（2001【1992】），《甜蜜的泰晤士河》，企鹅出版社。

加尔各答港信托公司，（2009），《时间的注脚》，加尔各答港口信托公司海事档案与遗产中心。

加尔各答港信托公司，（2010），《加尔各答港：永恒的年代——印刷和记忆的反思。一本关于加尔各答港口的新旧著作选集》，加尔各答港信托公司。

A. 考区曼，（2012），《被遗忘的治疗方法：噬菌体治疗的过去与未来》，哥白尼 / 施普林格科学。

J. 劳斯蒂，（无日期），《西塔拉姆：风景如画的印度》，罗粒图书公司。

J. 马哈詹，（2004【1984】），《恒河步道：来自外国的描述和河景草图》，印度图书出版公司。

A. 马利克，（2016），《清洁恒河概览：印度旗舰河河道项目》，观察研究基金会文章，上传文件，第 60—67 页。

V. 马莱特，（2000【1999】），《老虎的危机：东南亚的举起和衰落》，哈珀柯林斯出版社。

V. 马莱特，（2013），《“人口红利还是灾难？”麦肯锡公司重新构想印度：解锁亚洲的下一个超级大国的潜力》，西蒙与舒斯特出版社，第 99—104 页。

T. R. 马尔萨斯，（1998【1798】），《一篇关于人口原则的论文》，普罗米修斯出版社。

拉胡尔・梅赫罗特拉和费利佩・维拉（编辑），（2015），《大壶节：映射转瞬即逝的大城市》，哈佛大学南亚研究所 / 尼若吉图书出版公司。

R. 梅农，（2004），《摩诃婆罗多：现代的描绘》，亚马逊电子图书。

R. 梅农，（2008【2003】），《罗摩衍那：现代版翻译》，哈珀柯林斯出版社。

S. 米勒，（2010【2009】），《德里：大城市里的冒险》，优势出版公司。

S. 米勒，（2014），《一个另类的天堂：外国人眼中的印度》，哈米什汉密尔顿出版社。

D. R. 蒙哥马利，（2007），《污垢：文明的侵蚀》，加州大学出版社。

P. 莫尔・埃德，（2015），《万花筒城市：瓦拉纳西的一年》，布卢姆斯伯里出版。

F. 芒特，（2015），《王侯之泪：背叛、金钱和印度婚姻，1805—1905》，西蒙与舒斯特出版社。

J. 慕克吉，（2015），《饥饿的孟加拉：战争，饥荒和帝国的终结》，赫斯特公司出版。

N. 慕克吉，（1968），《加尔各答港：一个简短的历史》，加尔各答港管委会。

D. 墨菲，（1983【1977】），《印度河年轻的地方：巴尔蒂斯坦的冬天》，约翰默里出版公司。

E. 纽比，（1983【1966】），《慢船下恒河》，皮卡多尔 / 潘图书公司。

A. 帕万，（2005），《恒河：沿着神圣的水域》，泰晤士河和哈德森出版社。

T. 彭南特，（1798），《印度风景》，伦敦：https://archive.org/details/viewofhindoostan01penn。

S. 普拉特，（1971【1948】），《印度动物之书》，孟买自然历史学会与牛津大学出版社出版，印度。

M. 雷，（2010），《古老的镜子：加尔各答古老的池塘》，加尔各答市政公司。

M. 雷，（2015），《五千面镜子：加尔各答的水体》，贾巴尔普尔大学出版社。

A. 罗伯特，（2017），《超速发展的黄金时段终极国家：现代印度的无情发明》，公共事务署（Kindle 电子版本）。

S. 拉什迪，（2008【1981】），《午夜的孩子们》，优势出版公司。

P. 塞纳特，（1996），《每个人都喜欢干旱：来自印度最贫困地区的故事》，企鹅（印度）图书。

罗迪·塞尔（编辑），（2006），《寇松勋爵：印度演讲——作为总督和印度总督 1898—1905 的演讲选段》。

拉西米·桑吉（编辑），（2014），《我们的母亲河恒河：数百万人的生命线》，斯普林格出版社。

S. 桑亚尔，（2013【2012】），《七河之地：印度地理简史》，维京/企鹅（印度）图书。

S. 尚卡尔，（2016），《恒河：旅程》，会说话的老虎出版公司。

A. 什里瓦斯塔瓦、K. 阿施施，（2014【2012】），《搅动地球：全印度的全球化的形成》，企鹅出版社。

R. 辛格，（2003）【1992】，《恒河》，泰晤士和哈德森出版社。

A. 斯宾塞 - 哈珀，（1999），《浸入井中：通过他们居民的记忆看托克罗村和高位沼泽二个奇尔特恩斯的村庄的故事》，罗伯特博伊德出版社。

M. 苏布兰马尼安，（2015），《危机与机遇时代的自然世界》，哈珀柯林斯（印度）出版社。

S. 孙陀罗难陀，（2001），《喜马拉雅山，通过萨杜的镜头》，塔博凡杰作出版社。

J. B. 塔沃尼尔（1712），《让·巴蒂斯特·塔弗尼尔，埃库耶和奥博内男爵在土耳其、波斯与印度的 40 年旅程》，鲁昂：厄斯塔什埃罗出版社。

旅行收藏，（1684），《旅行集，从土耳其进入波斯和东印度群岛，介绍这些国家的现状，正在发生的事。伯尼尔·塔沃尼尔的旅行，以及其他伟大的人们》，摩西·彼特。

I. 托亚诺，（2011【2003】），《沿着恒河》，从作者兰吉特·霍斯科泰的德语版本翻译而来，首次以标题《在印度河畔》在德国出版，属书屋出版公司“扶手椅旅行者”系列图书。

马克·吐温，（2016【1897】），《继赤道之后：环游世界》，丛林地带出版社。

M. 维什那夫，（2017），《犯罪代价：印度政治中的金钱与肌肉》，耶鲁大学出版社。

凡尔纳 · J（1902【1880】），《蒸汽屋：穿越印度北部》（英语版标题为《坎普尔的魔鬼》），赫策尔出版社。

A. 惠勒，（1979），《潮汐泰晤士河：河流及其鱼类的历史》，劳特利奇出版社。

L. D. 威廉姆森，（1983），《大君井插图史》，大君井信托公司。

M. 伍德，（2008【2007】），《印度的故事》，英国广播公司图书。

法显，（1991【1886】），《佛教王国记录：在印度和锡兰旅行的中国僧人法显（399–414）寻找佛教典籍）》，詹姆斯 · 莱格（James Legge）对科文（Corean）的中文文本进行了翻译和注释。蒙希拉姆 · 马诺哈拉尔出版社。

玄奘，（1996），《大唐西域记》藏经大师玄奘奉御旨翻译，大宗寺僧众印刷排字。大正，第 51 卷，2087 号，李荣熙翻译，沼田佛教翻译研究中心。

H. 扬准将，（1937），《东印度公司的军火库和工厂》，海军和军事出版社。

D. 齐格勒，（2015），《黑龙河：帝国边疆的阿穆尔河之旅》，企鹅出版社。

致谢

这本书若没有我的朋友兼同事乔伊斯纳·辛格的帮助，是不可能完成的。我特别感激她的耐心、幽默，关于印度的广博知识（从古代历史到最新宝莱坞电影），以及在新闻与语言领域的精湛技能。她还善于筹划跨越印度各地的旅行与会议，再困难的事情也难不倒她。

在此，我还要感谢以下各位：感谢我在《金融时报》的同事与编辑们，他们不仅包容我沉迷于恒河与环境问题，而且多年来一直帮助我为相关文章进行润色和出版；感谢我在新德里的好房东梅赫尔·威尔肖和瑞斯尔·巴苏，她们的房子与花园是我的庇护所；感谢我充满活力的代理人凯利·福尔克纳；感谢牛津大学出版社的诸位编辑与工作人员，包括马特·科顿、露丝安娜·欧福拉赫蒂、吉西·泰勒－里谢利厄、玛莎·库内恩和索伦·范·德·维伦；感谢大英图书馆的各位工作人员；我最应该感谢的是我的家人对我的理解与包容——我的妻子米歇尔·威尔登，我们的女儿娜塔莎和吉纳维芙，还有我的母亲玛丽·马莱特（我在她位于肯特的家中住了好几周专心写作）。

正如所有驻外记者那样，我必须借助当地媒体——绝大部分是印度和孟加拉国的媒体，才能获得有关恒河或其他内容的想法与新闻。不少有关恒河、印度以及世界其他大河的书籍也给了我不少启发，在参考文献中都有罗列。文中内容包括下文所列的人名，如有任何错误或疏忽，皆为个人责任。

书中仅有几位受访者要求保留匿名。大多数为本书写作提供帮助的人的姓名都在文中或注解中有所提及，毕竟印度的民主化程度很高，人人皆可畅所欲言。但除了上述提及的各位，我还是想特别感谢那些给予我帮助与启发的人：穆罕默德·阿拉姆、斯蒂芬·奥尔特、阿努杰·巴赫里以及新德里可汗市场巴里父子书店的全体员工，欧文·班尼特－琼斯、达尔米言·辛格·比什特、J. J. 比斯瓦斯、钱德尔大师、克莱·钱德勒、拉梅什·钱德拉、德文什·查图维迪、毕穆拉·乔汉、布拉姆·切尼拉、拉克希米·乔杜里、拉格胡南丹·辛格·丘恩达瓦特和乔安娜·范·格瑞森、克里夫·库克森、威廉和奥利维亚·达尔林普尔、古尔恰兰·达斯、塔潘·达斯、拉夫·拉贾·辛格·达姆沙卡图、菲斯·多尔蒂、阿鲁纳巴·高希、塔潘·库马尔·高希、约翰·戈梅斯、大卫·格雷厄姆、拉马钱德拉·古哈、素罗吉特·古普塔、加德纳·哈里斯、S. 贾恩、拉凯什·贾斯瓦尔、安德鲁·詹金斯、拉贾·帕尔·辛格·卡隆、西亚姆·卡德加、苏尼尔·基尔纳尼、普拉桑特·基肖尔、普拉迪普·克里申、巴拉特·拉尔、拉马纳·拉克西米纳拉扬、策林·雷布查、詹姆斯·马林森、山姆·米勒、皮尔斯·莫尔·埃德、恩里彭德拉·米斯拉、拉贾特·纳格、M.V. 纳斯、艾努·尼夏特、拜贾扬特·杰伊·潘达、阿莫德·潘瓦尔、普拉桑特·拉贾卡尔、嘉纳基拉曼·拉姆钱德拉、贾伊拉姆·拉梅什、莫希特·雷、亚当·罗伯茨和安妮·哈默斯泰德、西蒙·罗伯茨、贾斯汀和比·罗拉特、卡利安·鲁德拉、奥诺·鲁尔、萨拉斯瓦蒂女修士、切达南达·萨拉斯瓦蒂大师、布拉特·拉尔·赛斯、齐亚丁·谢赫、沙希·谢卡尔、阿伦·绍里耶、伊姆兰·西迪基、拉姆·普拉塔普·辛格、桑吉夫·辛格拉、贾扬特·辛哈、R.K. 辛哈、艾莎·西塔拉、T. R. 斯里克里斯汉、阿尔温德·苏布兰马里安、斯瓦米·桑德兰德、R. 苏西拉、维诺德·塔尔、海曼舒·塔迦尔、卡兰·塔帕尔、罗米拉·塔帕尔、B. D. 特里帕蒂、卡迈什瓦尔·阿帕德海耶、穆尼尔·维拉尼、阿迪勒·赞努巴伊、约瑟夫·才特林。

出版商致谢

对于能在本书中使用下列具有著作权的材料，我们表示十分感谢：

《慢船下恒河》节选，由哈珀柯林斯出版集团准许使用。埃里克·纽比（1966）著。

《罗摩，您的恒河已遭玷污》的主题曲，由 R.K. 电影制作有限公司准许使用。

出版社及作者在出版前已尽力联系所有版权所有者。如有告知，出版社将尽快更正相关错误及弥补相关疏漏。